人本学堂 白话劳动法

人力资源服务从业人员技能提升系列丛书

人力资源管理理论与实务

第二版

主　编　范　围　白永亮
副主编　毛宇飞　段玉英　郭书琦

首都经济贸易大学出版社
Capital University of Economics and Business Press
·北 京·

图书在版编目（CIP）数据

人力资源管理理论与实务 / 范围，白永亮主编. —
2 版 . -- 北京 ：首都经济贸易大学出版社，2023. 5
ISBN 978-7-5638-3494-5

Ⅰ. ①人…　Ⅱ. ①范…　②白…　Ⅲ. ①人力资源管理
Ⅳ. ①F243

中国国家版本馆 CIP 数据核字（2023）第 050442 号

人力资源管理理论与实务（第二版）
主　编　范　围　白永亮
副主编　毛宇飞　段玉英　郭书琦
RENLI ZIYUAN GUANLI LILUN YU SHIWU

责任编辑　彭伽佳
封面设计　风得信·阿东 FondesyDesign
出版发行　首都经济贸易大学出版社
地　　址　北京市朝阳区红庙（邮编 100026）
电　　话　（010）65976483　65065761　65071505（传真）
网　　址　http://www.sjmcb.com
E-mail　publish@cueb.edu.cn
经　　销　全国新华书店
照　　排　北京砚祥志远激光照排技术有限公司
印　　刷　北京九州迅驰传媒文化有限公司
成品尺寸　170 毫米×240 毫米　1/16
字　　数　324 千字
印　　张　19.75
版　　次　2022 年 2 月第 1 版　**2023 年 5 月第 2 版**
2023 年 9 月总第 3 次印刷
书　　号　ISBN 978-7-5638-3494-5
定　　价　52.00 元

第二版前言

党的二十大报告指出，教育、科技、人才是全面建设社会主义现代化国家的基础性、战略性支撑。必须坚持科技是第一生产力、人才是第一资源、创新是第一动力，深入实施科教兴国战略、人才强国战略、创新驱动发展战略，开辟发展新领域、新赛道，不断塑造发展新动能、新优势。本教材本着全面贯彻落实党的二十大精神的宗旨编写，旨在助力人力资源管理专业的教学和实践的发展。

本教材由首都经济贸易大学劳动经济学院的老师、学生和【白话劳动法】的实务专家联合编著，希望搭建起理论与实践、高校学者与实务专家之间交流沟通的桥梁，从而实现理论与实务的相互促进。

根据我国人力资源管理理论和实践的最新发展状况，此次修订我们对教材的部分内容进行了更新，并且对文字表述进行了完善。感谢作者们的认真付出！首都经济贸易大学劳动经济学院的劳动关系专业硕士研究生张晓哲、鄢然两位同学也参与了校对工作，在此一并表示感谢！

本教材自出版以来，得到了教师、学生以及实务界的大力支持，在此表示衷心感谢！希望各位读者能够继续给予我们支持，多提意见，帮助我们不断提升教材的编写质量！

编者

2023年3月22日

前　言

习近平总书记高度重视人才，将“聚天下英才而用之”作为人才强国战略的重要措施。在深入实施新时代人才强国战略的推动下，中国人力资源服务业恰逢其时，迎来了高速发展的机遇。2019 年国家发展改革委修订发布的《产业结构调整指导目录》第四十六项中，将其定义为人力资源和人力资本服务业，引入了人力资本的概念。党的十九大报告提出，要着力加快建设实体经济、科技创新、现代金融、人力资源协同发展的产业体系。故，人力资源产业协同发展成为经济发展的重要组成部分。

改革开放以来，中国人力资源服务业已经从传统的人事代理、职业介绍升维到招聘、猎头、培训、外包、管理咨询等新领域，形成了相对完善的人力资源服务体系。尤其是随着互联网+人力资源服务业提质增效概念的提出，今天人力资源服务业已经与其他领域跨界融合。截至 2021 年末，全行业共有人力资源服务机构 5.91 万家，从业人员 103.15 万人，全年共为 3.04 亿人次劳动者提供就业、择业和流动服务，为 5 099 万家次用人单位提供专业支持。已提前实现人力资源和社会保障部牵头颁布的《关于推进新时代人力资源服务业高质量发展的意见》中人力资源服务业的发展目标：到 2025 年，人力资源服务机构达到 5 万家。我国人力资源服务业方兴未艾。

然而，一方面人力资源服务产业快速发展，另一方面人力资源服务产业却面临着行业人才的供给不足。人力资源服务业没有纳入学历教育或职业教育的范畴，源头上欠缺行业人才供给。政府组织的各大论坛以及行业协会组织的人力资源行业从业人员培训班，更多地聚焦在战略或方向上，聚集在政策解读或产品介绍上，主要是面向人力资源行业中高层管理者，而人力资源服务行业基础从业人员知识培训缺位，需要通过长期的职业试错来实现，并且，在基础概念与认知上，存在各公司自行培养的语境不统一问题，因此，为企业提供人才服务的人力资源服务机构最缺人才，人力资源服务同行之间的人才竞争非常“内卷”。为了弥补这一不足，人力资源和社会保障部印发《关于实施人力资源服务业创新发展行动（2023—2025 年）的通知》，意在指导各地深化人力资源服务供给侧结构性改革，培育壮大市场化就业和人才服务力量，多方面、多角度推动人力资源服务业发展质量稳步提升，为党的二十大报告提出的 2035 年我国发展总体目标——建成教育强国、科技强国、人才强国、文化强国、体育强国、健康中国，提供有力支撑。

【白话劳动法】基于多年为国内几千家人力资源服务机构提供培训或咨询的经验积累，成立了【人本学堂】，其定位之一就是为中国人力资源服务行业提供基础人才培养。截至今日，行业基础从业人员的教材在市场上仍然处于空白。故，【人本学堂】携手首都经济贸易大学劳动经济学院出版了这套中国人力资源服务行业基础系列教材，包括《人力资源管理理论与实务》《人力资源服务业管理理论与实务》《劳动法与人力资源服务业》，还包括一本专业期刊——《中国人力资源服务业政策汇编》，为推动人力资源服务业基础人才的培养，进行了初步的探索和尝试。

《人力资源管理理论与实务》一书主编为范围、白永亮，副主编为毛宇飞、段玉英、郭书琦，具体编写分工如下：第一章由首都经济贸易大学劳动经济学院硕士研究生郭书琦编写；第二章由郭书琦和首都经济贸易大学劳动经济学院博士研究生苗钟元编写；第三章由内蒙古科技大学经济管理学院副教授段玉英和首都经济贸易大学劳动经济学院硕士研究生李小晨编写；第四章由中国人民大学劳动人事学院博士研究生刘华编写；第五章由首都经济贸易大学劳动经济学院硕士研究生高晓婕编写；第六章由首都经济贸易大学劳动经济学院讲师毛宇飞、首都经济贸易大学劳动经济学院硕士研究生王庆、学生王玮编写；第七章由毛宇飞、首都经济贸易大学劳动经济学院硕士研究生宋阳、学生刘星雨编写。

【白话劳动法】团队愿意从劳动法、人力资源管理、人力资源服务业管理的视角进行尝试，以期对中国人力资源服务行业的人才培养做出一点贡献。但我们深感知识的不足，也深感行业的跨界发展需要多元视角的人才培养，还望读者见谅与指正。

最后，【白话劳动法】团体期望行业的人才培养能够匹配行业的高质量发展，实现人才与产业发展的协同，并祝愿中国人力资源服务行业越走越好。

白永亮

2022 年 1 月 15 日

目　录

第一章　导　论

本章学习要点：

1. 了解什么是人力资源管理
2. 掌握人力资源管理体系主要包含哪几大模块
3. 了解人力资源管理未来面临的挑战

21 世纪，经济全球化和信息技术应用逐渐成为时代主流，竞争也愈演愈烈。企业要想实现自身的长远发展，必须具备一定的竞争优势，若想提升自身的竞争力，主要通过以下两条途径进行：一条为外部途径，即企业要对行业发展趋势、外部经济环境以及产业政策导向等做出预判，从中寻求企业发展的机遇，同时避免企业发展面临的威胁；另一条为内部途径，即企业通过优化整合内部资源以及调整内部结构来提升企业内部的整体实力。在我国，绝大多数行业都蕴含着巨大的开发潜能，能够为企业的成长与发展提供广阔的平台与充足的机会，但是由于我国现代企业制度建设起步较晚，企业的经营模式尚不成熟，管理观念较为落后，管理水平较低，企业内部整体实力普遍不强，因此，研究如何提升企业内部整体实力更加具有现实意义。本书以提升企业内部整体实力为切入点来介绍人力资源管理制度。党的二十大报告指出，"我们要构建高水平社会主义市场经济体制，坚持和完善社会主义基本经济制度，毫不动摇巩固和发展公有制经济，毫不动摇鼓励、支持、引导非公有制经济发展"。

第一节　人力资源管理概述

20 世纪 90 年代初期，现代人力资源管理引入我国。经过 30 多年的发展，国内人力资源管理水平已经有了较大改善。少数企业已经形成了一套较为成熟的人力资源管理体系，如华为、京东等，但是由于我国各地区经济发展水平存在差距，不同地区、不同性质的企业，其人力资源管理观念与管理水平也各不相同。绝大多数企业正在由传统的人事管理模式向人力资源管理模式迈进，但是仍有少数企业实行的是传统人事管理模式。各界人士都在研究如何完善人力资源管理制度，试图依据不同企业的状况恰当地运用人力资源管理制度。

何谓人力资源管理？根据彭剑锋的观点，人力资源管理是指根据组织和个人发展的需要，对组织中的人力这一特殊的战略性资源进行合理有效的开发利用、优化配置与科学管理，最终实现个人效用与组织利益的最大化。① 现代企业人力资源管理的对象是企业所拥有的人力资源。随着知识经济时代的到来，人力资源在企业各种资源中的地位愈发重要，并逐渐成为企业的第一资源，成为企业核心能力的根本源泉。

第二节　人力资源管理体系

人力资源管理理论通常将人力资源管理划分为六大模块，包括人力资源规划、招聘与配置、培训与开发、绩效管理、薪酬福利管理与员工关系管理。人力资源管理制度的建立与实施需要各体系之间的相互配合。企业在制定人力资源管理制度时，应当将企业的战略目标、企业文化与人力资源管理相融合，而非单独对人力资源管理进行考量。此外，人力资源管理制度的制定和实施并不仅仅是人力资源管理部门的责任，还需要其他职能部门的经理以及企业高层管理者的参与。本书主要从人力资源规划、工作分析、招聘与配置、培训与开发、绩效管理、薪酬管理等六个方面对人力资源管理体系进行梳理。

一、人力资源规划

狭义的人力资源规划主要是指对人员的配置、晋升和补充机制进行合理规划；广义的人力资源规划除上述三种计划之外，还包括招聘、培训、绩效管理、薪酬管理、员工关系管理、员工援助等计划。本书主要介绍狭义的人力资源规划。企业在制定人力资源规划时，不仅要密切联

---

① 彭剑锋等：《人力资源管理概论》（第二版），复旦大学出版社 2018 年版，第 6 页。

系企业的发展战略，还要对企业所处的内外部环境以及人力资源情况进行分析，进而运用供给和需求预测技术对企业未来一段时间内的劳动力供需状况进行预测。企业不仅要制定整体的人力资源规划，各职能部门也要制定属于本部门的人力资源规划；人力资源部门不仅要参与制定企业整体的人力资源规划，还要协助各部门经理进行部门人力资源规划的制定。此外，由于内外部环境的变化、企业发展战略的调整以及人力资源规划本身的欠缺，企业还要对人力资源规划的实施过程进行有效评估和控制，以便及时调整和修正人力资源规划策略。

本书第二章的主要内容包括：人力资源规划的定义；人力资源环境分析；人力资源战略；人力资源规划的内容、具体方式和模式；人力资源存量分析；人力资源供需预测技术；人力资源规划体系的制定流程；人力资源规划实施方法；人力资源规划的评价与控制方法。

二、工作分析

工作分析是指采用科学的方法对工作岗位的相关信息进行收集、分析与整合，如岗位状况、基本职责、资格要求等，并制定工作说明书或岗位说明书。工作分析的目的在于为企业解决以下两个问题：一是界定某个职位的主要职责范围；二是界定某个职位的最佳任职资格条件。工作分析作为整个人力资源管理体系中一项最基本的工作，是进行人力资源规划、开展招聘活动、提供岗位培训服务以及进行薪酬设计等其他工作的基础。工作分析可以使得各岗位职责权限界定分明、职责清晰，避免工作重叠与推诿扯皮现象的发生，提高员工和职位的匹配度，进而提升企业整体的工作效率。

本书第三章的主要内容包括：如何对工作分析进行界定；工作分析主要内容包括哪些；工作分析主要运用哪些方法；工作分析的流程；工作设计的内容与方法；工作岗位分类和定岗定编方法；岗位评价的程序、方法及具体实例；工作说明书的编写与实际应用。

三、招聘与配置

随着知识经济时代的到来，优秀人才逐渐成为企业制胜的法宝，招聘是人才选拔的主要渠道。当企业出现职位空缺时，除了通过内部晋升机制进行人员补充外，还要从外部劳动力市场进行人员招聘，以满足企业对员工数量和质量的要求。这不仅能够为企业注入新的思想和活力，提高企业核心竞争力，还能够改善员工结构，促进企业的可持续发展。企业在进行招聘之前，首先要明确招聘需求，即空缺岗位的招聘条件与招聘人数，从而为招聘活动的开展指明方向。同时，企业要对招聘过程予以重视，并进行招聘效果评估，改进招聘方法，提高招聘质量，为企业选择更加合适的员工。最后，企业还要对员工进行合理配置，实现人尽其才，才尽其用。

本书第四章的主要内容包括：招聘的定义、意义与工作流程；招聘需求分析；招聘计划的制订；内外部招聘渠道的对比；招聘信息发布渠道与简历筛选方法；招聘测试技术，如笔试、面试等选拔方法；人员录用管理流程；招聘效果评估；如何进行员工配置。

四、培训与开发

培训与开发是指企业组织员工进行系统性学习并不断挖掘员工潜力的过程。企业通过提升员工的工作能力来提高员工的工作绩效，从而达到提高企业整体绩效的目的。企业在制订培训与开发计划时，要与组织战略相结合，并就企业和员工层面出现的问题进行培训需求分析。同时，企业应当依据不同类型员工的情况采取不同的培训方法，避免形式化培训或是“一刀切”等现象的发生。为了及时跟进培训，企业还需要对受训者的培训项目进行评估，以此了解员工的培训效果，发现培训过程中存在的问题并及时调整、改进。对跨国公司来说，为了避免不同民族文化和企业文化的碰撞与冲突，企业会开设企业大学，通过对内部员工和外部合作伙伴进行企业文化培训、战略宣导、知识更新及工作能力开发等措施，帮助企业实施跨文化管理，留住人才。

本书第五章的主要内容包括：人力资源培训与开发的定义、原则和分类；培训与开发的相关理论；战略性培训与开发的影响因素；培训体系的构建流程；培训需求分析的内容和方法；培训方法的类型；培训计划的内容与流程；培训课程开发的要素与程序；企业大学的特点、作用与发展趋势；影响培训效果转化的因素，评估培训效果的方法；新员工、核心员工与管理员工的培训方法；职业生涯规划的内容与步骤。

五、绩效管理

绩效管理是指企业采用绩效水平衡量指标体系，科学公平地考核员工的工作行为和业绩成果。绩效管理不仅能够引导员工尽己所能高效率地实现企业战略目标，也是后续利益分配等激励措施的重要依据，同时利益分配又关系到企业目标的最终实现。绩效辅导作为绩效管理的核心，除了能够及时发现制约员工绩效提升的障碍因素外，还可以将管理者与员工有效地联结在一起，提高个人和组织的绩效。绩效管理也应当做好评估与反馈工作，这不仅有利于被考核人客观评价自身业绩，认识自身不足，也有利于下一步计划的制订、自身不足的弥补和自身优势的放大，进而提高员工和部门绩效。

本书第六章的主要内容包括：绩效管理的界定、原因与基本流程；绩效计划的制订；绩效指标体系构建环节与方法；绩效辅导的形式和技巧；绩效评估方法和评估主体；绩效反馈；绩效结果在员工薪酬福利调整和职位职级调整方面的应用；基于目标管理的绩效考核；基于 KPI 的绩效考核；基于平衡计分卡的绩效考核；基于标杆管理的绩效考核。

六、薪酬管理

科学的薪酬管理作为企业吸引、激励和保留人才的重要手段，不仅能够将企业的人工成本控制在合理、可承受范围内，还能促进员工绩效及工作积极性的提高。企业在确定薪酬标准和薪酬等级时，除了要依据企业自身经营情况及岗位特点，还要对市场薪酬进行调查。企业还应明确不同职位的薪酬结构，即每个职位薪酬的组成部分。此外，企业还应当将员工的职业技能、工作能力、绩效、福利、特殊群体等因素纳入薪酬制定的考量范围内，使企业的薪酬管理体系更加完善；并对薪酬做出预算，通过合理控制员工流动率，降低企业劳动力成本。

本书第七章的主要内容包括：薪酬的定义及形式；薪酬管理的定义、原则和基本流程；薪酬的理论基础；战略性薪酬管理的内容、模式与制定流程；职位评价技术在薪酬管理中的应用；薪酬水平的决策类型及确定方法；市场薪酬水平调查流程；薪酬结构的内容、类型、常用方案及设计步骤；技能薪酬体系的内容及设计流程；绩效薪酬的种类；员工福利的种类；特殊员工群体薪酬；薪酬预算、控制与沟通；员工持股计划。

综上所述，人力资源规划、工作分析、招聘与配置、培训与开发、绩效管理、薪酬管理作为人力资源管理体系的重要组成部分，不仅要服从于并服务于企业战略发展目标，还要相互配合、相互作用，在实现个人目标的基础上提升企业内部整体实力，进而实现企业的可持续发展。

第三节 人力资源管理的挑战

一、新生代员工的价值理念

与老一代员工相比，新生代员工更富有热情与想法，喜欢尝试新思路与新方法，更愿意受到表扬，期望获得及时反馈，需要企业的坦诚相待，一旦他们发觉受到企业的欺骗，便会将所遇到的事情宣扬出去。这种代际差异给人力资源管理者带来了挑战。如何消除代际差异，并利用这些差异帮助每位员工发挥其特长，成为企业需要解决的问题。

二、技术挑战

信息技术的应用使得人力资源管理的效率大大提高，现在许多企业都在不同程度地运用人力资源管理信息系统进行业务处理，同时也利用信息技术进行线上培训与考核等。随着企业对信息技术的依赖逐渐加深，如何保护企业秘密以及员工个人信息成为亟须解决的问题。

三、人才的获取

党的二十大报告指出，要“深入实施人才强国战略”，“强化现代化建设人才支撑”。知识经济时代的到来使得人才成为各企业争夺的焦点，少数优秀人才可以给企业带来巨大的收益，并在企业经营过程中发挥重要作用，企业对优秀人才的开发与管理必将与传统的人力资源管理存在差别。然而，企业应当如何在全国乃至全球范围内招聘、录用所需人才并对其进行有效管理，这是企业需要思考的问题。

如何既学好人力资源管理理论，又将其灵活运用于实践，是广大人力资源从业者尤其是初级从业者遇到的难题。本教材以人力资源管理理论为指导，着重论述人力资源管理的实际操作方法，并通过列举若干案例对相关操作方法进行阐释，使得本书具有操作性强、简单易懂的特点。

全书主要分为七个部分：第一章是导论，主要对人力资源管理的发展历程、人力资源管理的定义及六大模块、人力资源管理未来面临的挑战进行简述。之后的六章即第二至第七章是对六大模块进行详细的分述：第二章是人力资源规划；第三章是工作分析；第四章是招聘与配置；第五章是培训与开发；第六章是绩效管理；第七章是薪酬管理。

思考题

1. 何谓人力资源管理？
2. 人力资源管理体系六大主要模块各自包含哪些内容？
3. 人力资源管理未来会面临什么样的挑战？

第二章　人力资源规划

本章学习要点：

1. 了解人力资源规划的定义
2. 了解人力资源环境分析的内容
3. 了解人力资源战略
4. 掌握人力资源规划的内容、具体方式与模式
5. 了解人力资源存量分析现状
6. 掌握人力资源供需预测技术
7. 掌握人力资源规划的体系内容以及实施方法
8. 掌握人力资源规划的控制与评估的内容及方法

案例导入

华为公司（以下简称“华为”）人力资源管理的特征可概括为：“管理创造型人才，激发与引导创造力”。具体特点如下：

1. 吸引人才。华为注重对知识型员工的培养和发展，通过“授之以权，委以重任”、给员工强烈的归属感、不看职位看贡献、内部创业的发展路径，吸引并留住知识型员工。

2. 动态适应。吸引人才是企业发展的第一步，让人才发挥自己的能力创造价值，通过变事适人、变人适事、双向变动等优化组合方案，给每位员工找到合适的职位。

3. 公平竞争。公平竞争主要体现为内部劳动力市场的建立应采取自由雇佣制，其衡量标准为工作机会和工作成绩，每个员工都有公平竞争上岗的机会。

4. 合理激励。华为依据“论功定酬”原则确定薪金，员工有机会通过提高业绩水平和为公司做出突出贡献获得加薪机会。华为倡导正负激励相结合的激励机制，通过正激励，满足员工的物质需求和精神需

求；通过负激励，对不符合公司规定的行为进行惩罚和抑制。

5. 培训制度。华为主要为员工提供四个方面的培训：全员导师制度、非核心培训（培训外包）、全员低重心培训、富有挑战性的轮岗制度。

除此之外，华为公司的人力资源规划与其独特的企业文化紧密联系，如华为“骂”文化、“贪”“残”“野”“暴”的狼性文化、艰苦奋斗的垫子文化等。成功的人力资源规划助力华为在短短 11 年内成为通信设备制造行业的翘楚，其背后的成功经验值得人力资源从业者和企业家们学习。

我们从这个案例中可以看出，华为的人力资源规划方案紧扣公司战略目标和企业文化，精准定位企业优势与人才选择标准，规划内容贯穿人力资源开发的全过程，从企业和员工双向角度明确具体措施，在激励员工创造绩效、促进企业增收的同时，增强了员工的忠诚感与使命感。本章参照华为的人力资源管理体系，着重探讨什么是人力资源规划、人力资源规划的作用是什么以及如何做好人力资源规划三个问题。

第一节　人力资源规划概述

党的二十大报告强调，要深入实施人才强国战略，坚持尊重劳动、尊重知识、尊重人才、尊重创造，完善人才战略布局，加快建设世界重要人才中心和创新高地，着力形成人才国际竞争的比较优势，把各方面优秀人才集聚到党和人民的事业中来。在经济全球化背景下，市场竞争愈发激烈，知识、技术的运用使得人才成为企业制胜的法宝。企业人力资源规划的目标就是帮助企业完成人才的整合，挖掘人才潜能，实现企业与人才的共同成长。人力资源规划是现代人力资源管理的重要组成部分，也是现代人力资源管理的起点，主要由人力开发和人力控制管理两部分组成。人力资源规划的制定需要经过前期准备阶段的信息收集与调查、企业内外部人力资源供需预测、人力资源规划的实施以及反馈调整全过程。科学合理的人力资源规划不仅可以优化组织内部的人力资源供需结构，还能助推企业长远发展。

科学合理的人力资源规划能够起到增强企业适应内外部环境以及波谲云诡市场的能力，它以人力资源规划为基础，对合理分配人力资源、充分利用员工优势、发挥员工价值、满足员工需要以及最大限度地调动企业员工积极性、主动性有极大的促进作用，是实现企业可持续发展的重要战略部署。随着社会主义市场经济体制的日益完善，运作方式日益正规化，教育重视程度的日益加深，企业之间的竞争不再仅仅是机会、资源的抢夺，还包括人才的抢夺。人才短缺成为制约企业发展的瓶颈。在没有进行良好人力资源规划的情况下，企业只知道缺人，却不知为何缺人，以及如何解决缺人的难题，也不重视企业内部优秀人才的培养，这使得企业会因为未能拥有核心人才，从而降低了在市场上的竞争力。

一、人力资源规划的定义

人力资源规划（human resource plan，HRP）也叫人力资源计划。广义的人力资源规划着重从战略层面考虑其对企业战略目标的支撑作用，即根据企业内外部环境和条件的变化，分析企业未来人力资源的需求和供给状况，运用科学方法对人力资源的获取、配置、使用、保护等各个环节进行职能性策划，以确保组织在需要的时间和需要的岗位上获得各种必需的人力资源。狭义的人力资源规划是指对企业未来可能面临的人员需求和供给变动做出预测，并据此储备或减少相应的人力资源，从而实现企业人力资源的供需平衡。

二、人力资源规划的主要内容

广义的人力资源规划包括人力资源战略发展规划、组织人事规划、教育培训计划、人力资源管理制度建设、人力资源开发规划、人力资源系统调整发展规划；狭义的人力资源规划包括人员配备计划、人员补充计划、人员晋升计划。严格来说，这些计划并不是绝对独立存在的，比如，制订一个合理的人员配置计划需要结合补充和晋升两个计划。

从上述内容来看，人力资源规划作为人力资源管理的重要起点，对整个人力资源管理实施的有效性以及企业发展的持续性都发挥着重要的作用。人力资源规划的主要类型、核心内容以及重要功能如表 2-1 所示。

表 2-1　人力资源规划的类型、内容及功能

主要类型	核心内容	重要功能
人力资源战略发展规划	根据企业文化、基本发展策略、用人理念等建立，是以下所有工作计划的准则	实现企业战略和人力资源的有效衔接，通过人力资源规划技术的创新，提高人力资源规划的有效性和可操作性
教育培训计划	科学选择培训对象、内容、方法、培训目标、经费预算、考核方式，并制定激励方式	使人力资源管理具有前瞻性和战略性，满足企业高速成长和未来可持续发展的需要
人员配备计划	以人尽其才、企业与员工双向需求满足为出发点，设计人员调配方案	为合适的人才选择适合的岗位，促使企业对人力资本进行优先投资和开发，基于企业战略进行人才储备
人员补充计划	制定或运用测评和选拔机制，基于岗位需求分析和现有人员质量调查制定选拔、激励、培训开发机制	挖掘人才，建立更合理的人才梯队，以提高企业的核心竞争力
人员晋升计划	为企业保留优秀人才，对管理或骨干技术人员采取的选拔、培养、辅导以及淘汰等计划	培养和激励潜在人才，保留关键核心人才，增强人力资源规划的激励效果

三、人力资源规划的注意事项

企业在制定人力资源规划时应注意以下要点①：

第一，人力资源规划要与企业战略目标相匹配，以促进企业长远发展。

第二，人力资源管理规划应与人力资源管理相协调。作为人力资源管理全过程的重要组成部分和前提条件，人力资源规划应与管理的其他部分相辅相成，互为补充。

---

① 赵小婷："企业做好人力资源规划的相关思考"，《经济师》，2020 年第 9 期。

第三，人力资源管理规划需要准确预测企业未来人力资源的供需状况。

第四，人力资源管理规划要能保证企业和员工的利益，为企业储备人才。人力资源规划要从企业的全局利益出发，但也需要员工的认可，兼顾企业与员工双方的共同需求。

第二节 人力资源环境分析

人力资源规划的目的在于满足企业发展战略的需求，而企业发展战略的制定要受到企业内外部环境的影响和制约。为了明确企业的优势与劣势、面临的机遇与挑战，应当对企业的战略环境进行分析，进而制定人力资源规划。人力资源环境分析具体如图 2-1 所示。

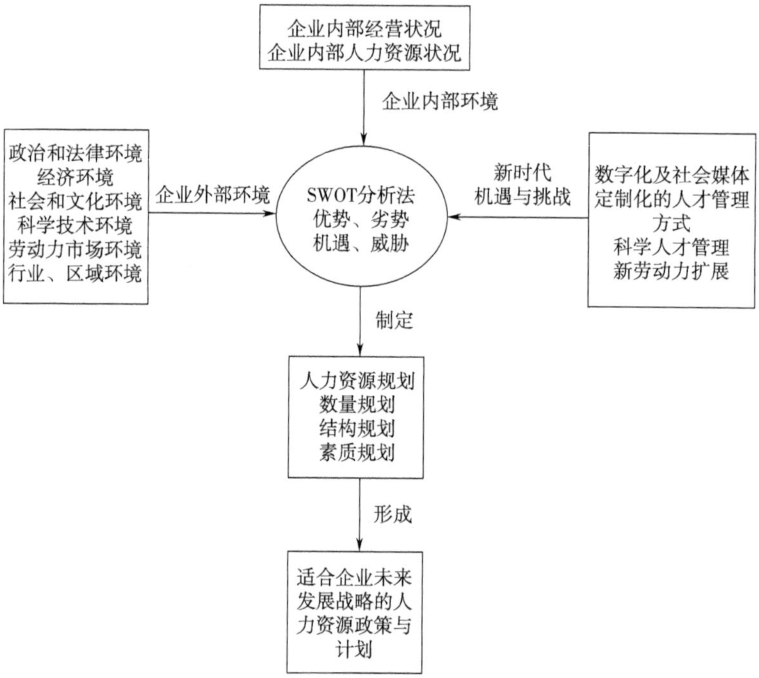

图 2-1 人力资源环境分析的类型与方法

一、外部环境分析[①]

（一）政治和法律环境

一方面，企业要考虑其所处地区的经济和社会发展是否稳定，当地政府对于经济发展的总体布局与规划，产业发展的重点导向与优惠政策；另一方面，企业需要严格遵守法律法规，如《公司法》《劳动合同法》等规定，使企业不仅能够合法地长久经营，也有利于企业内部劳资关系的和谐发展。

（二）经济环境

企业应根据当地的经济发展水平和消费能力，合理确定企业的发展规模，根据通货膨胀率及当地的工资收入水平制定员工的薪酬等级，确保企业实现利润最大化。

（三）社会和文化环境

企业应了解当地的教育水平、人口结构（家庭、年龄、性别）、生活方式和习惯、价值观念、宗教信仰等，这有利于企业快速融入当地环境，同时也有利于企业确定员工招聘类型。

（四）科学技术环境

技术变革使得企业某些岗位的员工需要不断学习新知识与新技能，因此，企业需考虑到某些业务和岗位对技术的需求。同时，企业还应当评估或了解当地的科研能力，如政府的研发支出（R&D 经费支出）、高校数量、重点研究领域等，以及新技术的引进与使用，为企业人才的引进与技术的革新提供参考。

（五）劳动力市场环境

企业应根据自身发展规模确定一定时期内其对外部劳动力需求的种类和数量，综合劳动力市场中劳动力参与率、男女性别比例、劳动力平均年龄、就业意愿、工作技能与经验等因素，制定人力资源规划。

（六）行业、区域环境

对那些发展潜力较大、发展前景较好的企业，应注重人才的引进与激励；相反，对于发展潜力与发展前景都具有一定局限性的企业来说，应当注重经营结构的调整与内部人员的合理开发和利用。

---

① 仇丹丹："浅析人力资源规划外部环境分析的要素"，《农家参谋》，2018 年第 13 期。

二、内部环境分析

（一）企业内部经营状况

企业需要考虑自身的资金实力、技术研发能力与组织结构、经营战略是否适应企业目前发展的需要。一般认为，资产负债率应保持在50%左右，速动比率的合理比率为1∶1。企业的组织结构是否满足企业长远发展的需要，企业产品研发能力以及机器设备购买能力，这些因素决定了企业的整体竞争实力。

（二）企业内部人力资源状况

企业应当了解任职者与职位要求之间的能力差距，无论该任职者是管理者还是基层员工。通过对内部员工的开发培训、人员调动，实现人力资源与企业战略的有效衔接，同时使企业了解目前还欠缺哪方面的人才，为企业外部招聘以及企业培训体系开发指明方向。

三、新时代的机遇与挑战

新的时代背景对人力资源管理提出了新的要求，从国内外人力资源发展环境来看，新时代人力资源发展趋势如下：

第一，以数字化和社交媒体作为工具的人力资源管理。数字和社交媒体工具正在改变人们寻找工作的方式，以及公司招聘、培训员工的方式。

第二，个性化的人才管理方式。制定评估方案是企业采取的最普遍的人才管理方式。例如，通用电气优先考虑工作绩效，并将培养重点放在具备“游戏改变者”特质的员工身上；联合利华每年都将管理层15%的员工列入其高潜力名单等。

第三，科学的人才管理。例如，谷歌的HR团队创建了自己的内部招聘机制，通过搜索社交网站“working”和其他网站，搜索员工在哪里工作，联系有前景的员工并与他们保持对话（有时长达数年），不断扩大候选人名单并进行严格筛选。这些通过HR精心挑选的内部招聘人员候选人占谷歌年招聘人数的一半左右。

第四，扩展新劳动力。如今，许多雇主完全或部分地围绕着一支由自由程序员、设计师或营销人员等组成的庞大的劳动力队伍来建立自己的企业。自由职业者社区网站使这些雇主能够招聘合适的自由职业者团队，享受自由职业者的声誉和工作成果，从而使人力资源民主化。

四、SWOT 环境分析法

上面我们主要从“是什么”和“为什么”的角度解释了人力资源管理的环境都有哪些。下面介绍一个最常用的环境分析方法，即 SWOT 分析法，也称态势分析法。SWOT 分析法主要由四个模块构成，即企业的优势、劣势、机会以及威胁，通过对企业外部环境、内部环境、机遇与挑战进行分析，将各因素按影响程度进行排序，并填写在图 2-2 各相应象限中，综合比较后，总结企业当下所处的位置及战略发展方向，从而为明确人力资源规划的方向奠定基础。

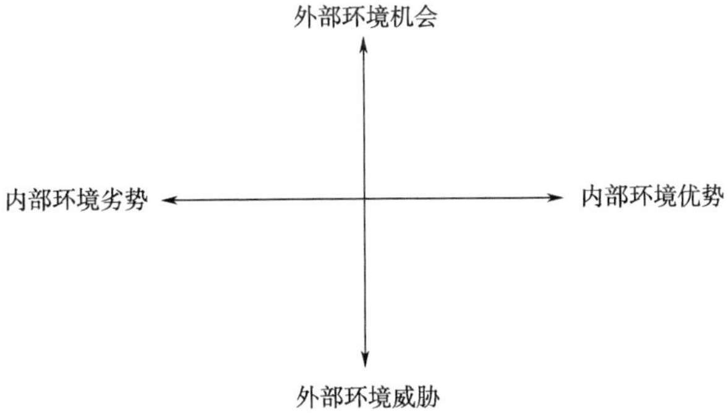

图 2-2　SWOT 分析法

小试牛刀

作为人力资源部门的员工，请根据自己所在公司的性质分析企业发展的外部环境机会、同质行业威胁、企业内部核心竞争优势以及企业内部存在的问题，绘制一张公司现阶段的 SWOT 分析图，通过优劣对比，为所在公司设计一个短期的人力资源规划蓝图。

第三节　人力资源战略

一、人力资源战略的定义

广义的人力资源战略强调人力资源需要支撑组织的战略目标，从战略层面考虑人力资源战略规划的内容和作用。狭义的人力资源战略是指对员工的需求、供给情况做出预测，并据此储备或减少相应的人力资源存量。无论是广义的还是狭义的人力资源战略，都必须考虑企业内部优势和劣势、外部机会和威胁，从而保持企业的竞争优势。

二、人力资源战略的功能

人力资源战略是人力资源规划的核心，其功能主要有以下几个方面：

第一，将人力资源与企业战略目标进行有效衔接，发挥人力资源规划促使企业战略目标落地实施的作用。

第二，具有前瞻性的人力资源战略可以促进人力资本的投资和开发，为企业的成长和发展吸引人才，丰富人才储备。

第三，人力资源战略具有很强的可操作性，可以促进整体人力资源规划的有效实施。

三、人力资源战略的内容

人力资源战略是基于企业对产业环境、战略能力、愿景使命及业务发展目标所进行的综合性战略分析制定得出，不同企业的企业文化、发展阶段、领导者个性都具有差异性，人力资源战略选择也有所不同，具体可分为五种战略①，如表 2-2 所示。

表 2-2 人力资源战略对比图

战略名称	主要内容	适用范围	具体案例
集中战略	单一业务公司战略，主要将公司的生产线投放于一种产品上	掌握核心专利技术，具有不可撼动的竞争优势的公司	老干妈（专注做辣酱）
多元化战略	多元业务公司战略，不断扩张公司的产品线	具有一定技术水平和资金支持，领导者追求创新	海尔公司（致力于拓展产品范围）
纵向一体化战略	企业通过生产自己的原材料或直接销售产品进行市场扩张	原材料及销售市场成熟，掌握一定的核心技术优势	苹果公司（苹果在全球开设自己的专卖店）

① Dessler and Gary, *Human resource management* (15 Edition), Pearson, 2013。

续 表

战略名称	主要内容	适用范围	具体案例
巩固战略	企业缩小规模的一种战略	公司转型或应对某些特殊的机遇和威胁	IBM 公司 （IBM 出售了 ThinkPad 产品线）
地理扩张战略	企业通过进入新的市场发展业务	公司在具有一定核心技术和资金支持的情况下追求市场扩张	诸多公司通过在国外上市等方式，将业务发展到国外市场

案例分析

西门子公司专注于生产电气产品，如今这家公司已向软件、工程和服务等多元领域发展。换言之，西门子公司通过高科技产品和服务多样化的企业战略，并在全球范围内贯彻实施，才成为今天的行业领先者。与一般公司相比，西门子公司复杂的工程和服务需求使得人力资源部门需要更多地关注员工的选择、培训和薪酬。西门子公司的人力资源战略主要包括以下几个要点：

1. 企业员工需要不断学习。西门子公司业务的高科技属性意味着员工必须有能够持续学习的习惯。西门子公司利用其在世界各地的课堂与实践学徒培训相结合的系统来实现这一目标，并为员工提供继续教育和晋升的机会。

2. 企业开展全球团队合作。为了让西门子公司的员工能够自由地合作和互动，所有员工都必须熟悉西门子公司的整个流程。例如，人力资源部门以跨国界、跨文化的经验培训作为职业发展的先决条件。

3. 企业营造相互尊重、平等沟通交流的氛围。人力资源部门会组织丰富多彩的活动，旨在形成公开、透明和活跃的企业氛围，并支持员工多样性的发展。

西门子公司的人力资源战略从最初的“集中战略”转向“多元化战略”，现在正在向“地理扩张战略”转型。现阶段，西门子公司的全球团队合作战略是企业现有发展战略的重要体现，西门子公司取得成功的关键在于不断对公司内外部发展状况进行比较分析，适时制定和更新人力资源发展战略。

第四节 人力资源规划的内容、具体方式与模式

一、人力资源规划的内容

完整的人力资源规划应对企业的人员数量、人员结构与人员素质进行规划，这三者是相辅相成的，其中，人力资源结构规划是重点，它确定了企业的层级结构，而人力资源数量规划和素质规划是依据人力资源结构规划来制定的。

（一）人力资源数量规划

企业人力资源规划工作就是通过预测企业未来的中长期经营情况、员工离职或退休率，预测企业未来对人力资源的需求量。人力资源部门需要明确企业当下有多少人，以及未来需要多少人，并根据预测结果确定编制人数。常见的人力资源数量分析方法主要有以下几种①：

1. 工作效率法

工作效率法主要根据员工的平均产量、工作时间、出勤率等因素计算岗位人数。此方法主要适用于制造类企业的一线工作人员，如流水线上的装配工人。岗位所需人数既可通过产量定额计算，也可通过时间定额计算。

（1）产量定额法。

员工数量=年产量÷（员工平均产量×出勤率）

假设某企业某种产品年产量为 2 610 万件，员工平均每天生产 200 件产品，员工平均每月出勤率为 21.75 天，则企业所需员工数量为：

员工数量=26 100 000÷（200×21.75×12）=500（人）

（2）时间定额法。

员工数量=（年产量×单位产品时间定额）÷（员工工作时间×出勤率）

假设某企业生产某种产品年产量为 2 610 万件，员工平均每天生产 200 件产品，每天平均工作时间为 8 小时，员工平均每月出勤率为 21.75 天，则企业所需员工数量为：

员工数量=（26 100 000×8÷200）÷（21.75×8×12）=500（人）

---

① 刘蓓蓓等："人力资源数量合理性审计标准之探讨"，《中国内部审计》，2019 年第 6 期。

2. 业务分析法

业务分析法是企业能够直接影响员工数量的历史业务数据，如销售收入、税前利润、人工成本等，将其与员工数量进行回归分析，从而预测企业对于员工的需求量。该方法需要企业保留真实的历史业务数据，以便利用统计方法进行回归预测。业务分析法需要具有延续性和稳定性的数据，一般适用于成熟的企业。

3. 预算控制法

预算控制法是通过设定人工成本预算范围来控制员工数量，而不对某部门某岗位在编人数做硬性规定。企业制定年度人力成本预算，并将预算分解到各职能部门，各部门在人力成本预算允许的范围内，由部门经理确定业务目标和岗位人数。企业资金有限，预算控制法使得企业对各部门人员的招聘都有严格的控制。中央企业所采用的工资总额法即为预算控制法的一种。① 此方法的使用前提为：企业经营目标、利润及人力成本目标已经设定。

4. 行业比例法

行业比例法是指在同一行业中，可以根据企业某一类人员的数量与另一类人员数量的比例来确定岗位所需员工数量的方法。此方法主要用于测定辅助和支持性岗位的人员数量，如人力资源管理类和财务类人员的数量。使用此方法必须满足以下三个条件：①在本行业中，由于专业化分工和协作的要求，两类人员数量之间存在一定的比例；②某一类人员的数量会随着另一类人员数量的变化而改变；③人员的行业比例数据具有较大的可获得性。但该法的使用具有局限性，需要考虑到企业是否存在分支机构、人力资源服务的精细化程度等。

5. 标杆分析法

标杆分析法是以外部优秀企业或内部优秀部门为标杆，结合企业的战略目标、业务量、效率等确定岗位人数，但标杆值的获取较为不易。

上述人力资源数量分析方法可用表 2-3 更直观地表示。

① 《中央企业工资总额管理办法》（国务院国有资产监督管理委员会令第 39 号），http：//www. sasac. gov. cn/n2588030/c10269343/content. html。

表 2-3　人力资源数量规划方法

人力资源规划	方法	适用条件	适用范围
数量规划	工作效率法（产量定额、时间定额）	已知员工平均产量、工作时间、出勤率	制造企业的一线工作人员
	业务分析法	存在直接影响员工数量的历史业务数据	成熟型企业
	预算控制法	企业经营目标、利润及人力成本目标已设定	中央企业
	行业比例法	两类人员数量之间存在一定比例；二者数量会相互影响；行业比例数据可获得	辅助和支持性岗位人员
	标杆分析法	标杆值易获取	企业或是部门

（二）人力资源结构规划

企业根据行业特点、自身发展规模以及重点业务模式对企业内部的人员结构比例进行预测，如关键岗位人才所占比例、各层级职称人数。企业要想保证工作质量，需要各部门之间灵活配合，即需要打破部门的限制，按照业务运营要求对人力资源进行规划。通过确定各岗位在企业价值创造中的贡献和重要程度，确定各岗位人数以及薪酬水平。

1. 工作功能分析

企业内部人员按工作职能可分为业务人员、技术人员、生产人员和管理人员。然后可就此探究影响人力资源结构的因素，如企业主要业务类型、企业在产品市场上的竞争力、企业对于新技术新产品研发的需求、劳动力市场中的劳动力供给状况。

2. 工作类别分析

企业内部人员按与业务增长量有无直接联系可分为直接人员和间接人员。在企业经营过程中，要防止间接人员数量过度膨胀。

（三）人力资源素质规划

人力资源素质规划有两种表现形式，如图 2-3 所示。企业基于自身发展战略以及业务发展需要，对员工的岗位任职资格提出要求，如需要何种知识与经验，需要员工掌握哪些工作技能等，同时也对员工的个人素质提出了要求，如具备何种个性或价值观的员工更适合企业发展，哪些员工的价值观与企业文化更加匹配。这为企业招聘与培训等业务的开展指明了方向，即员工素质和任职资格必须与企业经营现状相匹配，必须满足企业工作的要求，提高员工的适岗率。

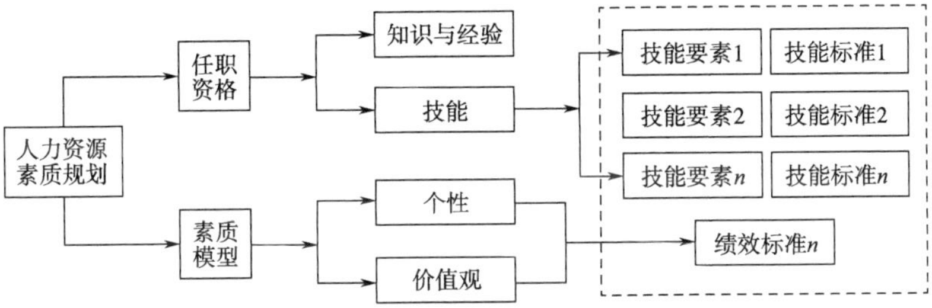

图 2-3　人力资源素质规划的两种表现形式

资料来源：彭剑锋等编著：《人力资源管理概论》（第二版），复旦大学出版社 2011 年版，第 115 页。

二、人力资源规划的具体方式

（一）接替晋升计划

接替晋升计划根据企业的人员分布状况和层级结构，有计划地考察、提拔有能力的人，让其任职层级更高的岗位。这种内部晋升方式不仅使员工对企业产生较高的认同感和归属感，还使得管理者熟悉企业的业务操作与流程，避免业务衔接不畅的可能。晋升规划一般由晋升比例、平均年资、晋升时间等指标予以量化，示例如表 2-4 所示。

表 2-4　接替晋升计划示例

晋升某级别的年资（年）	1	2	3	4	5	6	7	8
累计晋升比例（%）	0	0	10	25	55	65	70	70
晋升比例（%）	0	0	10	15	30	10	5	0

表 2-4 中，晋升某级别的最低年资为 3 年，且 3 年的晋升比例为 10%，4 年的晋升比例为 15%，5 年的晋升比例为 30%，其他年资的晋升比例很小或为 0。

（二）人员补充计划

当企业中出现职位空缺时，管理人首先考虑从企业内部现有人员中进行招聘。在企业内部，员工通过晋升，从低职位层级向高职位层级流动。员工通过不断的层级流动，最终使得较低层级职位的员工发生短缺，这时企业可通过外部招聘考核的方式予以补充，填补职位空缺。

（三）素质提升计划

企业通过分析其在中长期发展过程中可能面临的岗位需求，对当下有潜力的员工有计划、有针对性地进行培养，以解决未来岗位空缺或是岗位任职要求较高的问题。

（四）退休解聘计划

这是指为企业裁减冗余人员提供方案，让员工杜绝“铁饭碗”或终身雇佣的想法，使得企业能够更加高效的运作。

三、人力资源规划的三大模式

（一）基于供需平衡的经典模式

企业基于员工供给和需求的平衡进行人力资源规划，重点、难点在于如何对员工的需求与供给进行有效预测。在企业实际运营中，针对人才过剩或是人才短缺所采取的措施便是基于供需平衡的思想（见图 2-4）。该模式适用于经营领域单一或是规模较小的企业。

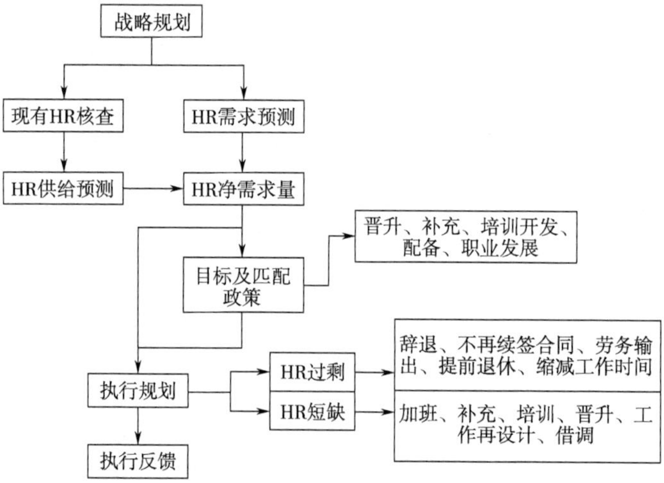

图 2-4 基于供需平衡的经典模式

资料来源：彭剑锋等编著：《人力资源管理概论》（第二版），复旦大学出版社 2011 年版，第 121 页。

（二）基于现状和理想状态的趋近模式

人力资源部门基于当前的战略发展目标，建立一套科学合理的人力资源评价体系，对企业目前的人力资源现状进行精准评估，并据此设定理想的人力资源战略目标；通过与现实中的人力资源情况进行对比，发现不足之处，并逐步改善。同时，人力资源部门要对人力资源规划的整个实施过程进行评价与控制，以确保企业及时发现问题并进行纠偏（见图 2-5）。该模式主要针对多元化的大型企业、国家或地区。

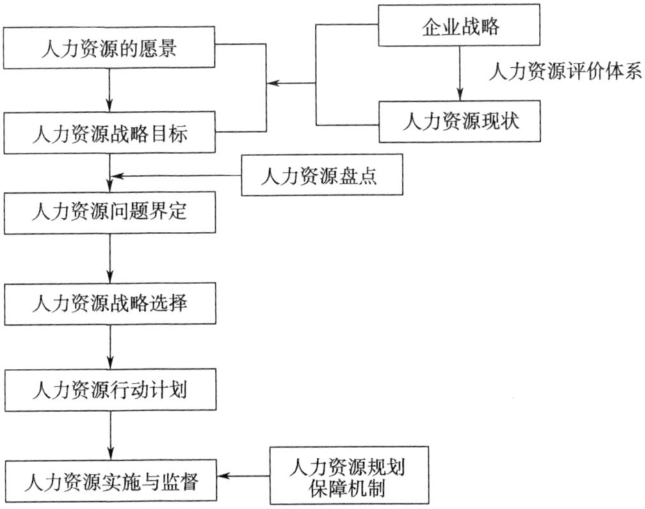

图 2-5 基于现状和理想状态的趋近模式

资料来源：彭剑锋等编著：《人力资源管理概论》（第二版），复旦大学出版社 2011 年版，第 121-122 页。

（三）基于企业核心竞争能力的规划模式

企业的核心竞争能力归根到底来源于企业核心人才的竞争。企业应当引进并培养与企业发展相匹配的核心人才，形成核心团队，同时，以核心人才带动企业所有人才向着更好的方向发展，增强企业的竞争能力。该模式适用于高速成长的企业，如创新型企业。

企业往往根据自身的发展水平和人力资源管理状况选择合适的人力资源规划模式。但是从趋势上看，越来越多的企业选择基于企业核心竞争能力的人力资源规划模式，以实现人力资源规划与企业发展战略的有效融合。

上述三种模式并不完全独立。在企业多元化发展的情况下，三种模式之间通常会取长补短、相互渗透，呈现“三足鼎立”的发展模式，如图 2-6 所示。

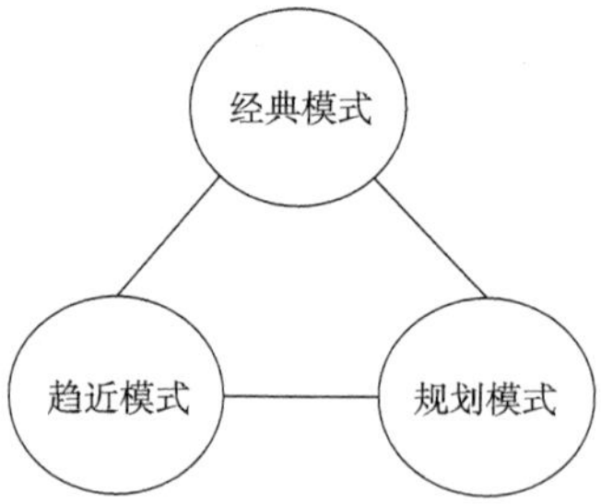

图 2-6 “三足鼎立”发展模式

第五节 人力资源存量分析

人力资源存量是指企业人力资源的自然消耗（如自然减员）和自然流动引起的人力资源变动。人力资源存量分析是将经济学中的存量分析引入人力资源管理研究领域，通俗来说，就是计算特定时间、空间范围内的人力资源数量和质量，是现代人力资源规划的一个重要内容。从类型上看，人力资源存量分为外部人力资源存量和内部人力资源存量，其计算公式均为：数量×质量。[①]

一、外部人力资源

（一）外部人力资源数量

外部人力资源数量指的是构成劳动力人口的那部分人口，其计算方法为一个国家或者一个地区范围内适龄劳动人口总量减去其中丧失劳动能力的人口数量，再加上适龄劳动人口以外具有劳动能力的人口数量。我国劳动年龄人口总量在 2012 年达到 9. 22 亿人的峰值后，增量由正转负，总量不断减少，2022 年末降至 8. 76 亿人。然而，这种劳动力供给

① 董克用、叶向峰：《人力资源管理概论》（第五版），中国人民大学出版社 2019 年版，第 154～160。

量的减少仅是在供给高位上的放缓，从结构上看，青年劳动力数量还是稳中有增，我国仍然是人口和劳动力最多的发展中国家。

（二）外部人力资源质量

外部人力资源质量是指人力资源所具有的体质、智力、知识和技能水平，这是区别不同人力资源个体或总体的关键，其中，受教育水平和健康状况是影响人力资源质量的主要因素。人力资源和社会保障部指出，截至 2021 年底，全国技能劳动者总量超过 2 亿人，占 7.5 亿就业人员的 26%；高技能人才超过 6 000 万人，占技能劳动者的 30%。其中高级工 4 700 万人、技师 1 000 万人、高级技师 300 万人。但也要看到，技能人才队伍规模不足、结构不优、素质不高的问题依然存在，尚不能适应高质量发展的要求。

二、内部人力资源

（一）内部人力资源数量

内部人力资源数量的关注重点是分析企业现有的人力资源数量与企业各部门业务量之间是否相互匹配，也就是说，要考察企业现有的人力资源是否实现了最优配置。在进行内部数量统计时，常使用工作分析法、动作研究法、工作抽样法、绩效分析系统法、管理幅度和线性责任图法等进行分析。具体操作方法如表 2-5 所示。

表 2-5　内部人力资源调查方法

方法	具体内容	适用人群	公式/优劣对比
工作分析法	工作分析结果是编制工作描述和工作规范的原始数据来源，并以此计算完成工作需要的人员数量	适用于绝大多工作，具有普适性	所需人员 = 每月总工作量所需时间 ÷（每人每日工作时间-休息时间）×每月工作日数 此方法的优点是具有很强的普适性，可以直接用来进行绝大部分的内部人力资源数量分析；其缺点是该方法以结果为唯一导向，具有一定的偏向性和不准确性，不能包含全部情况
动作研究法	在员工的工作地点实地测量员工完成某项工作所需要的时间	适用于制造业中重复性高且操作简单的事务性工作	此方法在实施过程中受员工个人技能水平以及身体状况等不可预测因素的影响，测量误差较大且过程较为复杂

续 表

方法	具体内容	适用人群	公式/优劣对比
工作抽样法	在统计学概率原理基础上，采用随机抽样方式	适用于生产职位以及重复性高的业务	先在一定时间范围内用数学计算方式随机选择一个部门，测算其实际工作时间在规定时间中的占比后，再使用得到的百分比推测人员利用的效果和使用情况
绩效分析系统法	需要在一段时间（通常设定为1~2个月）中记录每个员工的实际工作内容、工作时间以及工作量	适用于重复性工作	得到某个工作在某一段时间内的完成数量，再与统计方法得到的标准进行对比，最终确定完成该项工作所需要的最佳人员数量，减少人员冗杂和缺岗
管理幅度法	通过明确每一位管理人员在最有效的范围内可以管理的下属人数，组织对于管理层级的政策越明确、上级支持度越高、下属能力越强时，对应管理幅度越大	适用于企业内部存在明确的垂直性的组织层次	直线型管理层级层层递进，依次确定每一层次的管理幅度，确保管理的有效性，以得出各层次最优的管理人数，最后计算所需员工总数
线性责任图法	将组织内的全体人力资源和企业内所有的业务项目按照矩阵排列，并将每位员工在各项业务中所需承担的责任一并记录在矩阵中	适用于业务与责任一一对应、区分明细的事务性工作	相比于传统的组织结构图或工作说明书，线性责任图在直观了解组织内的责任与权限关系上具有更强的竞争力，因此可以更精准地计算人员定额数量

（二）内部人力资源质量

内部人力资源质量主要通过人员素质分析测量方法体现。人员素质分析主要是指企业为了提高利润，实现全公司的高质量发展，对每位员工所具有的对企业生产力有直接显著影响且相对稳定的品质特征进行测量分析。最重要的步骤是对员工进行知识技能水平的分析，如员工个人的学历和职称，以及企业专业技术人员比例和平均文化程度等。除此之外，还包含对员工心理健康进行测试和分析，以及对整个组织内部员工队伍的整体素质进行评价与分析（员工适职率是衡量企业员工素质高低的通用标准，通过适应职位素质要求的员工数量与员工总人数之比得到）等方法。

第六节　人力资源供需预测技术

中研普华研究报告①显示，受疫情影响，2020 年二季度，用人单位招聘各类人员约 441.2 万人，环比减少 79.5 万人；进入市场的求职者约 333.7 万人，环比增加 9.1 万人，市场需求略大于供给。随着复工复产的持续推进，劳动力市场供求压力将有所缓解。83 个城市公共就业服务机构市场供求信息显示，与一季度相比，市场需求人数下降 15.6%，求职人数增长 2.9%。供给端和需求端一升一降，一定程度上缓解了市场供求压力。

随着我国数字经济的蓬勃发展，依托互联网平台的新就业形态脱颖而出，从业人员规模不断扩大，形态种类日趋多样，成为稳就业的“蓄水池”。数据显示，2021 年微信公众号、小程序、视频号、企业微信等微信数字生态衍生了 4 618 万个就业机会。与此同时，创新驱动发展战略的深入实施使新产业新动能持续增长，新岗位新职业不断涌现。以修订后的 2022 年版国家职业分类大典为例，净增 158 个新职业，首次标注 97 个数字职业，极大扩展了就业空间，人力资源需求增加。

对劳动力进行人力资源供需预测及规划，明确公司需要填补哪些职位以及如何填补这些职位，是公司整体职位规划及人员补充过程中必不可少的环节，也是为了找出并解决现有劳动力存量与预计劳动力需求量之间的差距和问题。在招聘和甄选之前，企业应对劳动力供需情况进行预测和规划。

一、人力资源需求预测

人力资源需求预测是以本企业的终极战略目标以及对企业内外部条件环境进行分析为依据，通过运用适当的预测技术对公司内部人力资源需求的数量、质量以及结构进行预测分析。在内容上，由现实人力资源需求预

① 《2019—2025 年中国劳动力市场调查分析与发展趋势预测研究报告》，中研网，https：//finance. chinairn. com/News/2020/08/19/115754744. html。

测、未来人力资源需求预测以及未来流失人力资源预测三个部分组成。

企业内部对于该企业未来人力资源需求的预测是人力资源从业者进行人力资源预测的重点。预测首先要从实际情况出发，对企业所具备的内部条件和外部市场环境进行调研和考察，以服务企业战略发展目标为前提，通过科学可行的专业技术方法，对企业未来人力资源需求的数量、质量和结构进行全方位多层次的预测。

（一）定性分析方法

1. 经验预测法

管理者依靠个人的管理经验，人力资源从业者根据以往每一单位产量增量对劳动力的相应增量进行估算，这种方法称为经验预测法。该做法需要严格的前提条件，首要前提是假定企业对于劳动力的需求与某些因素的变化之间存在某种必然的关系。但是这种分析方法也有很大的弊端，因其准确程度很大程度上取决于管理者的水平和个人经验，预测结果的准确性和客观性难以保证，因此一般只用于进行短期预测。

2. 微观集成法

微观集成法按照实现的方向分为“自上而下”和“自下而上”两种。“自上而下”法是指由企业高层管理者根据企业发展情况对企业总体的用人需求进行预测，然后逐级下达至各职能部门，由各部门讨论和修改，汇总至企业高层管理者手中，再由高层管理者对总体需求进行修订，最后由高层管理者公布实施。

“自下而上”法是指由各职能部门从业者根据本部门具体的业务情况对用人需求进行预测，然后各部门将所有的预测结果交由人力资源部门，由人力资源部门从业者统一汇总，最后交至高层，高层管理者据此确定企业总体用人需求目标。

3. 岗位分析法

岗位分析法是指人力资源部门从业者根据岗位的工作内容和职责范围，假定企业内部所有员工均处于完全适岗的情况下，确定其具体的工作量，并据此确定岗位人数需求的方法。实施这种方法的基本条件在于企业先制定出科学合理且完备的岗位用人标准。

4. 德尔菲法

德尔菲法是指企业人力资源管理从业者通过邀请人力资源分析专家对企业的人力资源需求进行预测，采用匿名或者背靠背的方式独立做出判断，在反复的反馈和讨论中使意见逐渐趋同，最终结果需要包含对社会环境、企业战略和人员流动三大因素的综合分析数据的方法。特别要说明的是，使用这种方法时，专家人数不宜过多，一般以 10~15 人为宜。

案例分析

沃尔玛百货有限公司（以下简称“沃尔玛”）采用微观集成法中“自下而上”的方法对企业的人力资源需求进行预测。由于一线员工的流动性非常大，为了维持超市的正常运转，沃尔玛必须确保员工人数充足。因此，沃尔玛往往是从超市一线员工开始进行需求预测，然后逐级向上，最终形成企业整体的用人需求目标。沃尔玛一般对新开设的零售商店采用德尔菲法进行劳动力需求预测，聘请专家对每种工作岗位的员工数量做出预测，以确保在超市实际运营中员工数量的充足。

（二）定量分析方法

1. 回归分析法

在实际工作中，企业对于劳动力的需求往往由多种因素构成，而且这些因素与劳动力需求量往往呈线性关系，因此，企业常采用多元回归分析方法对劳动力需求进行预测。公式如下：

$$Y=a_0+a_1X_1+a_2X_2+a_3X_3+\cdots+a_nX_n$$

式中，Y 代表企业整体人力资源需求量，X_i 代表第 i 种影响企业人力资源需求量的因素，a_i 为相关系数。

2. 生产函数模型

企业根据其在某一时点的产量水平和资本总量，通过柯布道格拉斯生产函数，确定该时点劳动力的需求量。公式如下：

$$Y = AL^aK^bu$$

$$\lg L = (\lg Y - b\lg K - \lg u - \lg A)/a$$

式中，Y 代表企业总产量水平，L 代表企业中劳动力的投入总量，K 代表资本投入总量，A 是总生产率系数，a、b 分别为劳动和资本产出弹性系数，且 $|a|+|b|\leq 1$。

3. 工作负荷分析法

工作负荷分析法多用于对人力资源需求数量的短期预测，主要通过企业的销售业绩预测该企业的总体工作量，再以预测出来的总体工作量为标准，制定相应的具体生产进程，最后通过综合数据分析确定人力资源需求量。

（三）人力资源需求预测步骤

企业根据自身实际经营情况，采用不同的人力资源需求预测方法，主要通过以下六个步骤对人力资源需求进行预测：

（1）根据工作分析确定职务设置和人员配置；

（2）盘点企业现存人力资源，统计缺编、超编以及职务资格不符合情况；

（3）将统计结果与企业各部门管理者进行核对、修正，得出企业现存人力资源需求；

（4）理解企业发展规划和战略目标，在总目标的指引下具体确定各个职能部门未来人力资源变动情况的需求量；

（5）对预测期内可能存在的离退休人员进行精准的数量统计，根据历史数据推断企业未来可能存在的离职情况并进行汇总；

（6）将通过上述步骤得到的三类人力资源需求量综合起来进行汇总，依次作为依据，对企业的人力资源需求做出总体预测。

二、人力资源供给预测

按照供给来源的不同，人力资源供给可大致分为外部供给和内部供给两个方面。人力资源供给预测是指人力资源从业者需要预测未来某一时期内，组织内部人力资源供应和外部劳动力市场提供的人力资源的数量、质量以及结构的供给分析，以实现满足企业发展所需人员配置的目标。

人力资源供给预测的内容主要从企业内部人员的特征出发，对员工的年龄、级别、素质、资历、经历和技能进行全面的信息收集，并通过科学的技术手段对人员发展潜力、可晋升性等方面信息进行统计。在这个过程中，企业员工的技能档案是对企业进行人力资源供给预测的有效工具，它详细涵盖了每个员工的技能以及知识、经验等方面的信息，通常源于工作分析、绩效评估报告以及培训记录。

外部供给预测可参考国家或者所在省份每年公布的统计信息资料，预测某些特定种类人员的市场供给情况，以便灵活应对。如 2020 年中国劳动力市场受疫情防控影响，多数地区和企业采取居家隔离措施，一季度求职人数较少，随着中国疫情防控取得较好成果，二季度后求职人数逐渐回升，导致上半年中国市场中劳动力供给端出现变动。企业内部人力资源供给预测主要是根据企业内部人员信息预测满足未来人事变动需求的劳动力供给状况。在预测方法上，德尔菲法同样可以运用于人力资源供给预测的实施之中，具体操作方法与需求预测相同，这里不再赘述，只重点介绍另外三种供给预测方法。

（一）人才盘点法

人才盘点法是企业为精确掌握本企业内部现有人力资源的情况，通过对劳动力的数量、结构、素质以及岗位和职能分布状态进行核查，了解企业自身的人力资源分布情况。该方法会受到企业规模的限制：企业规模较小时，盘点较容易开展；企业规模较大时，企业需要建立人力资源信息系统进行核查。

（二）替换单法

替换单法是指通过职位空缺来对劳动力需求量进行预测。职位空缺主要来源于员工离职、晋升、企业多元发展战略目标下的业务扩张等方面。企业在充分了解所拥有的人力资源的内在潜力、能力和分布状况，并且已知未来人员流失率与理想的人员分配状况的条件下，合理规划企业中的每个职位，尤其是管理层级人员的规划，同时基于需要补位的晋升数量以及人员补充水平，做出人力资源供给预测。该方法早期多用于人力资源供给的预测之中，现在也在很大程度上用于对人力资源的需求情况进行预测。然而，替换单法由于需要企业充分掌握人力资源资料以及能够科学考察人员潜力，通用性差且精准度较低。

（三）目标规划法

目标规划法是一种将马尔柯夫分析模型与线性规划相结合的更为科学和综合的分析方法，旨在实现员工预定目标最大化条件下探讨人员分配问题。马尔柯夫模型是指通过对过去的人力资源变动规律进行分析，用于推测企业未来人力资源变动趋势。该模型有两个应用前提：一是假定后一时刻的员工状态只与当下员工状态相关，与曾经的状态无关；二是假定模型稳定，不受任何外部因素影响。这种方法是最常用的内部人力资源供给预测方法。

在对预测方法进行比较时，通常应遵循四个准则，分别是完备性、精确性、实施性以及通用性。以人力资源供给预测为例，以德尔菲法和替换单法为代表的定性研究方法在预测中具有主观性和模糊性的特征，规划精准性较差，在完备性和通用性上也较缺乏；目标规划法虽能较为精确地为企业提供人员供给信息，但是模型复杂，限制条件较多，实施性较差；人才盘点法受企业规模的制约。

在人力资源预测的实际应用中，人力资源从业者可以根据企业自身规模大小、内外部环境条件以及人力资源规划预测的目标重点，综合衡量四个准则的使用权重，选出最适合企业的预测方法，也鼓励从业者将几种预测方式各取所长，组合使用。

第七节 制定人力资源规划体系的流程

人力资源管理者以及人力资源从业者面临的重要工作，是根据公司战略和业务发展的目标，思考什么样的组织架构才能支撑目标的实现，具体岗位设置如何调整，人员数量和质量是否与岗位需求相匹配，以及如何解决不匹配的问题。根据理论和实践经验，我们在制定人力资源规划体系时要考虑以下原则：规划以明确人力资源需求情况为前提的原则；规划与企业内外竞争环境和劳动力市场环境相适应的原则；规划与企业长期发展的战略目标相适应的原则；双方都得到长期利益的原则；保持适度流动性的原则。

在遵循上述原则的基础上，可以按照以下六个步骤制定适用于企业的具体人力资源规划①：

（1）全面分析企业战略背景，盘点人力资源存量，深度解读公司战略目标和业务要求，并对现行市场中同行业发展状况做评估；

（2）人力资源从业人员需要帮助企业全体员工明确人力资源愿景及战略，找寻和设计实现战略目标以及业务要求的方式方法；

（3）构建人力资源管理体制，考察公司现行组织架构和岗位体系是否可以实现目标，找到需要调整的部分；

（4）与企业高层管理者一起制定人力资源核心策略，预测和规划人力资源数量、人才结构及质量，在调整后的组织架构中重新思考岗位

---

① 益慧泓远人力资源顾问公司：《做人力资源规划的六个步骤》，儒思人力资源实战内容分享平台，http：//www. ruthout. com/information/18526. html。

设置和对应的人员数量、质量需求；

（5）制订重点工程与行动计划，找到公司人员分配现状与新规划中人员需求之间的差异；

（6）建立实施保障计划，制定有针对性的人力资源规划并监督实施，确保规划贯彻不偏离原定计划目标。

人力资源规划的制定过程可用图2-7所示的流程图展示。

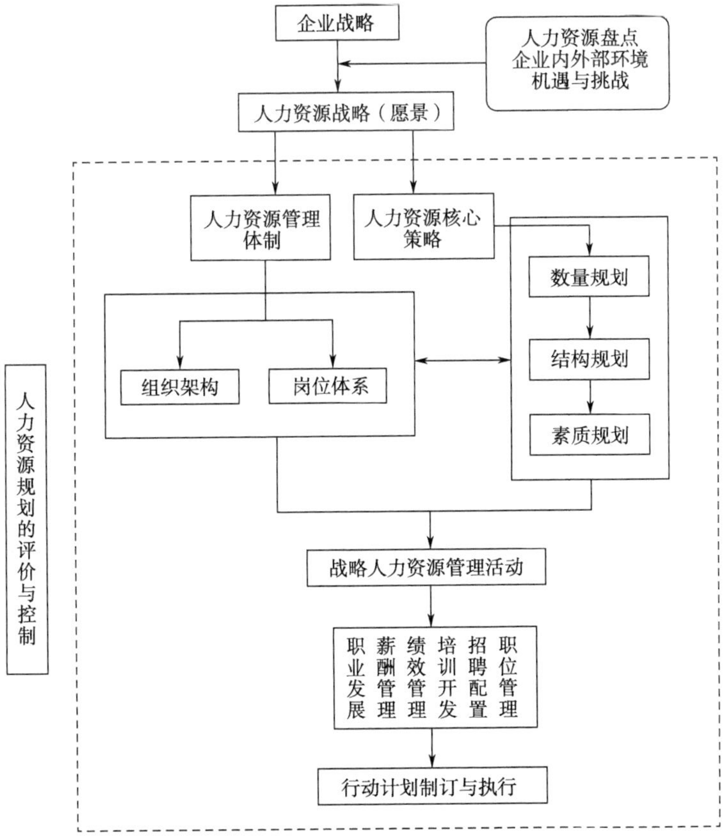

图2-7　人力资源规划体系制定过程图

第八节　人力资源规划实施方法

人力资源规划的内容主要包括规划内容、执行期限、执行人、执行对象、财务预算等几个方面。

一、实施者的确定[①]

传统的人力资源工作如招聘、员工培训、绩效薪酬福利制定、员工关系管理等内容主要由人事部门负责。在现代企业，人事部门不应当仅局限于日常的行政管理工作，还应当将人力资源部门的人才管理工作与企业整体的发展战略目标进行有效的衔接，为企业内部人力资源的预测以及外部劳动力人才的引进、开发、培养、激励等工作服务。人力资源规划的实施不仅是人力资源部门主管以及人力资源从业者的责任，也是企业行政体系各层级与各下属部门管理者的责任（如图 2-8 所示）。

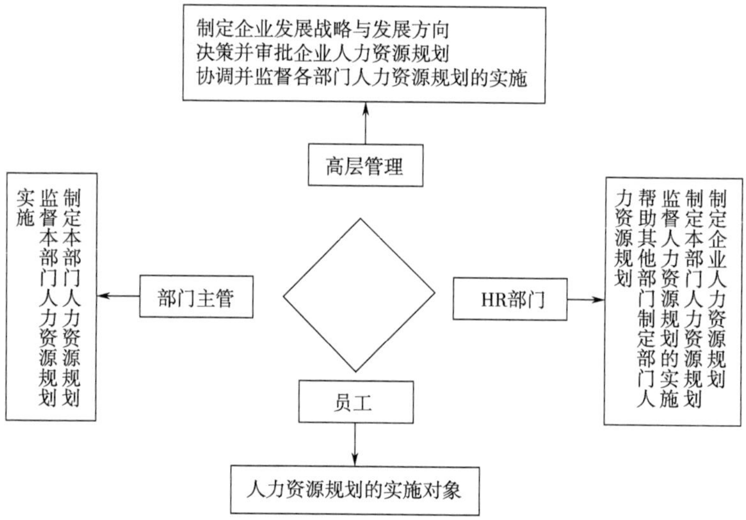

图 2-8　人力资源规划的承担者

（一）高层管理者层面[②]

企业高层管理者应对企业最终的发展战略和整体发展方向进行严格的把控与整体规划，使得人力资源部门明确人力资源工作的主要方向。为了保证人力资源规划与企业战略目标可以进行有效的衔接，人力资源

① 彭剑锋等：《人力资源管理概论》（第二版），复旦大学出版社 2011 年版，第 128~130 页。

② 唐洋："企业战略人力资源规划创新"，《人力资源开发》，2020 年第 4 期。

规划的制定必须由企业高层参与并决策，即企业高层应对人力资源规划的目标、方针、政策提出指导性意见。企业高层还要对已制定完成的人力资源规划进行审批，确保该规划符合企业战略发展的要求。

（二）部门管理者层面

企业副总裁等高层管理者需与各职能部门的管理者一起，针对人力资源规划的实施情况进行协调与监督，并对实施效果进行评估。一方面，各职能部门的管理者需要保证人力资源规划的有效实施；另一方面，他们也需要为人力资源规划的后续改进提出意见。

（三）人力资源管理部门层面

人力资源管理部门的全体成员既要参与企业制定整体人力资源规划的全过程，也要一并完成本部门人力资源规划的制定，同时发挥为其他各职能部门制定人力资源规划的指导或参谋作用。同时，人力资源管理部门应根据业务内容和流程，制定各类人才尤其是核心人才的人力资源规划方案，实现人才的跨部门流动，打破部门壁垒，打造专业的业务团队和核心的人才团队，提高企业的竞争力。此外，人力资源部门作为人力资源规划全过程的监督者，需要对企业整体人力资源规划的制定和实施以及各部门人力资源规划的实施过程与实施效果进行监督，以便及时发现问题并予以调整。

对于除人力资源部门以外的其他职能部门，应由部门经理根据本部门的业务情况及业务目标进行部门人力资源规划，人力资源部门应当予以指导与配合。现实中，许多业务部门经理是由基层员工层层选拔上来，对人力资源管理及规划缺乏系统的知识和经验，因此，人力资源部门应当先对其进行培训，然后再让其参与人力资源规划的制定。为了激励部门经理更加积极地制定本部门的人力资源规划，企业常常将其与部门经理的业绩挂钩。

二、实施的原则

（一）战略导向原则

企业应当明确自身的中长期战略发展目标，并依据企业的战略目标制定人力资源规划目标，规划施行的具体行动方案，最终实现二者的有效衔接和贯彻执行。

（二）螺旋式上升原则

企业的人力资源规划并非是一成不变的，企业每年都应当根据内外部竞争环境的变化以及发展战略来对原有人力资源规划进行改进，使得人力资源规划更加有效且适用。

（三）制度化原则

企业人力资源规划应以制度化形式呈现，使得企业能够以更加系统化的视角对各层级、各部门的人力资源进行规划。

（四）关键人才优先规划原则

企业在建立人才梯队的同时，也应对企业中的核心人员或骨干人员优先进行规划，如对该群体的培训、晋升、加薪、替补等进行设计，以保证此类人员的充足供给。

三、实施的注意事项

（一）规划时间段

明确的期限是所有能够得以顺利实施的规划的重要组成部分，需要确定规划完成时间的长短，更甚者，需要具体列出该人力资源规划从何时开始，到何时结束。按照时间长短不同，可以分为长期人力资源规划和短期人力资源规划。长期人力资源规划可以长达 5 年以上；短期人力资源规划，如年度人力资源规划，则可能仅为 1 年。

（二）规划预期要达成的目标

人力资源规划愿景目标需要与企业的终极战略目标紧密联系在一起，在规划要实现的目标时，应当逐条列举，简洁清晰，最好予以适度的量化。

（三）情景分析

企业应在获取充足信息的基础上，根据重点业务内容和发展现状预测接下来一段时间企业内部可能出现的人力资源供给与需求状况的改变，为进一步的人力资源规划的制定提供依据。

四、人力资源管理信息系统

人力资源管理信息系统是指企业通过信息技术手段，运用电子信息技术对企业所有业务信息和全体员工信息进行整合。该系统可以很好地帮助人力资源部门实现数据集中管理、分析以及数据共享，给人力资源管理的科学性和有效性提供数据支持，辅助企业高层管理者与人力资源管理者共同做出科学决策。

（一）人力资源管理信息系统的作用

一方面，人力资源管理信息系统将最大限度地帮助人力资源管理部门处理日常的事务性和重复性工作，如统计员工人数、年龄、学历、员工调动等，大大提高了人力资源部门的管理和工作效率；另一方面，该系统可以为人力资源规划的制定提供数据和信息支撑，并提供统计分析功能，为人力资源规划的制定提供参考。

（二）人力资源管理信息系统的内容

人力资源管理信息系统的内容主要包括基础信息管理、绩效管理、招聘管理、培训管理、薪酬管理、人力资源决策支持、员工自助以及系统管理和维护等模块①，具体内容如表 2-6 所示。②

表 2-6 人力资源管理信息系统的内容

系统类型	具体内容
基础信息管理	由组织机构管理、岗位管理、认识信息管理等基本员工与企业信息组成
绩效管理	由企业绩效指标设置、绩效计划、绩效考核、考勤管理等具体标准组成
招聘管理	由人力资源需求确定、招聘信息发布、应聘人员信息筛选、人员录用等组成
培训管理	由培训需求分析和计划、培训通知发布和申请等组成
薪酬管理	由薪资核算、福利管理等组成
人力资源决策支持	包括职位分析、晋升和补充计划、培训与开发计划、薪资分析等
员工自助	强调员工的自助服务，包括员工可以进行个人信息查询、考勤记录查询、培训情况查询等
系统管理和维护	包括权限管理、日志管理、系统升级与修复、数据库管理等

① “什么是人力资源管理信息系统?”，https：//www.mchrcloud.com/details1825.html。

② 李江华：《HR 的快乐之道——人力资源总监谈心记》，上海大学出版社 2011 年版，第 65~70 页。

人力资源管理信息系统可以为人力资源规划提供数据和信息，具体包括①：

（1）企业战略、经营目标以及常规经营计划信息。根据这些信息，可以确定人力资源战略规划的种类和框架；

（2）企业外部的人力资源供求信息以及这些信息的影响因素。如外部劳动力市场上各类人员的供求状况以及未来趋势、国家劳动政策法律法规的变化、国家的经济发展水平和产业政策导向等；

（3）企业现有的人力资源信息，例如，员工数量、年龄、学历、工作技能、薪酬福利水平等。

人力资源管理信息系统应当做到及时进行更新与补充，这样才能为企业人力资源规划提供参考。此外，人力资源管理信息系统不应孤立运行，还要与企业的项目管理系统、财务管理系统相整合，实现数据的共享，这样才有利于企业做出正确的决策。同时，企业也应当对人力资源部门人员进行培训，使其灵活高效地运用人力资源管理信息系统。但是企业人力资源管理系统应当视企业规模、企业资金状况决定是否采用以及系统应用的程度。

案例展示

2006 年以前，北京市首都公路发展集团有限公司②将人力资源的相关信息和各种员工数据都放在员工档案之中。然而，随着公司的发展，人员数量不断增多，传统的信息管理方式已不能完全满足公司现代化的发展要求。为了简化业务操作以及提高工作的效率和质量，该公司决定引进人力资源管理信息系统。该系统将 1 个总部、2 个中心（培训中心和服务中心）、4 家分公司、12 家子公司、11 家关联公司，共 40 多家企业的人力资源进行统一管理，具体分为以下几个模块：

（1）员工管理。该系统将在职人员、退休人员、离职人员全部纳

① 彭剑锋等：《人力资源管理概论》（第二版），复旦大学出版社 2011 年版，第 133 页。

② “北京市首都公路发展集团有限公司应用人力资源管理信息系统”，https：//mp. weixin. qq. com/s？ src = 11&timestamp = 1615774974&ver = 2947&signature = 7HnuTYQWsWp4c5ZmP6VYMFkOn8H-Xm6pUQrhHED2kmOzsIisUO9GG45rmQYz2DqoMB6 - 3SlPHuk * 8jzgeMblLzIyV3Wvrk4fwigAjHu0 - D7dBwdcOzIiZU1c0rivuSqSr&new = 1。

入其中。通过系统，能够对各类人员的信息进行任意组合的查询统计。

(2) 查询统计。设置部分常用的查询统计条件，方便企业对符合条件的员工进行筛选，并能够以图表形式展示统计结果。

(3) 统计报表。根据实际业务设置了三级填报单位进行逐级线上上报，各单位可将报表归档，方便查看，集团进行报表汇总。

(4) 修正合同。通过系统完成合同的签订、续签、终止和解除工作，并设置劳动合同管理的预警条件，如劳动合同到期、试用期到期等。

(5) 人事异动。异动流程使得员工信息随着调配流程的完成而自动完善。

(6) 薪酬管理。集团设置包括五险一金、实习费、劳务费等10个公用账套，各单位均可调取引用。

(7) 考勤上报。分公司通过考勤账套进行各所及大队的考勤数据上报，由单位薪资审批员审批，解决了数据收集的困难。

(8) 招聘管理。根据实际招聘业务设置招聘简历、职位发布的指标，并设置各个业务流程的邮件模板，这样，在招聘过程中，系统会自动发送邮件及短信进行面试通知。

(9) 问卷调查。线上设计及发布调查问卷。发布问卷后，公司可以通过链接、二维码等形式分享给内部员工进行填写，一定时间后进行问卷回收及结果分析。

(10) 人力资源管理信息系统与企业OA办公平台、统一待办、企业财务系统、企业预算系统等集成应用，人力资源系统作为主数据源，实现信息共享和统一的用户访问机制，实现企业信息化的整合和共享。

小试牛刀

某餐饮股份有限公司是一家以经营老重庆火锅为主的大型跨省直营餐饮民营企业。公司始终秉承“顾客第一，服务至上”的服务理念。个性化与多元化的特色服务是该公司的服务宗旨。该公司以为顾客提供“宾至如归”的服务为己任。在公司经营管理方面，公司领导者倡导员工通过自己改变命运的价值导向，为员工创建公平、公正且富有竞争性的工作环境，培养员工的积极性和主动性，提升员工价值。其愿景是创造中国一流餐饮企业，打造中国第一火锅品牌。

为实现企业的战略目标，公司制定了如下人力资源管理规划：对事不对人，员工管理要摆正姿态，充分信任员工，绩效奖惩分明，让每名员工成为企业的主人翁和合作者，公司以赞美员工为主要方式，采用亲情式管理方式，把员工当人看待。该公司人力资源管理特色可以总结为：善待员工，平等主义，创新、平台，良好的晋升通道，激发员工工作热情的考核制度。

该公司现有一笔经费，要求人力资源部门设计一套人力资源信息系统，以提高企业人力资源管理效能。你作为人力资源部门该项目负责人之一，请参照上述示范案例，结合该餐饮公司企业文化和发展需求设计一个人力资源信息系统方案。

提示：设计方案可以将人力资源环境预测、人力资源具体规划方向等内容结合起来，运用于人力资源信息系统设计方案当中。

第九节 人力资源规划的评价与控制

对人力资源规划进行全过程的评价与控制，不仅是对企业人力资源规划所涉及的内容以及产生的效益进行综合评价，还要对人力资源规划所涉及的相关政策、具体措施以及员工招聘、员工培训、企业绩效薪酬福利的制定、员工绩效管理、企业内部员工关系管理等方面进行综合评价。企业应对人力资源规划进行定期和不定期评估。人力资源规划控制的目的在于确保人力资源规划的实施进程、实际效果与预期效果相同，当过程出现偏差时，要适时予以调整，确保人力资源规划内容与企业战略目标的有效衔接，有利于实现企业人才的引进、开发与合理利用。

一、人力资源规划评价与控制的过程

（1）企业实施人力资源规划后预期能够实现的效益，该效益常用劳动生产率、员工素质、员工流失率等进行衡量；

（2）对企业规划实施后产生的实际效益进行衡量；

（3）将实际效益与预期效益进行比较，发现二者之间的差距及方向；

（4）通过组织管理人员、专家对人力资源规划进行修正，缩小实际

效益与预期效益之间的差距，使人力资源规划更好地为企业战略服务。

二、人力资源规划评价的内容

（一）对规划的基础层面进行评价

（1）人力资源规划在制定时是否对企业内外部环境进行了客观全面的分析，是否与企业的中长期发展战略相衔接，是否能够提高企业的竞争力；

（2）人力资源规划内容是否经过了管理者充分的考虑，是否合理恰当；

（3）人力资源规划的资金保证是否得到了各部门、各员工的认可；

（4）人力资源规划是否与企业现有文化、组织结构相冲突。

（二）对规划的实施层面进行评价

（1）企业各职能部门是否按照人力资源规划的要求执行，实际效果如何，成本消耗如何；

（2）企业是否避免职位空缺现象，是否形成了专业人才团队，业务运作是否较以往有了较大改善，员工的工作积极性是否有所提升；

（3）人力资源规划在执行过程中将会遇到的问题，需要从哪几个方面对规划进行改进；

（4）企业员工、管理者对于人力资源规划的参与和重视程度如何，是否需要对管理者进行培训；

（5）当实际效果与预期效果之间的差距超出合理范围时，如何对其进行调整。

（三）对规划的技术手段层面进行评价

（1）企业如何确定实际效果与预期效果之间的合理差距范围；

（2）企业如何有效运用人力资源管理信息系统。

三、人力资源规划评价和控制的方法①

（一）专业控制法

在人力资源规划的具体实施过程中，只能由人力资源部门对现行的规划提出意见，并及时修正。若企业高层管理者发现了规划实施过程中

① 汪玉弟：《人力资源战略管理》，立信会计出版社 2021 年版，第 200~208 页。

出现的问题，应当及时反馈，并提出改进意见。

（二）关键指标法

企业对规划实施的关键环节、人员、岗位、部门和资源进行控制。例如，企业使用雇员能力评估和开发、员工职业生涯规划、工作环境、薪酬福利等能够量化组织绩效的指标，对人力资源规划的实施情况进行评估。

（三）投入产出分析法

企业根据人力资源规划的成本与产出效益之比对人力资源规划的实施情况进行评估，但是在实际运用过程中，产出效益尤其是无形收益难以衡量。

（四）问卷调查法

通过对员工采取问卷调查的形式，将员工的工作态度与企业绩效相联系，实现对人力资源规划的效果评估。

（五）指数控制法

“人力资源指数问卷”是一种自下而上的组织气氛调查。它通过对15 项员工人力资源工作的满意度进行测量，获得对企业人力资源管理绩效和整个组织环境气氛状况的评价。人力资源指数的 15 项要素包括薪酬制度、信息沟通、组织效率、关心员工、组织目标、合作、内在满意度、组织结构、人际关系、环境、员工参与、工作群体、基层管理、群体协作、管理质量。

尽管人力资源规划评估和控制对人力资源规划的实施具有保障和修正作用，但是如果企业过于强调人力资源规划和评估，忽视实施过程，就会使企业只着眼于眼前利益而忽视长远利益；各部门只注重自身的发展而忽略企业整体的发展，因此，采取恰当的、适度的人力资源规划评估和控制对企业来说至关重要。

案例分析

艾默生人力资源部门的重要工作之一就是为企业营造开放的沟通氛围，使得员工与员工之间、员工与管理层之间能够坦诚友好地进行沟通交流。艾默生对员工满意度进行系统化调查，在收集完问卷之后，人力资源部门人员将会以小组访谈的形式了解员工打分和提出意见的原因，然后进行原因的汇总与整改方案的制定，根据整改方案的内容对各部门进行职责分配，人力资源部门及时跟踪并向员工反馈整改进度，接受员工的监督。

尽管当前许多企业都对员工进行了满意度调查，但是部分企业仅仅就调查结果进行汇总而不去分析是什么原因导致了这种结果，应该如何改进，并且人力资源部门在对其他各部门进行职责分配时也面临协调困难、部门不予配合的情况，从而无法通过企业对员工工作满意度调查增强员工对组织的忠诚感与归属感，进而无法促进企业经营业绩、利润额的增加。因此，对人力资源规划的控制和反馈评估显得尤为重要，是实现人力资源规划全过程不可缺少的一部分。

案例讨论

随着市场经济的发展，企业竞争压力持续增加，人力资源管理所表现出来的质量水平成为企业的核心竞争力。科学合理的人力资源管理体系对企业的长足发展至关重要，作为人力资源管理体系中的第一个环节，制定精准、可持续的人力资源规划尤为关键。

几年前，星巴克面临着严峻的市场竞争，每家门店的销售额停滞不前或有所下降，盈利能力下降。许多人认为导致这种情况的原因是星巴克推广早餐食品转移了它专业做咖啡的传统工作。而且麦当劳和肯德基也相继推出了价格较低但质量较高的咖啡，性价比高于星巴克。为了改变困境，作为人力资源部门的人员，你如何帮助星巴克的 CEO 制定一个新的人力资源规划。

提示：规划应包括四个基本要素：星巴克的企业战略；员工存量和供需预测；此策略需要哪些特定的人力资源政策以及如何度量人力资源战略指标的成功。

思考题

1. 人力资源规划的定义是什么？
2. 人力资源供需预测的具体实施方法有哪些？
3. 如何制定一个完整的人力资源规划？

第三章　工作分析

本章学习要点：

1. 掌握工作分析的内涵及原则
2. 了解工作分析在人力资源规划、招聘等方面的作用
3. 掌握工作分析的几种方法
4. 掌握工作分析的四阶段
5. 了解岗位类别
6. 掌握定岗定编的方法
7. 掌握岗位评价的方法并将其应用于岗位评价实践中
8. 了解岗位说明书的编写及应用

第一节　工作分析概述

在企业或组织中，当某一环节出现问题，找寻相关负责人进行问责时，往往会出现“这不是我的工作”“这不归我管理”“这是某某部门的事情，与我们无关”等类似的说辞，彼此推诿扯皮。这种状况的发生降低了企业运行的效率，其根本原因在于，各岗位职责不清晰，各部门分工不明确，而工作分析恰好可以解决此问题。

一、工作分析的含义

工作分析又称为岗位分析，即用科学的方法把收集到的与工作岗位有关的信息进行分析和整合，包括该岗位的基本状况、相应的资格要求等，并依此制定工作说明书来使其他人了解该工作岗位的过程。

进行工作分析活动，主要是为了解决下述两个问题：第一，该岗位

是做什么的；第二，该岗位需要具有什么资格的人来做最合适。①

二、工作分析的原则

（一）系统性原则

系统是由多个要素组成的，这些要素之间既有差异又有联系。每个组织均可视为一个相对独立的系统。我们在进行工作分析时要坚持系统性原则，不仅要考量某岗位和其他岗位间的关系，还要考虑这一职位在组织中的地位，最终从整体上对这一岗位进行分析。②

（二）标准化原则

标准化可体现为通用性、简洁性、统一性等。工作分析需要遵循标准化原则，以保证工作分析的规范化，提高工作分析的实用性和科学性。在工作分析过程中，标准化体现为所使用术语、内容、方法、程序、指标等的标准化，同时也包括工作分析的输出成果，如岗位说明书等文件的标准化。

（三）优化原则

优化，即在既定的目标下寻求最佳的解决方案。优化原则体现在工作分析的整个流程上，也体现在工作分析的应用方法中。

（四）应用性原则

工作分析是基于企业或组织的现实情况开展的一项工作，它是公司或组织进行其他各项管理活动的基础，如招聘、选拔、对员工进行培训、员工的绩效考核以及薪酬管理等，都需要参考工作分析的结果进行操作，故应提高工作分析研究结果的应用性。③

（五）经济性原则

工作分析应该尽可能选择合适并且有效的方法进行，尽可能减少人力、物力和财力的浪费。

（六）岗位原则

进行工作分析时，应该从职位本身出发，对该职位的工作内容、工作性质、关系以及该职位的任职资格等进行分析，要注意：不是分析该

---

① 杨顺勇：《现代人力资源管理》，复旦大学出版社 2006 年版，第 41 页。

② 刘云：《人力资源管理》，科学出版社 2015 年版，第 67 页。

③ 刘云：《人力资源管理》，科学出版社 2015 年版，第 67 页。

职位的工作人员，而是分析职位本身。

（七）动态性原则

工作分析是一项常规性的工作，需要定期进行修订，即根据企业或组织环境的变化、战略意图、业务内容的变化等进行及时的调整。

三、工作分析的作用

工作分析在人力资源管理的体系中属于一项最基本的工作，是进行招聘选拔、员工培训、员工绩效考核以及人力资源规划设计等其他工作的基础。通过工作分析，可以明确工作岗位的职责，使工作流程更加清晰，从而减少推诿扯皮现象的发生，避免重复性的工作，提升工作效率。工作分析作为人力资源管理的基础环节，在以下几个方面发挥着重要的作用：

（一）人力资源规划方面

企业或组织在做人力资源规划时，需要了解各部门的人员编制情况，方便进行供给、需求的预测，而工作分析的结果可以为人力资源规划提供有效的信息，如近几年人力需求的变化、人员部门结构的变化、人员增减的趋势等，也可以通过工作分析的结果将相近的工作进行合并，合理安排各岗位的员工，提高人力资源规划的质量。

（二）招聘、甄选方面

员工是企业的核心资源，员工招聘、甄选的有效进行离不开工作分析的帮助。员工招聘前，需要清楚企业或组织中的空缺职位，空缺职位的工作职责、工作内容以及岗位员工应具备的能力资格要求等。工作分析形成的工作说明书正好对上述招聘时需要了解的内容都做了详细的介绍，为招聘、甄选提供了客观依据。

（三）培训方面

员工培训是人力资源开发的重要手段。为了更高效的工作，企业会对员工进行培训，但由于培训往往缺乏针对性，导致培训效果不佳。[①]工作分析的结果明确了各岗位员工应具备的工作能力、技能、素质以及资格要求等，更方便相关部门制订培训计划，也为培训内容的选择提供了参考。工作说明书中对各职位胜任员工应具备的各项能力要求也可以

---

① 刘云：《人力资源管理》，科学出版社 2015 年版，第 66 页。

作为检验培训效果的指标或标准。

（四）绩效管理方面

绩效考核与员工的晋升密切相关，制定科学合理的绩效指标尤为重要。工作分析的结果明确了不同岗位的员工应该做什么、不应该做什么，并对完成各项工作应达到的标准等做了详细的说明，这些都为员工绩效考核指标提供了标准和依据，减少了主观因素的影响，也减少了不必要的冲突，使得考核更公平、公正，不会挫伤员工的积极性。

（五）薪酬管理方面

工作分析有助于制定公平合理的薪酬政策，薪酬应与员工为企业或组织带来的效益成正比。工作分析的结果描述了各岗位的性质、应承担的责任、工作负荷的大小、操作的难易程度以及工作环境的优劣等，这些特征将各岗位区分开来，有利于明确各岗位的价值，为薪酬的发放提供了参考，增加了内部公平性，有利于保证同工同酬。

（六）管理关系方面

工作分析明确了各职位在企业或组织中的位置，明确了上级和下级的隶属关系以及工作流程，可有效避免出现一位员工对应多位直接领导的情况，也有效地避免了因工作职责不清晰而导致部分工作无人做、部分工作重复做的情况发生。

此外，工作分析在优化组织结构与配置、员工未来职业发展规划等方面也发挥了非常重要的作用。[①] 总的来说，工作分析是企业提高工作效率的客观需要，这项基础工作务必做好、做细致。

第二节　工作分析的内容

工作分析的大概内容可总结为6W1H，6W是指做什么、为什么做、用谁、何时、在哪里、为谁，1H是指如何做。

一、做什么

做什么（what）。做什么主要是指岗位任职者所从事的工作活动。

---

① 严新明：《人力资源管理》，武汉大学出版社2011年版，第76页。

具体内容包括：第一，岗位任职者需要完成的工作内容是什么？第二，岗位任职者完成工作内容要输出什么样的结果或产品？第三，岗任任职者输出的工作结果或产品需要达到什么样的标准？

二、为什么做

为什么做（why）。为什么做主要是指岗位任职者的工作目的，或该岗位存在的价值。内容包括：第一，岗位任职者从事这项工作的目的是什么？第二，这项工作与组织中其他的工作具有什么样的联系？对其他工作有什么影响？

三、用谁

用谁（who）。用谁是说谁来做这项工作，是指对从事该岗位的人的要求。其内容主要包括：第一，岗位任职者应具备什么样的身体素质？第二，岗位任职者必须具备哪些技能和知识？第三，岗位任职者至少拥有什么样的经验？第四，岗位任职者应具备的最低学历要求？第五，岗位任职者至少应接受过的培训？第六，岗位任职者在个性特征上应具备哪些特点？第七，岗位任职者在其他方面应具备什么样的条件？

四、何时

何时（when）。何时是对岗位任职者工作时间的界定，即在什么时间工作。其内容主要包括：第一，哪些工作活动是每天都必须做的？第二，哪些工作活动是固定时间做？什么时候？需要多长时间？第三，哪些工作活动是在每周必须做？什么时候？需要多长时间？第四，哪些工作活动是在每年必须做？什么时候？需要多长时间？第五，哪些工作活动是在每月必须做？什么时候？需要多长时间？

五、在哪里

在哪里（where）。在哪里是指岗位任职者工作时所处的环境。其内容主要包括：第一，工作所处的自然环境，具体包括地点（室内和户外）、光线、噪声、温度、安全条件、危害等。第二，工作面临的社会环境，具体是指工作所处的文化环境、工作群体中的人数、完成工作所需要的人际交往的数量和程度、环境的稳定性等。

六、为谁

为谁（for whom）。为谁是指工作活动中会与哪些人发生关系以及发生什么样的关系。其内容主要包括：第一，工作中常常和哪些部门或哪些人打交道？第二，工作中要向谁请示或汇报？第三，工作中向谁提供信息或工作结果？第四，工作中可以指挥或监控哪些人？

七、如何做

如何做（how）。如何做是指岗位任职者应该如何从事工作活动以获得预期的结果。其内容主要包括：第一，完成工作活动的流程是怎样的？第二，完成工作所涉及的文件或记录有哪些？第三，完成工作会用哪些工具？操控哪些机器设备？第四，完成工作应重点控制的环节有哪些？

第三节　工作分析的主要方法

在实际操作中已经形成了多种工作分析的方法，既有属于定性分析的观察法、工作日志法、实践法、访谈法、问卷调查法和关键分析法，又有属于定量分析的 PAQ 职位分析问卷、MPDQ 管理职位描述问卷和 FJA 功能性职务分析问卷等。由于每种方法都有一定的局限性，实践中，我们可以根据不同的工作分析环境或工作分析目的，选择某种合适的办法，或将多种方法综合起来运用。

一、观察法

观察法是指工作分析人员直接深入到各个职位的工作活动现场，在不影响被观察者正常工作的情况下，观察各岗位人员的工作活动，并收集与各岗位工作内容、工作程序、工作环境、使用设备情况等相关的信息，然后用文字或表格的形式将收集到的信息进行整理、分析、总结的过程。

（一）观察法的类别

由于各岗位在工作性质、工作周期等方面存在差异，我们可以把观察法进行详细的划分，分为以下三种：直接观察法、阶段观察法以及工作表演法等，详见表 3-1。

表 3-1　观察法的类别

类别	含　义
直接观察法	直接观察法是指工作分析人员直接对员工工作的全过程进行观察。直接观察法适用于工作周期比较短的岗位，如门卫工作，他们每天的工作内容几乎是一样的，工作分析人员可以一整天跟随门卫，直接对他们的工作进行观察
阶段观察法	阶段性观察法是指为了更全面地观察岗位的工作活动，需要分阶段进行观察。阶段观察法适用于工作周期较长的岗位，如行政后勤人员，因为他们需要在年终时筹备企业的年终总结大会，所以职位分析人员除了对岗位的日常工作活动进行观察外，还需要在年终时进行再次观察
工作表演法	工作表演法与阶段观察法一样适用于工作周期较长的岗位，不同的是，工作表演法多适用于突发事件较多的岗位。如保安工作，他们除了正常的工作内容，还可能会遇到盘问可疑人员等突发事件，针对这种情况，工作分析人员可以通过让保安人员模拟人员盘问的过程来对此类事件进行观察

（二）观察法的注意事项

观察法注意事项如下：

第一，观察前要拟定好观察提纲，方便统计整理。

第二，所选取的工作行为样本应具有代表性，且被观察者的数量不宜过少。

第三，观察时尽量不要引起被观察者的注意，不要干扰到他们的正常工作。

第四，观察时要注意思考，尽量减少主观判断。

第五，记录的信息应反映工作内容，避免机械记录。

第六，观察法适用于标准化、周期较短、以体力活动为主的工作。

（三）观察法的优缺点

1. 优点

使用观察法进行工作分析，操作简单，方便易行，不仅可以全面深入地了解工作活动的内容，收集第一手资料，还能带给工作分析人员最直观真实的感受，使获得的信息比较准确。实地进行观察时，工作分析人员还可以借助摄像机、录音机等记录设备，提高观察的准确度。

2. 缺点

观察法的适用范围有限，既不适用于对任职者心理素质方面的分析，也不适用于分析工作周期较长、脑力活动较多的工作。观察法对于获取岗位任职者资格要求方面的信息比较困难，但可以结合访谈法进行补充。此外，观察法可能对员工产生一定的影响，如员工比较紧张没有正常发挥或想表现自己而超常发挥等，这些都会影响结果的客观性和可信度。

（四）观察提纲示例

应用观察法进行工作分析时，要事先拟定好观察提纲，具体如图 3-1 所示。

观察提纲示例（部分）	
被观察者的姓名：＿＿＿＿＿＿	日　　期：＿＿＿＿＿＿
观察者的姓名：＿＿＿＿＿＿	观察时间：＿＿＿＿＿＿
工　作　类　型：＿＿＿＿＿＿	工作部分：＿＿＿＿＿＿
观察内容：	
1. 什么时候开始正式工作？	2. 上午工作多少小时？
3. 上午完成产品多少件？	4. 平均多长时间完成一件产品？
5. 与同事交谈几次？	6. 每次交谈大约多长时间？
7. 室内温度＿＿＿＿度？	8. 上午抽了几支香烟？
9. 上午喝了＿＿＿＿次水？	10. 什么时候开始午休？
11. 出了多少次品？	12. 搬了多少次原料？

图 3-1　观察提纲示例（部分）

资料来源：于秀芝编著：《人力资源管理》，经济管理出版社 2002 年版，第 56 页。

二、工作日志法

工作日志法又称工作写实法，是由岗位任职者按照时间顺序，采用写工作日记或者笔记的方法来记录自己在一段时间内和工作活动有关的信息，如工作的内容、时间、职责、人际关系、工作量、感受等，整理后可获得有关岗位工作活动资料的方法。在实际操作中，工作日志法经常和其他方法结合使用，如访谈法等。

（一）注意事项

第一，工作日志法属于岗位任职者的自身观察。实际操作前，职位分析人员应和工作日志填写者进行沟通交流或进行培训。

第二，工作日志的格式应提前制作好，方便后期的信息整理。

第三，对组织中的核心岗位不宜采用该办法。

第四，工作日志的内容必须展示出全面的信息。

（二）优缺点

1. 优点

工作日志法需要任职者自己来记录，这样能够搜集到部分工作分析人员难以观察到的信息。对于专业性要求较高的岗位，由于工作分析人员的专业能力有限，故任职者自己记录的信息会更加精准。此外，对于较复杂、高水平的工作来说，采用此办法比较经济有效。

2. 缺点

岗位任职者自己记录的侧重点可能和工作分析人员有差异，该办法对任职者的要求较高。工作日志法需要任职者每天进行记录，时间长了，员工可能会厌倦甚至敷衍①，导致记录不完整。此外，在记录的过程中，员工可能会美化或者夸大自己的工作成果。

（三）工作日志示例

采用工作日志法进行工作分析时，需要填写工作日志，如图 3-2 所示。

---

① 严新明：《人力资源管理》，武汉大学出版社 2011 年版，第 91 页。

部门：					____年____月____日____时____分 至 ____年____月____日____时____分			
职务：			姓名：					
序号	工作活动名称	工作活动内容	工作性质	工作活动结果	开始时间	结束时间	重要程度	备注
1								
2								
3								
4								
5								
备注：工作性质分为例行（☆）和偶然（●）。 重要程度分为一般（○）、重要（△）和非常重要（☆）。								

图 3-2　工作日志示例

三、访谈法

访谈法又称面谈法，是指工作分析人员依照事先制作好的访谈提纲，与被访谈者进行面对面的交流，从而获取与该职位相关信息的一种方法。被访谈者可以是该职位的任职者、任职者的下属或与这一岗位联系密切的工作人员等。①

（一）访谈法的形式

根据访谈的人数，访谈法可分为三种形式，分别是个人访谈、集体访谈、主管人员访谈。如有必要，可以将这三种访谈形式综合起来使用，以输出更好的工作分析结果。对上述三访谈种形式的介绍详见表 3-2。

表 3-2　访谈法的类别

类别	含　义
个人访谈	个人访谈是指对每位任职者进行的访谈。个人访谈适用于工作活动差异较大的岗位以及工作分析时间较富裕的情况

① 刘云：《人力资源管理》，科学出版社 2015 年版，第 79 页。

续 表

类别	含　义
集体访谈	集体访谈是指同时对多位任职者进行面对面的询问。这种访谈形式不仅节约时间，而且成本较低，适用于岗位性质相近的情况
主管人员访谈	主管人员访谈是指与某一岗位的直接上级领导进行面对面的交流从而获取工作分析所需要的信息。一般主管人员对岗位工作活动的内容了解得比较详细全面，所以同主管人员进行访谈会节约时间，同时也方便沟通和解决疑惑

（二）注意事项

第一，无论是个人访谈还是集体访谈，访谈前务必告知访谈对象此次访谈的目的，使其知晓该访谈的意义，保证访谈内容的客观性、准确性。

第二，为保证访谈工作的顺利进行，一定要事先根据工作分析的要求和目的以及访谈对象的特点等准备好访谈提纲。

第三，选择进行访谈的时间时，应做到尽量不影响到被访谈者的正常工作，此外，访谈时间不宜过短或过长。

第四，在访谈的过程中，访谈人员要尽可能营造出较为舒适的氛围，方便被访谈者畅所欲言。

第五，访谈时，访谈人员不可以干扰被访者的思考，不可引导访谈对象的观点。

第六，访谈结束后，最好与访谈对象的直接领导人进行面谈，以方便核查被访谈者提供的信息。

（三）优缺点

1. 优点

访谈法简单易行，面对面的交流不仅便于引导被访谈者，还方便对访谈对象进行追问，以便获得更多更准确的信息。此外，进行访谈还可唤起任职者的职责意识，规范工作行为等。

2. 缺点

访谈者的专业能力直接影响访谈的效果，故访谈法对访谈者的要求较高，一般选取受过专业培训的工作分析人员。此外，如果受访者不信任访谈者，会降低所收集到的工作信息的可信度。根据实际情况，访谈法可以和其他方法一起使用。

（四）访谈法的应用

访谈的实施可以分为访谈前、访谈时、访谈后三个阶段。

1. 访谈前

在访谈开始前，需要对访谈者进行专门的培训，使他们充分了解访谈的意义，熟练应用访谈技巧，掌握观察和记录的技术，熟悉访谈提纲和对应岗位的基本信息等。

访谈前务必提前做好相应的准备工作，同时还要确保选取的被访谈者具有一定的代表性，数量合适。我们一般采用结构式访谈，需要准备好访谈提纲，问题的设置应尽可能涵盖所有的工作要素。此外，为了访谈的顺利进行，需要提前和访谈对象进行沟通交流，使对方了解访谈的意义。访谈过程需要进行记录，常见的有笔记和录音两种方式。访谈者一定要事先询问访谈对象的意见，做好思想工作，交代清楚记录的用途以及是否会对他们造成影响，并承诺记录内容的保密性。

2. 访谈时

在正式访谈开始前，访谈者应尽可能营造舒适的访谈氛围，消除被访谈者的不自然感，例如，可先聊一些受访者感兴趣的话题，然后逐步将话题引导到具体的访谈内容上。在访谈过程中，访谈者应有意识地控制访谈进程，注意表述问题的方式、态度、语气、表情等。访谈时一定不要只专注于记录而忽视了被访谈者的存在，而要时不时地进行眼神交流，给对方足够的尊重。

进入正式访谈后，应注意提问的内容与方式。首先，提问的内容要与工作活动相关，为工作分析的目的服务，勿涉及访谈对象的个人隐私；其次，提问的方式要做到含义准确、表述清楚，尽量避免使用生僻的专业术语。访谈者应对所有问题保持中立的态度，不可引导被访谈者的观点，更不能与访谈对象进行争论，若其回答不准确或不完整，访谈者可进行追问，但不可进行主观性的理解。

3. 访谈后

访谈后的主要工作就是对访谈过程中记录的内容进行整理，如果访谈时未进行记录，则需要在访谈结束后让工作分析人员进行快速回忆，形成文字资料，最后将整理好的记录根据工作分析的要求和目的进行系统分析。如有必要，可与被访谈人员的主管进行面谈，以核实所记录信息的真实性。

（五）访谈提纲示例

访谈提纲是指将要访谈的内容或问题罗列出来形成一个大致的纲目，访谈的内容以岗位的工作活动为基础，形式多种多样，如表 3-3 所示。

表 3-3 职位分析访谈提纲示例

职位分析访谈提纲示例
请用一句话概括您的职位在本公司中存在的价值是什么？它要完成的主要工作内容和要达成的目标是什么？ 请问与您进行工作联系的主要人员有哪些？联系方式是什么？ 您认为您的主要工作职责是什么？请至少列出 8 项职责。 对于这些职责您是怎样完成的，在执行过程中碰到的主要困难和问题是什么？ 请您指出以上各项职责在工作总时间中所占的百分比？（请指出其中耗时最多的三项工作） 请指出以上工作职责中最重要、对公司最有价值的工作是什么？ 组织赋予您的最主要的权限有哪些？您认为这些权限有哪些是合适的，哪些还需要重新界定？ 请您就以上工作职责，谈谈评价这些职责是否出色地完成的标准是什么。 您认为在工作中需要其他部门、其他职位为您提供哪些方面的配合、支持与服务？ 请问您工作中自主决策的机会有多大？工作中是否经常加班？ 工作繁忙是否具有很大的非均衡性？工作中是否要求精力高度集中？工作负荷有多大？ 您认为要出色地完成以上各项职责需要具备哪些专业知识和技能？ 您认为要出色地完成以上各项职责需要什么样的个性品质？

资料来源：杨顺勇：《现代人力资源管理》，复旦大学出版社 2006 年版，第 54 页。

四、问卷调查法

问卷调查法是由工作分析人员依照工作分析的目的设计一套岗位调查问卷，分发给已选定的被调查者进行填写，然后将问卷进行汇总，最后梳理出具有代表性的回答，从而获取与职位有关信息的方法。问卷调查表应包含岗位的工作任务、工作责任、工作环境、劳动强度以及任职者必备的知识技能等相关信息。

（一）问卷调查表的类别

根据所设计问卷的题目类型，问卷调查表可分为开放型、封闭型和混合型三种。[①]

（1）开放型问卷。开放型问卷是指设计的问卷问题均为主观题目，只有问题没有备选选项，由被调查者根据自己的想法自由填写。此类问卷收集到的信息比较全面，同时也会收集到一些无效信息，缺点是整理汇总较难。

（2）封闭型问卷。封闭型问卷是指工作分析人员设计的问卷题目均有备选答案，被调查者直接选择答案即可。此类型问卷方便对结果进行整理分析，但设计问卷的过程耗时较长，且不宜获取全面的信息。

（3）混合型问卷。混合型问卷是指工作分析人员设计的问卷题目既有主观题也有客观题，是开放型问卷和混合型问卷的有机结合。此类问卷收集到的信息比较全面完整。

（二）问卷调查法的注意事项

第一，调查问卷应根据企业或组织的实际情况，设计具有可操作性的问卷，不可照搬其他问卷。

第二，被调查的员工应独立完成问卷的填写。

第三，问卷设计的问题应准确，语言通俗易懂，简短简洁，切忌模棱两可、暗含诱导性或使用生僻的专业词汇。

第四，备选答案选项的设置应穷尽，且各选项间具有互斥性，对于询问程度类的问题，答案的设置应做到各选项均衡。

第五，注意设置问题的顺序，先易后难，先宽泛后一般，开放性的问题尽量放到问卷的最后。

第六，根据问题的性质合理选择问卷的类型。

（三）问卷调查法的优缺点

1. 优点

问卷调查法适用范围广、花费时间少、成本低且简单易行。与其他方法相比，问卷调查法的设计标准统一，可借助计算机对结果进行处理，方便进行定量分析。

2. 缺点

问卷调查法对问卷设计者的要求较高，需要被调查者的积极配合。该方法属于单向交流，不利于获得准确信息。此外，开放性问题的回答

---

① 刘云：《人力资源管理》，科学出版社 2015 年版，第 77 页。

效果不是很好。考虑到被调查者的耐心，问卷问题的数量不宜设置过多，此方法不能获得足够详细的信息。

（四）工作分析问卷示例

一般性工作分析问卷的设计如表 3-4 所示。

表 3-4 一般工作分析问卷示例（部分）

一般工作分析问卷示例（部分）			
1. 职务名称______			
2. 比较适合任此职的性别是______			
A. 男性	B. 女性	C. 男女均可	
3. 最适合任此职的年龄是______			
A. 30 岁以下	B. 31~40 岁	C. 41~50 岁	D. 51 岁以上
4. 能胜任此职的文化程度是______			
A. 初中及以下	B. 高中及中专	C. 大专	D. 本科
E. 研究生及以上			
5. 此职的主要工作地点在______			
A. 本地市区	B. 本地郊区	C. 外地市区	D. 外地郊区
E. 其他			
6. 此职的工作主要在______（指 75%以上时间）			
A. 室内	B. 室外	C. 室内、室外各占一半	
7. 任此职者的一般智商最好在______			
A. 120 分以上	B. 100~119 分	C. 90~99 分	D. 80~89 分
8. 岗位工作信息来源主要是______			
A. 书面材料（文件、报告各种材料等）		B. 数字材料（包含各种数据、财务数据材料等）	
C. 图片材料（设计草图、照片等）		D. 模型装置（模型、模板等）	
E. 视觉显示（数字显示、信号灯、仪器等）		F. 测量装置（气压表、气温表等各种表具）	
G. 人员（消费者、顾客等）			

资料来源：于秀芝编著：《人力资源管理》，经济管理出版社 2002 年版，第 58 页

（五）国外典型问卷介绍

除国内流行的问卷外，这里简单介绍国外三种典型的问卷，分别是职位分析问卷（PAQ）、管理职位描述问卷（MPDQ）、功能性职务分析问卷（FJA）。我们使用问卷时要注意与本企业或组织的实际情况相结合，不可盲目套用。

1. 职位分析问卷

职位分析问卷（position analysis questionnaire，PAQ）由美国普渡大学

教授麦考密克、詹纳雷特（P. R. Jeanneret）和米查姆（R. C. Mecham）于1972年设计开发。虽然它的格式已定，但仍然可以分析许多不同类型的工作。PAQ本身要交由熟悉工作岗位的工作分析员填写。它有194个问题，分为资料投入、用脑过程、工作产出、与他人的关系、工作范畴、其他工作特征6个部分，然后从具体决策、沟通与社交能力、执行技术性工作的能耐、身体灵活度、操作设备与器具的技能、处理资料能力6个方面来衡量。要注意，PAQ并非岗位说明书的替代品，而是说前者有助于后者的编拟。

该问卷的优点是：考虑了员工与职位两个变量因素，并将各种职位所需要的基础技能与基础行为以标准化的方式罗列出来，为人事调查、薪酬标准制定等提供了依据。此方法还可以用来进行职位评价及人员甄选等。该问卷的缺点是：不能描述实际工作中特定的、具体的任务活动，而且耗时长、成本高、程序烦琐。

2. 管理职位描述问卷

管理职位描述问卷（management position description question，MPDQ）是托诺（W. W. Tornow）和平托（P. R. Pinto）于1976年针对管理工作的特殊性而专门设计的，定型于1984年。管理类型的岗位有两个特点：一是管理者经常试图让本职工作去适应自己的管理风格，而不是让自己去适应工作的需要，因此易模糊真正的客观标准；二是管理类型的岗位工作具有非规范化和非程序性的特点，对具有规律性的工作内容进行总结比较困难。针对这两个特点，MPDQ问卷包含了208个问题，由管理人员自己填写，分为6个标准评分，这些问题总体上可以被划分为战略规划、部门间协调、内部业务控制、产品和服务责任、公共与客户关系、高层次的咨询指导、行动的自主性、财务审批权、雇员服务监督、复杂性和压力、重要财务责任、广泛的人事责任、组织图、评论和反应等15个方面。

该问卷的优点是：它弥补了PAQ问卷难以对管理职位进行分析的不足。其缺点是：在分析技术、专业等其他职位时显得不够具体，受工作及工作技术的限制，灵活性差、耗时长、工作效率低。

3. 功能性职务分析问卷

功能性职务分析问卷（functional job analysis，FJA）又称职能工作分析法，是一种以工作为中心的分析方法。功能性职务分析问卷是在美国劳工部工作分析技术的基础上发展起来的。美国劳工部的做法是：假设每一种工作的功能都反映在它与资料、人和事等 3 项要素的关系上，故可由此对各项工作进行评估。在各项要素中，各类基本功能都有其重要性的等级，数值越小，代表的等级越高；数值越大，代表的等级越低。采用这种方法进行工作分析时，各项工作都会得出数值，据此可以决定薪酬和待遇标准。

该问卷的优点是：对工作内容提供了一种非常彻底的描述，对培训的绩效评估极其有用。其缺点是：对每项任务都要求做详细的分析，因而撰写起来相当费时耗力。

五、关键事件法

关键事件法是 1954 年由美国心理学家约翰·C. 福兰纳根（John C. Flanagan）提出并发展起来的一种方法。[①] 它主要通过关键事件来判定结果。关键事件关注的是完成绩效或组织目标的过程和结果，其产生的个人绩效和企业绩效密切相关。

关键事件法主要是从岗位任职者的工作活动中选择具有关键性、重要性且能反应工作绩效好坏的工作行为，即能够对岗位造成显著性影响的事件，经过归纳整理，从而全面了解工作岗位相关信息的方法。根据所选取关键事件的性质，可以将其分为正向关键事件和负向关键事件。

（一）对关键事件的描述

在对关键事件进行记录时，应包括以下内容：

第一，导致该关键事件发生的原因及背景。

第二，任职者做的有效或无效行为。

第三，该关键行为导致的后果。

第四，任职者支配关键行为后果的能力。

（二）获取关键事件的方法

获取关键事件的方法有很多，如访谈法、观察法、工作会议法等，其中经常使用的方法是工作会议法。工作会议法是指由工作分析专家主持会议，并召集 6~12 名工作专家参加，他们可以是岗位任职者，也可

---

① 袁蔚：《人力资源管理教程》，复旦大学出版社 2018 年版，第 48 页。

以是有工作经验的管理者，是以会议讨论的方式获取关键事件信息的方法。

（三）关键事件法的注意事项

第一，调查的期限不宜过短。

第二，所选取关键事件的数量应适中，能将问题说明清楚。

第三，兼顾正反两方面的事件，不可只选择正向事件。

（四）关键事件法的优缺点

1. 优点

关键事件法可以对职位的工作活动进行直接描述，可观察、可测量，展现了工作的动态性。由于选取的是典型事件，还能够起到防范事故、提高效率的作用。关键事件明确了有效和无效的行为，能够体现提高任职者工作绩效的关键因素。

2. 缺点

通过关键事件法搜集到的主要是部分典型行为，那些不明显的工作行为容易被漏掉，导致收集到的信息不全面，还需要配合其他方法使用。若要收集到完整的信息，则需花费很长的时间。

（五）“关键事件”描述示例

采用关键事件法进行工作分析时，需要填写关键事件记录单，如表 3–5 所示。

表 3–5　关键事件记录表

岗位：		姓名：	____年____月____日____时____分____至____年____月____日____时____分____			
序号	加减分	关键事件描述（不超过 50 字）			打分人	见证人
		事件发生的背景	行为者的行为	行为后果		
1						
2						
3						
4						
5						

六、实践法

实践法是指工作分析人员直接参与到某一岗位的工作中，通过切身体验来深入了解岗位的信息和特点等，以达到工作分析目的的方法。①

（一）实践法的注意事项

第一，实践法适用于工作周期较短且对专业性要求不高的岗位。

第二，实践法与观察法不同，实践法是亲自到岗位体验工作而不是观察他人工作。

（二）实践法的优缺点

1. 优点

实践法可以准确了解工作的内容、程序、工作环境等，容易获得第一手资料，且得到的数据比较可靠。

2. 缺点

实践法的应用范围有局限性，适用于操作简单、无伤害的工作。

七、总结

上述六种方法为工作分析的常用方法，其优缺点比较如表 3-6 所示。

表 3-6 常用工作分析方法优缺点比较

工作分析方法	优 点	缺 点
观察法	操作方便，简单易行，可收集到第一手资料，获得的信息比较准确	观察时可能会干扰到工作者的正常工作活动
工作日志法	任职者自己记录的信息会更加精准，该办法经济有效	对任职者的要求较高，记录时员工可能会美化或夸大其工作成果
访谈法	简单易行，面对面的交流便于引导被访谈者且易进行追问，可以获得更多更准确的信息	对访谈者的要求较高。若受访者不信任访谈者，会导致收集的信息可信度低
问卷调查法	花费时间少、成本低且简单易行，还可借助计算机对结果进行处理，方便进行定量分析	对问卷的设计要求高，需要调查对象的配合，否则不利于获得准确的信息

① 刘云：《人力资源管理》，科学出版社 2015 年版，第 85 页。

续　表

工作分析方法	优　点	缺　点
关键事件法	关键事件明确了有效和无效的行为，能够体现出提高任职者工作绩效的关键因素	该方法搜集到的主要是部分典型的行为，不明显的工作行为容易被漏掉，导致收集到的信息不全面
实践法	可以准确了解工作内容等，容易获得第一手资料，得到的数据较可靠	该方法的应用范围有局限，只适用于操作简单、无伤害的工作

第四节　工作分析的流程

工作分析作为企业或组织的一项重要工作，拥有科学合理的实施流程相当重要。工作分析可以大致分为四个阶段，即准备阶段、实施阶段、结果形成阶段、应用与反馈阶段①，如图 3-3 所示。这四个阶段彼此联系紧密，互相影响。

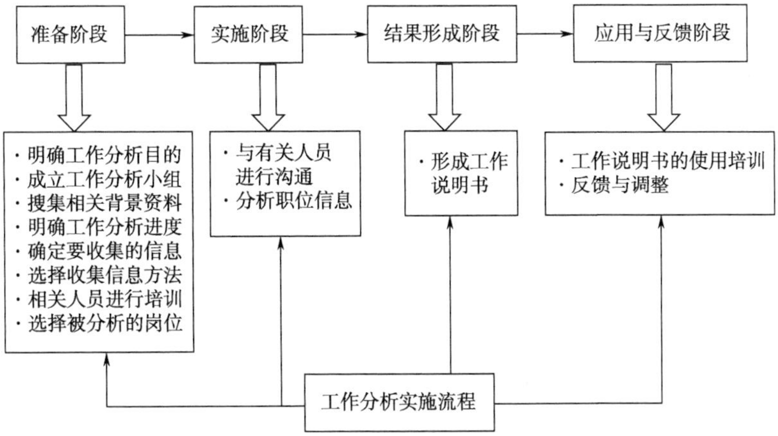

图 3-3　工作分析流程图

① 刘云：《人力资源管理》，科学出版社 2015 年版，第 68 页。

一、准备阶段

（一）明确工作分析的目的和用途

进行工作分析时，明确工作分析的目的是最重要的，或者说要清楚进行工作分析是为了解决哪些问题。只有明确了工作分析的目的，整个流程实施起来才更有针对性、更高效。工作分析的目的不同，其侧重点也不同。如果工作分析的目的是对员工进行培训，则明确各岗位应掌握的知识和技能最重要。如果工作分析的目的是招聘员工，侧重点就应该是任职者的资格要求。此外，明确工作分析的目的和用途对后续选择分析方法、确定信息搜集的范围等有着重要的意义。

（二）成立工作分析小组

应本着精简、高效的原则组建工作分析小组，成员一般包括工作分析人员、各岗位主管人员、企业高层以及外部专家和顾问等。小组成员的数量应根据工作负荷的大小来确定。其中，工作分析专家可以是企业或组织的内部人员，也可以从企业外部聘请。我们从任职者身上获取信息后，可以借助各岗位主管人员对岗位工作活动较为熟悉的特点来进一步核实所获信息的准确性。此外，成立工作分析小组的同时，还要明确各位小组成员的职责，以保证工作的效率和质量。

（三）明确工作分析进度

明确工作分析进度，即制定工作分析时间进度表，使工作分析能够有序地进行，按时保质保量地完成任务。

（四）搜集背景资料

进行工作分析前，搜集背景资料是非常重要的，不仅可以事先做好了解，还可以发现一些问题，避免人力、财力的浪费。需要搜集的背景资料包括组织的基本情况、发展历程，组织目前的人力资源管理状况，还有组织结构图、工作流程图、国家职位分类标准以及现有的工作说明书等，这些资料均有利于确定工作分析中所要收集的信息。

（五）确定要收集的信息

一般可以从以下角度确定所要收集的信息，如根据工作分析的内容6W1H来考虑，也可根据工作分析的目的来考虑，或者根据搜集到的背景资料等信息考虑。

（六）选择收集信息的方法

收集信息的方法有很多，包括定量、定性等方法。但每种方法都不是完美的，既有优点又有不足之处。在实际操作中，工作分析者可同时选用多种方法来搜集资料，尽量提升所获信息的信度。

（七）对参与人员进行培训

对参与人员进行培训，使其深入了解工作分析的目的，积极配合工作分析任务的展开。

（八）选择被分析的岗位

根据工作分析的目的选择要进行分析的岗位，并结合人力、财力状况，明确是选择具有代表性的岗位进行分析，还是对所有的岗位进行分析。

二、实施阶段

（一）与有关人员进行沟通

工作分析需要搜集相关岗位的信息，这必然会和岗位的任职者进行沟通交流。无论是单向交流还是双向交流，获得他们的支持和理解是非常重要的。事先和有关人员进行有效沟通，使其知晓工作分析的意义和目的，消除他们内心不必要的担心和忧虑，这样可以更积极地配合我们。此外，和有关人员进行沟通，使他们了解工作分析的时间安排，方便他们安排好时间来配合我们。与有关人员进行沟通，使其了解工作分析的形式和分析过程中所使用的方法，保证工作分析的顺利进行。

（二）分析职位信息

根据工作分析的程序，收集整理各个阶段获得的信息是整个工作分析过程的核心任务。首先，整理资料。即将从各种渠道收集到的信息进行归类，并转换成较规范的语言，按照工作说明书的格式形成有条理的文件资料，如有遗漏，则返回上一步骤进行完善。其次，审查资料。由于不同渠道收集到的信息有差异，需要仔细进行对比并核实确认。最后，分析资料，即对一些关键问题进行创造性地分析，从中归纳总结出工作分析的必要材料和要素。

三、结果形成阶段

结果形成阶段主要是编写工作说明书。在形成工作说明书之前，一定要明确工作分析针对的是岗位而非个人，对岗位的工作活动内容进行分析时，不可简单罗列工作内容。此外，工作分析一定要以当前的工作需求为依据。

工作说明书作为工作分析活动的输出结果，是对岗位工作职责、任务、权限、任职者的资格要求等内容进行的书面陈述。从拟订好初稿进行核实确认，再到进一步的修订，直至最后的定稿，整个工作说明书的编写过程都需要谨慎规范。

四、结果应用与反馈阶段

（一）工作说明书的使用培训

形成了工作说明书后，最重要的就是投入实践并发挥它的作用。对工作说明书的使用进行培训，有利于使用者了解工作分析的意义，明晰工作说明书各部分的含义，方便使用者依据工作说明书制作各种文件，如考核的标准、培训的内容等，还可增强管理活动的科学性和规范性。

（二）反馈与调整

企业或组织的生产环境是不断发展变化的，各职位的工作任务也会相应变化，这就需要不断地对工作分析的结果进行调整，适应组织的发展需要，此阶段贯穿于企业的整个经营管理活动中。此外，工作说明书需要定期评审，根据各部门使用工作说明书的反馈结果进行适当的修改，必要时还需考虑员工的意见等。

第五节　工作设计

工作设计是通过分析达到人、岗位、环境的匹配。工作分析提供了关于工作岗位的责任、所需资格、所处环境等信息，工作分析是工作设计的基础，但员工从事该工作是否感到满意，能否从工作中获得快乐和提高绩效，就涉及工作设计。

一、工作设计的内容

（一）工作内容

工作内容设计包括工作类型、自由度、难易程度及完整度。

（二）工作职责

工作职责设计包括：员工承担责任大小及影响程度；工作权限与责任相匹配，责任越小权力范围越窄；工作方法的灵活性与工作对象有关，可根据实际情况进行设计；组织各部分必须相互协作，沟通设计必不可少。

（三）工作联系

工作联系主要是指工作中与其他成员的联系，主要是领导、同事、下属的联系，其他部门或群体的联系，包括企业内部的各种协作监督关系。

（四）工作结果及反馈

工作结果主要是指工作的绩效结果，可以从数量、质量等方面进行衡量，也包括组织根据绩效结果对任职者的奖惩情况进行设计。

工作反馈包括任职者通过工作结果体验到的成果，以及从上下级那里得到的反馈意见，这些对员工都具有激励和引导作用。

（五）任职者的反应

任职者的反应主要包括满意度、离职率、缺勤率，一般体现在任职者的态度上。

二、工作设计的方法

（一）工作轮换法

工作轮换就是将员工轮换到水平相等、技术相近的岗位。[①] 由于分工细化，工作效率会下降，通过工作岗位的调动可以提高员工工作的积极性。工作轮换法也有利于综合性人才的培养，员工可以积累更多的工作经验，不断学习协调关系，以便更好地和不同的同事沟通协调，提高沟通能力，为未来职业晋升做好准备。需要注意的是，不是所有的员工都愿意去尝试，有些员工更愿意专注于某一专业领域，要尊重员工个人意愿，不能强迫。

（二）工作扩大化

工作扩大化与原有工作内容相似，工作强度和种类有所增加，需要掌握更多知识，但不需要新技能。工作扩大化后，员工会有更多的事情

---

① 朱勇国：《工作分析》，高等教育出版社 2015 年版，第 171 页。

做，有利于提高工作效率。

工作扩大化的两个方面：一是深度设计主要增加更多的责任和工作权限，给予员工更多的自主性，提高工作的积极性；二是广度设计权限不变，增加相似的工作任务。

（三）工作丰富化

工作丰富化以员工为中心，主要从纵向上改变工作内容和工作职责，赋予员工更复杂的工作。工作丰富化以赫茨伯格双因素理论中的激励因素为基础，员工承担的责任增加，工作的挑战性增加，通过自我管理提高工作绩效，从而获得成就感并有利于自身的发展。

第六节 工作岗位分类与定岗定编

岗位是组织为了完成某项任务或实现特定目的而设置的由一系列职责组成并赋予特定权力的总和。

一、岗位分类

岗位分类是从横向和纵向采用科学的方法，对组织中全部岗位进行划分类别和等级的过程。

横向分类主要按照工作岗位的性质进行划分。按照性质划分若干大类，叫作部门；继续细分大类的部门到中类的岗位，把业务相同的岗位归为一类，叫作职组；按照性质细分中类的工作岗位到小类，这些小类叫作职系，一个职系就是一种职业。

纵向分类主要按照岗位的难易程度进行划分。根据难易程度不同划分为若干职级；各职系间划等，把难易程度接近的划为一等，称为职等。

现实中，按照岗位性质的不同，可以划分成以下各类。

（一）决策岗位

决策岗位主要位于组织的高层，如总经理。

（二）管理岗位

管理岗位主要是一些部门科室的负责人，他们的职责是通过协调各部门关系，管理好一个小单位。

（三）监督岗位

监督岗位负责监督工作，主要是各部门科室，如审计部门。

（四）执行岗位

执行岗位根据上级安排完成自己的工作任务，主要从事行政或服务岗位。

（五）生产岗位

生产岗位负责企业基本的生产任务，主要是从事生产制造、安装维护或者辅助制造等工作的岗位。

（六）技术岗位

技术岗位包括具有专业技术职称或者从事专业技术工作的岗位。[①]

（七）工勤岗位

工勤岗位主要是从事后勤服务的岗位。

二、定岗定编的方法

定岗定编是完成组织目标的保障。定岗主要是设计组织中具体的工作岗位，当岗位确定后，就会有从事该岗位人员数量和质量的要求，这就产生了定编的概念。因为人具有主观能动性，所以定岗定编只是一种参考，不可能绝对准确。定岗定编常用的方法有以下几种：

（一）效率定编法

按照劳动效率，定岗定编主要是按照生产任务和劳动效率以及员工出勤率来计算岗位需要人数的方法，其基本形式有以下两种：

1. 时间定额定编

$$\text{定编人数} = \frac{\text{生产任务} \times \text{时间定额}}{\text{工作时间} \times \text{出勤率}}$$

举例：某企业每年生产洗衣机零件 4 670 000 件，时间定额为每件 0.7 小时，平均出勤率为 98%，该企业工人定编人数是多少？

$$\text{定编人数} = \frac{4\ 670\ 000 \times 0.7}{8 \times (365 - 2 \times 52 - 11) \times 98\%} \approx 1\ 668(\text{人})$$

2. 产量定额定编

$$\text{定编人数} = \frac{\text{任务总量}}{\text{劳动效率} \times \text{出勤率}}$$

举例：某车间每年生产电视零件 4 560 000 件，工人的产量定额为每人 10 件，平均出勤率为 96%，该车间工人定编人数是多少？

---

① 李中斌：《工作分析理论与实务》，东北财经大学出版社 2011 年版，第 83 页。

$$定编人数 = \frac{4\ 560\ 000}{10 \times (365 - 2 \times 52 - 11) \times 96\%} \approx 1\ 900(人)$$

（二）设备定编法

设备定编法适合拥有大量同类型设备的岗位。

$$定编人数 = \frac{设备台数 \times 开动班次}{看管定额 \times 出勤率}$$

举例：某企业有织布机 75 台，开动班次为每台 2 班，人员看管定额为 3 台，出勤率为 94%，该企业的定编人数是多少？

$$定编人数 = \frac{75 \times 2}{3 \times 2 \times 94\%} \approx 27(人)$$

（三）岗位定编法

岗位定编法适合大型联动设备或者流水线作业的岗位，也适合不能实行劳动定额的岗位，包括设备岗位定编和工作岗位定编。计算公式为：

$$定编人数 = \frac{岗位定员 \times 班次 \times 同类岗位数量}{出勤率} \times 轮休系数$$

举例：某小区有保安执勤点 3 个，实行两班倒，每个执勤点配保安 2 名，出勤率为 98%，岗位轮休系数为 1.2，则该小区保安定编人数是多少？

$$定编人数 = \frac{3 \times 2 \times 2}{98\%} \times 1.2 \approx 15(人)$$

（四）行业比例法

行业比例法是按照组织职工总数或者营业面积或者某类人员的比例确定定编人数的方法①，该方法适合辅助性生产岗位或服务性工作。根据要求，组织中有一部分人员与另一部分人员会有比例关系，如护士与病人、教师与学生。

$$定编人数 = \frac{员工总数或营业面积}{定员标准}$$

举例：某大学某专业学生为 280 人，已知专业教师与学生的比例为 1∶16，该专业教师定编人数是多少？

$$定编人数 = 280 \times \frac{1}{16} \approx 18(人)$$

---

① 孙宗虎：《岗位分析评估说明书编写实务手册》（第四版），人民邮电出版社 2017 年版，第 146 页。

（五）预算控制法

预算控制法不是进行硬性规定，而是根据工资预算控制人数，用较少的人数和较低费用完成同样的业务量。

如表 3-7 所示，完成同样的业务量，如果 4 人完成需要人工费用为 18 000 元，如果改为 3 人完成，费用只需 16 500 元，能够为部门节约人工费用 1 500 元。

表 3-7 人工费用举例

业务量			
人工费用	4 500 元/月 4 500 元/月 4 500 元/月 4 500 元/月	人工费用	5 500 元/月 5 500 元/月 5 500 元/月
合计：18 000 元/月（4 人）		合计：16 500 元/月（3 人）	

第七节 岗位评价与应用

岗位评价诞生于 20 世纪科学管理时期，“科学管理之父”泰勒通过一系列计件工资制的研究，为岗位评价奠定了基础。到 20 世纪中期，岗位评价技术在西方尤其是美国企业中得到了广泛的应用。

岗位评价是确定岗位之间相对价值、建立岗位等级结构的过程。按照预先制定的标准，以岗位的工作职责、能力要求、资格以及工作环境为综合依据进行评定。岗位评价是一个非常有效的沟通管理工具，员工明白应当扮演的角色和承担技能的要求。岗位评价为员工提供了加薪信息，如管理职责、资历要求，以及什么样的行为和结果在薪资方面会受到奖惩。

一、岗位评价的程序与方法

（一）岗位评价的程序

岗位评价是一个系统化的过程，一般按照以下步骤完成：

1. 岗位分类

岗位分类主要是按照工作性质将全部岗位分为几大类。

2. 收集岗位信息

这是以工作说明书为基础，收集汇总基准岗位的所有信息和资料，完成评价前的各项准备工作。

3. 确定岗位评价方法

岗位评价方法的选择至关重要。现在普遍认可的观点是根据职位系列来选择评价方法和方案，这就要求设计一套以上的评价方案。

4. 建立岗位评价小组

因为评价主体对待问题的角度不同，所以小组成员要包括一线主管或经理、部门专业人才、普通员工，必要时可以聘请外部的人力资源管理专家，小组成员 5~10 人即可。评价小组成员必须熟悉所有工作岗位，熟悉人力资源管理理论，对岗位评价方法也应有所了解。

5. 培训评价人员

岗位评价人员要独立完成各岗位及层级的评价，需要进行系统的培训学习，只有系统地掌握评价理论和方法，才能更好地完成工作。

6. 开展岗位评价工作

这是指广泛收集资料，对工作岗位进行评价。具体评价方法及步骤本章后面有详细的介绍。

7. 全面总结

全面总结的目的是汲取岗位评价的经验教训，为以后的工作奠定基础，最后把结果作为基础材料移交给负责薪酬设计的部门。

（二）岗位评价的方法

这里主要介绍以下几种方法。

1. 排序法

排序法又叫排列法，20 世纪 70 年代西方企业开始使用，是最早使用的岗位评价方法。这一方法简单易行，适合职位较少、程序简单的工作，是一种比较主观的方法。排序法主要通过职位与职位的比较来简单确定职位等级，一般以工作说明书为依据。

（1）直接排序法。直接排序法是最简单直观的方法，按照一定的标准把职位按相对价值以一定的顺序排列出来。[①] 如首席建筑师、文秘、设计师、技师、打字员这五类人员按照岗位相对价值从高到低排

① 李新建：《企业薪酬管理概论》，中国人民大学出版社 2012 年版，第 76 页。

序，应该是首席建筑师、设计师、技师、文秘、打字员。

（2）交替排序法。交替排序法是按照一定的标准确定最高和最低价值的职位，然后再确定次高和次低价值的职位，直到所有职位都排列出来。

（3）配对排序法。即将每个职位与其他职位按照一定标准进行比较，最后确定价值等级顺序。例如，六个职位为 H，I，J，K，L 和 M，对职位进行等级排序步骤如下①：

第一步，画表，把职位分别列出。

第二步，将每个职位分别与其他职位进行难易程度比较，难记“√”，不难为“×”，相同为“-”（见表 3-8）。

第三步，加总所有职位的难度数量，排出难度等级（见表 3-9）。

第四步，所有测评人员给出的等级加总平均，根据平均值确定职位等级排序（见表 3-10）。

表 3-8 难度测评表②

职位	H	I	J	K	L	M	总数
H		√	—	√	√	√	4
I	×		×	×	—	×	0
J	—	√		×	×	—	1
K	×	√	√		—	√	3
L	×	—	√	—		√	2
M	×	√	—	×	×		1

表 3-9 等级排序③

难度判断	职位名称	职位等级
4	H	6
3	K	5
2	L	4
1	J	3
1	M	2
0	I	1

① 张小兵：《人力资源管理》（第 3 版），机械工业出版社 2017 年版，第 55 页。

② 康世勇、林玳玳：《工资理论与管理实务》，中国经济出版社 1998 年版，第 272 页。

③ 康世勇、林玳玳：《工资理论与管理实务》，中国经济出版社 1998 年版，第 273 页。

表 3-10 综合排序①

职位	H	I	J	K	L	M
评委 1	4	0	1	3	2	1
评委 2	3	1	2	3	1	1
评委 3	3	1	1	3	2	1
数值和	10	2	4	9	5	3
评委数	3	3	3	3	3	3
平均值	3.3	0.67	1.33	3	1.67	1
等级排序	1	6	4	2	3	5

2. 分类法

分类法是根据不同岗位的复杂或相似程度确定好岗位类别和等级，然后将各种职位放入预先确定好的类别之中，如表 3-11 所示。

表 3-11 分类法②

等级	专业职位		辅助职位	
	设计部	生产部	行政部	人力资源部
1	A			
2	A			
3	A	A		
4	A	A		
5	A	A		
6	A	A		A
7			A	A
8			A	A
9			A	
10			A	

注：（1）A 代表职位等级；（2）价值最高的等级为 1，最低为 10

① 康世勇、林玳玳：《工资理论与管理实务》，中国经济出版社 1998 年版，第 274 页。

② Lance A. Berger，Dorothy R. Berger，*The Compensation Handbook*：*A state-of-the-art guide to compensation strategy and design*，4th edition，The McGraw-Hill Companies，Inc，2000，p. 83.

分类法的操作步骤如下[①]：

第一步，依据岗位说明书分类，如管理类等，表 3-11 即说明分类法应用。

第二步，细分职位类别。

第三步，确定等级数量，明确定义。企业架构和职位设置情况影响等级数量。对工作复杂度、风险控制等进行分级，并且对每一级进行明确的定义。

第四步，形成等级序列。

3. 要素比较法

要素比较法属于排序法，又称为因素比较法，是一种量化方法。

具体操作步骤如下：

第一步，选择 15~20 个标杆岗位。如果企业较小，可以根据情况适当调整，选择具有代表性、关键性的岗位，工作内容稳定、员工熟悉。

第二步，确定报酬要素。找出岗位之间共有的要素作为报酬要素，如技能要求、岗位职责等。

第三步，排序标杆岗位。以表 3-12 中的四个岗位为例。

表 3-12　岗位排序[②]

工作种类	心理要求	体能要求	技能要求	责任	环境
焊工	1	4	1	1	2
吊车工	3	1	3	4	4
车工	2	3	2	2	3
门卫	4	2	4	3	1

第四步，分配工资率。依据市场调查结果及企业内部报酬要素情况确定岗位的工资率，如表 3-13 所示。工资率的分配是由不同专家评定的，因此可能存在差异，所以要协调评价人员的报酬要素评价结果，然后再进行分配。

① 李新建：《企业薪酬管理概论》，中国人民大学出版社 2012 年版，第 78 页。

② Gary Dessler：Human Resource Management，Prentice Hall International，Inc，1997，p. 458.

表 3-13 工资率分配表

工作种类	工资率	心理要求	体能要求	技能要求	责任	环境
焊工	9.80	4.00	0.40	3.00	2.00	0.40
吊车工	5.60	1.40	2.00	1.80	0.20	0.20
车工	6.10	1.60	1.30	2.00	0.80	0.30
门卫	5.10	1.20	1.40	0.40	0.40	0.60

第五步，确定非基准岗位薪酬。与标杆岗位报酬要素比较并赋予相应的工资率，最后加总得出各岗位的工资。

4. 计点法

计点法是一种量化职位评价方法，在我国企业中应用得比较广泛。计点法包括三个组成要素：报酬因素、要素尺度、权重。

下面结合表 3-14 说明计点法的操作步骤：

第一步，工作分析，选择基准职位。

岗位评价之前首先需要对所有岗位进行工作分析，确定岗位的工作内容、责任、权限、环境等。基准职位要具有代表性，职位的描述要详细准确。

第二步，报酬要素的选择及定义。

报酬要素是通过工作描述进行选取的，如承担责任、职位条件等，属于一级要素，并且要进行严格的定义。如承担责任定义为决策的影响，对人力资源、财务资源以及物力资源的控制情况。[①]

第三步，报酬子要素的定义。

将一级报酬要素进行分解，分解为二级报酬子要素，如果需要，还可以继续分解为三级报酬子要素。[②] 对二级、三级子要素都要进行定义。

第四步，划分定义报酬要素的等级。

把子要素按照一定标准分成若干等级，对每个等级都要进行定义，以表 3-15 为例定义协调责任及其等级。

第五步，确定权重。

权重确定方法有层次分析法、应用统计学技术、经验法。报酬要素的权重一般以百分数形式表示，通过权重表现不同要素对企业的贡献程

① 刘昕：《薪酬管理》，中国人民大学出版社 2011 年版，第 81~82 页。

② 李燕荣：《薪酬与福利管理》，天津大学出版社 2008 年版，第 181 页。

度不同。表 3-14 中，一级报酬要素承担责任权重为 40%，二级报酬要素的总权重等于一级报酬要素的权重，所以二级报酬要素指导监督、风险控制、内外协调、岗位权限、工作决策的权重之和为 40%。①

第六步，报酬要素及子要素点数的确定。

企业总点数与职位数量有关，通过点数可以对不同的职位进行价值比较。本案例中总点数选用 1 000 点。

表 3-14 中，指导监督子要素的点数为：1 000×40%×(10÷40) = 100。

表 3-14 岗位评价表

<table>
<tr><th rowspan="2">报酬要素</th><th rowspan="2">总权重（%）</th><th rowspan="2" colspan="2">子要素</th><th rowspan="2">子要素权重（%）</th><th rowspan="2">点数</th><th rowspan="2">级数</th><th colspan="5">等级</th></tr>
<tr><th>1</th><th>2</th><th>3</th><th>4</th><th>5</th></tr>
<tr><td rowspan="5">承担责任</td><td rowspan="5">40</td><td colspan="2">指导监督</td><td>10</td><td>100</td><td>5</td><td>20</td><td>40</td><td>60</td><td>80</td><td>100</td></tr>
<tr><td colspan="2">风险控制</td><td>8</td><td>80</td><td>5</td><td>16</td><td>32</td><td>48</td><td>60</td><td>76</td></tr>
<tr><td colspan="2">协调责任</td><td>6</td><td>60</td><td>5</td><td>12</td><td>24</td><td>36</td><td>48</td><td>60</td></tr>
<tr><td colspan="2">岗位权限</td><td>8</td><td>80</td><td>5</td><td>16</td><td>32</td><td>48</td><td>60</td><td>76</td></tr>
<tr><td colspan="2">工作决策</td><td>8</td><td>80</td><td>5</td><td>16</td><td>32</td><td>48</td><td>60</td><td>76</td></tr>
<tr><td rowspan="6">技能要求</td><td rowspan="6">35</td><td colspan="2">工作知识</td><td>5</td><td>50</td><td>5</td><td>5</td><td>10</td><td>15</td><td>20</td><td>25</td></tr>
<tr><td colspan="2">工作经验</td><td>5</td><td>50</td><td>5</td><td>10</td><td>20</td><td>30</td><td>40</td><td>50</td></tr>
<tr><td rowspan="4">工作能力</td><td>决策能力</td><td>5</td><td>50</td><td>5</td><td>10</td><td>20</td><td>30</td><td>40</td><td>50</td></tr>
<tr><td>协调能力</td><td>4</td><td>40</td><td>5</td><td>8</td><td>16</td><td>24</td><td>32</td><td>40</td></tr>
<tr><td>应变能力</td><td>6</td><td>60</td><td>5</td><td>12</td><td>24</td><td>36</td><td>48</td><td>60</td></tr>
<tr><td>创新能力</td><td>10</td><td>100</td><td>5</td><td>20</td><td>40</td><td>60</td><td>80</td><td>100</td></tr>
<tr><td rowspan="4">努力程度</td><td rowspan="4">20</td><td colspan="2">工作负荷度</td><td>5</td><td>50</td><td>5</td><td>10</td><td>20</td><td>30</td><td>40</td><td>50</td></tr>
<tr><td colspan="2">工作复杂性</td><td>5</td><td>50</td><td>5</td><td>10</td><td>20</td><td>30</td><td>40</td><td>50</td></tr>
<tr><td colspan="2">工作压力</td><td>5</td><td>50</td><td>5</td><td>10</td><td>20</td><td>30</td><td>40</td><td>50</td></tr>
<tr><td colspan="2">工作单调性</td><td>5</td><td>50</td><td>5</td><td>10</td><td>20</td><td>30</td><td>40</td><td>50</td></tr>
<tr><td rowspan="3">工作环境</td><td rowspan="3">5</td><td colspan="2">工作时间</td><td>1</td><td>10</td><td>5</td><td>2</td><td>4</td><td>6</td><td>8</td><td>10</td></tr>
<tr><td colspan="2">工作地点</td><td>2</td><td>20</td><td>5</td><td>4</td><td>8</td><td>12</td><td>16</td><td>20</td></tr>
<tr><td colspan="2">职业危害</td><td>2</td><td>20</td><td>5</td><td>4</td><td>8</td><td>12</td><td>16</td><td>20</td></tr>
<tr><td colspan="12">合计：总点数为 1 000 点</td></tr>
</table>

① 李新建：《企业薪酬管理》，中国人民大学出版社 2012 年版，第 80 页。

第七步，划分岗位等级（如表 3-15 所示）。

表 3-15　协调责任定义及等级表

定义	协调责任是指在正常工作时，需要通过合作顺利开展的协调活动。判断责任大小以所在层级及协调不力后果为依据[①]	
等级	等级说明	点数
1	偶尔与本部门有协调	12
2	与本部门有工作协调，偶尔与其他部门个人有工作协调	24
3	都有工作协调，协调不力会影响工作	36
4	与员工、部门经理有协调，协调不力有部分影响	48
5	与各部门负责人有密切联系和沟通，失调对公司影响大	60

按照评价点数由低到高的顺序对职位进行排列，如表 3-16 所示。

表 3-16　岗位等级表

点数范围（点）	级别
___~___	1 级
___~___	2 级
___~___	3 级
⋮	⋮

5. 海氏评价法

海氏评价法（Hay-MSL）又称导图表表象法，1951 年由薪酬设计专家爱德华·海等人开发。它具有评分法和要素比较法的特点，适用于管理、专业和技术岗位。[②] 海氏评价法实际上是一种量化评分法，这种方法最大的好处是把不同部门、不同职位放在一起进行相对价值的比较。

（1）海氏评价法的报酬要素。该方法把所有职位的报酬要素分为三

---

① 萧鸣政：《工作分析的方法与技术》（第五版），中国人民大学出版社 2018 年版，第 246 页。
② 周文霞：《新经济时代人力资源工作手册》，中国大地出版社 2001 年版，第 765 页。

种，即综合素质要素（know-how）、解决问题能力（problem-solving）、应负责任（accountability）[①]，每个报酬要素又细化为若干要素，如表3-17所示。每一个要素都有一个指导图，用图中点数表示价值大小，每个岗位的岗位评价得分为三个要素得分相加，其中，解决问题能力以百分数表示，此处点数为所得百分数乘综合素质要素点数。一般认为解决问题能力与个人综合素质密切相关，当综合素质得分比较高时，解决问题能力得分也相应较高。

表3-17　海氏评价法的报酬要素及其定义

要素	要素解释	子要素	子要素定义
综合素质	为达到职位绩效水平所必需的业务知识及其相应的实际运作技能的总和[②]	专业技能	专业知识、技能、方法的理解
		管理诀窍	为达到绩效水平需要掌握的管理职能
		人际技能	为达到绩效水平需要具备的沟通、激励、协调等技能
解决问题的能力	使用岗位技能、技巧去分析和解决问题	思维环境	任职者思维受环境的限制程度
		思维难度	解决的问题是重复出现的还是例外，对任职者的创造性思维要求
应负的责任	职位承担者的决策和行动对于工作最终后果可能造成的影响，对后果负责的程度	自由度	个人行动受限制程度
		工作对结果的影响程度	任职者对工作结果应负责任大小或者说对结果的影响程度
		责任	一般以金钱来表示，强调工作结果的风险程度

（2）海氏评价指导图。该方法按照三个报酬要素分为三个要素指导图。

① 李新建：《企业薪酬管理概论》，中国人民大学出版社2006年版，第172页。
② 张正堂、刘宁：《薪酬管理》，北京大学出版社2016年版，第44页。

①综合素质要素指导图（KH）（见表3-18至表3-21）。

表3-18 综合素质指导图

		管理诀窍														
		起码的			相关的			多样的			广博的			全面的		
人际技能		基	重	关	基	重	关	基	重	关	基	重	关	基	重	关
专业技能	基本的	29	33	38	38	43	50	50	57	66	66	76	87	87	100	115
		33	38	43	43	50	57	57	66	76	76	87	100	100	115	132
		38	43	50	50	57	66	66	76	87	87	100	115	115	132	152
	初等业务的	38	43	50	50	57	66	66	76	87	87	100	115	115	132	152
		43	50	57	57	66	76	76	87	100	100	115	132	132	152	175
		50	57	66	66	76	87	87	100	115	115	132	152	152	175	200
	中等业务的	50	57	66	66	76	87	87	100	115	115	132	152	152	175	200
		57	66	76	76	87	100	100	115	132	132	152	175	175	200	230
		66	76	87	87	100	115	115	132	152	152	175	200	200	230	264
	高等业务的	66	76	87	87	100	115	115	132	152	152	175	200	200	230	264
		76	87	100	100	115	132	132	152	175	175	200	230	230	264	304
		87	100	115	115	132	152	152	175	200	200	230	264	264	304	350
	基本专业的	87	100	115	115	132	152	152	175	200	115	132	152	264	304	350
		100	115	132	132	152	175	175	200	230	132	152	175	304	350	400
		115	132	152	152	175	200	200	230	264	152	175	200	350	400	460
	熟练专业的	115	132	152	115	132	152	115	132	152	264	304	350	350	400	460
		132	152	175	132	152	175	132	152	175	304	350	400	400	460	528
		152	175	200	152	175	200	152	175	200	350	400	460	460	528	608
	精通专业的	115	132	152	115	132	152	264	304	350	350	400	460	460	528	608
		132	152	175	132	152	175	304	350	400	400	460	528	528	608	700
		152	175	200	152	175	200	350	400	460	460	528	608	608	700	800
	权威专业的	115	132	152	264	304	350	350	400	460	460	528	608	608	700	800
		132	152	175	304	350	400	400	460	528	528	608	700	700	800	920
		152	175	200	350	400	460	460	528	608	608	700	800	800	920	1056

表 3-19 专业技能说明及举例

等级	解 释	举例
基本的	达到岗位要求即可	接线员
初等业务的	通过操作设备完成某工作流程	打字员
中等业务的	具备专业水平，对某些流程熟悉	秘书
高等业务的	灵活应用某些复杂的系统，具备相关知识和技巧	行政助理
基本专业的	通过正规教育掌握的理论知识和技巧，或者通过工作实践掌握的特殊技能	薪酬专员
熟练专业的	充分掌握某领域的理论和实践	人力资源经理
精通专业的	通过专门的学习精通理论和综合技术	高层管理者
权威专业的	权威的、公认的专家	某领域专家、学者

表 3-20 管理诀窍说明及举例

要素等级	说 明	举例
起码的	仅了解工作内容、目的	业务员
相关的	与其他部门有一定联系，能够把握工作方向	主管
多样的	决定部门的工作方向，结果影响较大，需要概念技能	部门经理
广博的	对组织运营有战略性影响	副总
全面的	全面统筹运作管理，影响大，复杂	总经理

表 3-21 人际技能说明及举例

要素等级	说 明	举例
基本的	日常人际关系的处理，具备基本交往技巧	打字员
重要的	协调能力、说服能力、服务能力	经理
关键的	理解能力、沟通能力、激励技巧	采购员、高管

②解决问题能力指导图（PS）（见表 3-22 至表 3-24）。

表 3-22 解决问题能力（%）指导图

		思维难度				
		重复性	模式化	中间型	适应性	无先例
思维环境	高度常规的	10 12	14 16	19 22	25 29	33 38
	常规性的	12 14	16 19	22 25	29 33	38 43
	半常规的	14 16	19 22	25 29	33 38	43 50
	标准化的	16 19	22 25	29 33	38 43	50 57
	明确规定的	19 22	25 29	33 38	43 50	57 66
	广泛规定的	22 25	29 33	38 43	50 57	66 76
	一般规定的	25 29	33 38	43 50	57 66	76 87
	抽象规定的	29 33	38 43	50 57	66 76	87 100

表 3-23 思维环境说明

要素等级	说 明
高度常规的	详细精确的说明，可获得不断协助
常规性的	常规和固定说明，可立即获得协助
半常规的	有很多先例可以遵循，获得适当协助
标准化的	较多先例可以遵循，流程较复杂，可获得协助
明确规定的	政策原则限定明确
广泛规定的	政策和目标明确，某些方面适当抽象
一般规定的	有模糊抽象的概念
抽象规定的	需创造性思维进行思考

表 3-24 思维难度

要素等级	说 明
重复性	相同的情况做出简单选择
模式化	相似情况下做出鉴别性选择
中间型	应用所学知识对不同情形找出解决方案
适应性	在变化的情况下分析、评估
无先例	例外事件，要求创造性的解决方案

③应负责任指导图（AC）（见表 3-25 至表 3-27）。

表 3-25　应负责任

工作对结果的影响程度		责任															
		微小				少量				中量				大量			
		A	C	S	P	A	C	S	P	A	C	S	P	A	C	S	P
自由度	有规定	7	9	12	16	9	12	16	22	12	16	22	29	16	22	29	38
		8	10	14	19	10	14	19	25	14	19	25	33	19	25	33	43
		9	12	16	22	12	16	22	29	16	22	29	38	22	29	38	50
	受控制	10	14	19	25	14	19	25	33	19	25	33	43	25	33	43	57
		12	16	22	29	16	22	29	38	22	29	38	50	29	38	50	66
		14	19	25	33	19	25	33	43	25	33	43	57	33	43	57	76
	标准化	16	22	29	38	22	29	38	50	29	38	50	66	38	50	66	87
		19	25	33	43	25	33	43	57	33	43	57	76	43	57	76	100
		22	29	38	50	29	38	50	66	38	50	66	87	50	66	87	115
	一般规范	25	33	43	57	33	43	57	76	43	57	76	100	57	76	100	132
		29	38	50	66	38	50	66	87	50	66	87	115	66	87	115	152
		33	43	57	76	43	57	76	100	57	76	100	132	76	100	132	175
	有指导	38	50	66	87	50	66	87	115	66	87	115	152	87	115	152	200
		43	57	76	100	57	76	100	132	76	100	132	175	100	132	175	230
		50	66	87	115	66	87	115	15	87	115	152	200	115	152	200	264
	方向性	57	76	100	132	76	100	132	175	100	132	175	230	132	175	230	304
		66	87	115	152	87	115	152	200	115	152	200	264	152	200	264	350
		76	100	132	175	100	132	175	230	132	175	230	304	175	230	304	400
	广泛性指导	87	115	152	200	115	152	200	264	152	200	264	350	200	264	350	460
		100	132	175	230	132	175	230	304	175	230	304	400	230	304	400	528
		115	152	200	264	152	200	264	350	200	264	350	460	264	350	460	608
	战略性指导	132	175	230	304	175	230	304	400	230	304	400	528	304	400	528	700
		152	200	264	350	200	264	350	460	264	350	460	608	350	460	608	800
		175	230	304	400	230	304	400	528	304	400	528	700	400	528	700	920
	无指导	200	264	350	460	264	350	460	608	350	460	608	800	460	608	800	1056
		230	304	400	528	304	400	528	700	400	528	700	920	528	700	920	1216
		264	350	460	608	350	460	608	800	460	608	800	1056	608	800	1056	1400

表 3-26 自由度说明及举例

要素等级	说 明	举 例
有规定	简单任务，详细描述作业过程	体力劳动者
受控制	工作指示具体，严密监督	采购
标准化	有工作规定，受严密督导	操作工
一般规范	有标准规程、工作指示和监督	一线文员
有指导	工作重复，政策明确，有监督	招聘专员
方向性	依据政策，规定工作范围和方向	常规管理工作
广泛性指导	宽泛的政策指导	科研性工作
战略性指导	组织政策指导工作	经理
无指导	根据环境选择执行方法，要求创造性思维	董事会

表 3-27 工作对结果影响

要素等级	说 明	举 例
A. 后勤	提高偶然性服务	后勤人员
C. 辅助	提供建议、咨询对结果的影响	秘书
S. 分摊	共享、合作，通过共同行动分摊责任	人力资源部门与其他用人部门
P. 主要	直接影响，承担主要责任	财务总监

④“职务状态构成”理论。海氏评价系统提出“职务状态构成”理论。职务状态取决于综合素质、解决问题能力影响与应负责任的权重大小①，主要分为以下三种状态：

上山型：此职位应负的责任比前两个报酬要素重要，应负责任权重占比较高。

平路型：三种报酬要素一样重要，权重分配相同。

下山型：此职位的应负责任不如综合素质及解决问题能力重要，应负责任权重占比较低。

（3）海氏评价法应用举例。海氏评价法通过对三种报酬要素进行

---

① 孙宗虎、郭蓉：《岗位分析评价与职务说明书编写实务手册》（第 3 版），人民邮电出版社 2012 年版，第 183 页。

组合，形成指导图。下面以营销总监为例，说明该方法的应用。

①综合素质评价。在专业技能方面，营销总监在企业中负责营销管理的各项工作，专业性强，要求熟悉营销管理各专业知识，要调动下属积极性，在下属中树立绝对权威，因此，专业技能方面选择权威专业的；管理诀窍方面，企业中顺利开展营销工作非常困难，要求营销总监具备组织、领导、激励等高超技巧，因此管理诀窍方面选择广博的；人际技能方面，与不同部门不同人员进行联系，沟通结果会对工作结果产生很大的影响，需要具有熟练的人际技能，因此，人际技能方面选择关键的。综上，营销总监的综合素质价值为 800。

②解决问题能力评价。在思维环境方面，营销总监要开拓市场，必然面临不同的市场环境，很多事情需要了解政府政策进而做出决策，思维环境属于抽象规定；在思维难度方面，营销总监大部分工作是例外的，没有先例可遵循，需要创造性地开展工作，因此，思维难度属于无先例。综上，营销总监的解决问题能力选择 87%。

因解决问题能力与综合素质相关，所以此处价值为：$800\times87\%=696$。

③应负责任评价。在行动自由度方面，营销总监在企业中处于较高的地位，依据企业政策进行工作指导，行动自由度高，属于战略性指导；因为营销总监所处地位比较高，他的决策直接影响到企业的存亡，因此对结果负主要责任，属于大量的；负责企业的营销工作，作用是主要的。综上，营销总监的应负责任价值为 920。

对营销总监来说，应负责任要比综合素质及解决问题能力重要，因此营销总监属于“上山型”，这样职位评价得分及权重为：

$$\text{营销总监评价总得分}=800\ (1+87\%)\ \times40\%+920\times60\%=1\ 150.4$$

用海氏评价法得到的结果比主观判断结果要更加精确合理，但评价过程比较复杂。获得评价得分后，再依据市场平均薪酬情况以及企业的薪酬政策、财务状况等实际确定具体的工资额。

二、举例

下面以管理岗位为例介绍如何进行岗位评价。应该注意：不同企业情况不同，需要按照自己的实际情况确定评价指标。表 3-28 中各要素指标满分均为 100 分。

表 3-28 管理岗位评价表

要素指标	子要素及权重	等级	标准	分值
知识技能 10%	学历 20%	1	大专	
		2	本科	
		3	硕士	
		4	博士	
	工作经验 25%	1	1 年以下社会工作经验	
		2	1~3 年相似企业岗位工作经验	
		3	3~5 年同岗位工作经验	
		4	5 年以上同岗位工作经验	
	专业知识 20%	1	初步掌握本专业知识	
		2	快速掌握专业知识，知识能够提升	
		3	不断提升自己，紧跟前沿	
		4	灵活应用专业知识解决企业决策问题	
	公文处理能力 20%	1	简单处理会议记录及各种稿件	
		2	顺利完成汇报稿件写作	
		3	外语水平较高，顺利完成汇报稿件写作	
		4	外语水平高，能熟练应用，能起草、制定重要文件	
	广度 15%	1	只需要本专业知识即可完成工作	
		2	需要应用 1~2 门相关专业知识	
		3	需要应用 3 门以上跨专业知识	
		4	需要不断补充新知识和学习培训	
能力要求 25%	分析能力 20%	1	基本不需要分析能力，只需规范化操作即可	
		2	具备基本分析能力，规范化操作	
		3	工作灵活，具备较强分析能力，工作有一定程序规范	
		4	工作灵活复杂，具备很强工作能力	
	决策能力 20%	1	基本不需做决策，无影响	
		2	需要做一定决策，影响范围小	
		3	需要做较大决策，影响本部门及密切联系的其他部门	
		4	需要做高层决策，影响企业生存发展	

续　表

要素指标	子要素及权重	等级	标　　准	分值
能力要求 25%	领导能力 25%	1	具备基本领导素质，只对小组工作负责	
		2	具备较强领导能力，对部门负责	
		3	具备很强的领导能力，全权负责某部分工作	
		4	对企业全面负责	
	突发事件处理能力 20%	1	基本无突发事件	
		2	事件发生有规律且可预防，难度不大	
		3	事件发生无规律且不可预防，难度大但发生概率小	
		4	事件发生无规律且不可预防，难度大且要求有实践经验和综合知识	
	创新能力 15%	1	基本无创新	
		2	需要一定创新能力	
		3	具有挑战性，需要较强创新能力	
		4	具有很强挑战性，需要创新能力强	
工作责任 40%	经济责任 25%	1	微小，基本不负责任	
		2	较大，负有部分责任	
		3	重大，负主要责任	
	风险责任 25%	1	小风险，对企业影响不大	
		2	一定风险，影响较明显	
		3	较大风险，影响严重	
	安全管理责任 15%	1	责任小，对安全影响小	
		2	责任较大，影响显著	
		3	责任重大，有关键性影响	
	协调责任 15%	1	与本部门几乎不用协调	
		2	与本部门、其他部门协调，有一定影响	
		3	与本部门、外部组织协调，影响较大	
		4	企业内部、外部密切联系，影响至关重要	
	决策责任 20%	1	决策影响到小组，范围小	
		2	决策影响到整个部门	
		3	决策影响到企业，关系企业生存发展	

续 表

要素指标	子要素及权重	等级	标准	分值
工作强度20%	工作压力25%	1	工作压力小，有规范程序	
		2	工作有一定压力，灵活性较强但难度不大	
		3	工作压力大，要求快速反应且难度大	
		4	工作压力很大，经常快速反应且任务多、难度大	
	紧张程度25%	1	操作标准化	
		2	可灵活处理工作	
		3	工作节奏经常紧张	
		4	高强度脑力劳动	
	复杂程度35%	1	处理常规事务	
		2	简单培训可处理某事务	
		3	负责部门工作，要求掌握多种技能处理突发事件	
		4	全面负责企业，工作难度大	
	工作负荷15%	1	一般，工作量适中，无须加班	
		2	较大，工作满负荷	
		3	较重，工作量大，需要加班	
		4	很重，任务繁重，节假日经常需加班	
工作环境5%	噪音45%	1	85~90 dB	
		2	90~105 dB	
		3	105~115 dB	
		4	115 dB	
	职业危害55%	1	基本无职业病危害	
		2	存在潜在危害	
		3	职业病发生概率高	

根据上述评价表，对管理岗位进行评价打分；结合权重计算各岗位分值并分类汇总；各岗位的评价分值从小到大进行排序。企业内其他岗位，如技术岗、生产岗、服务岗等，均可按照以上方法进行评价，但要注意根据不同岗位设计不同要素指标及权重。

第八节　工作分析的结果与应用

一、工作说明书

工作分析直接的结果就是形成工作说明书。① 工作说明书包括工作描述和任职资格两部分。工作描述说明岗位存在的意义、工作内容、职责等，任职资格说明要圆满完成该岗位任务需要任职者具备的知识、技能、能力等。

（一）工作描述

工作描述是对企业各类工作岗位加以规范的描述性文件，用来说明工作是什么（what）、怎么做（how）、为什么做（why）、在哪里做（where）等。②

1. 工作标识

职位基本信息是一职位区别于其他职位的标识，包括工作代码、职位名称、所在部门、职位等级、薪酬范围等（如表 3-29 所示）。

表 3-29　职位基本信息

职位名称		职位编号	
部门		职位定员	
直接上级		工资等级	
分析人员		分析日期	

2. 主体内容

主体内容主要包括以下几个方面：

（1）工作概要。工作概要是用简洁的语言概括该职位存在的价值及存在的目的。工作概要有严格的规范，按照工作依据、工作行动、工作对象及工作目的的顺序书写。③

（2）工作职责。对工作概要进一步细化分解是工作描述的主体。

① 文征：《员工工作分析与薪酬设计》，企业管理出版社 2006 年版。

② 文征：《员工工作分析与薪酬设计》，企业管理出版社 2006 年版，第 92 页。

③ 葛玉辉：《工作分析与设计》，清华大学出版社 2017 年版，第 195 页。

工作职责是指该职位通过哪些活动来实现组织目标，最终实现什么样的工作成果。[①] 书写顺序为工作行动、具体对象及工作成果。例如，人力资源总监的一项工作职责为：组织审核公司人员编制和人员招聘情况，为公司发展储备人才。

（3）工作权限。工作权限主要用于管理人员的职位描述，描述的是任职者掌控资源的范围和力度，包括决策权、批准权以及经费预算权，体现任职者对企业的影响程度。如某业务部门经理的财务权限为：批准本部门 8 000 元以内的差旅费、3 000 元以内的业务招待费和 4 000 元以内的办公用品购置费。

（4）业绩标准。即任职者完成工作时必须达到的标准。工作描述中业绩标准主要提供从哪些方面构建考核指标体系的信息。如完成日生产计划目标为每个工作日生产产品至少达到 500 件。

（5）工作联系。工作联系描述的是该岗位与企业内部部门及人员或企业外部哪些单位有联系。工作联系涉及的内容很多，在工作描述中主要关注联系对象及内容。以表 3–30 为例。

表 3–30　人力资源总监工作联系

内外联系	联系对象	联系内容
内部部门联系	计财处	薪酬预算、薪酬方法
	各部门	人员招聘、培训、考核
外部单位联系	人才市场、高校	人才招聘
	培训机构	人员培训

（6）工作环境。工作环境主要是指工作的物理环境，包括环境对任职者身体的影响、工作场所、有无职业病可能、环境的舒适度等。[②]

3. 工作描述举例

示例见表 3–31。

① 葛玉辉：《工作分析与设计》，清华大学出版社 2017 年版，第 196 页。

② 葛玉辉：《工作分析与设计》，清华大学出版社 2017 年版，第 199 页。

表 3-31 某小型民营企业采购部长工作描述

<table>
<tr><td>职位名称</td><td colspan="2">采购部长</td><td>职位编号</td><td>2013201</td></tr>
<tr><td>部门</td><td colspan="2">采购部</td><td>职位定员</td><td>1</td></tr>
<tr><td>直接上级</td><td colspan="2">副总经理</td><td>工资等级</td><td>7 级</td></tr>
<tr><td>直接下级</td><td colspan="2">采购员</td><td>薪酬标准</td><td>7 000~9 000 元</td></tr>
<tr><td colspan="5">工作概要：依据公司发展战略，为管理层提供决策支持、与供应商建立合作关系、制订采购计划并实施、主持日常管理工作、促进企业战略实现</td></tr>
<tr><td rowspan="21">工作
职责</td><td colspan="4">1. 制订采购计划</td></tr>
<tr><td rowspan="3">工作任务</td><td colspan="3">制订采购计划，根据客户市场需求调整采购计划和进度</td></tr>
<tr><td colspan="3">拓展供应商，建立供应商评价体系</td></tr>
<tr><td colspan="3">关注往来运输车队，建立运输车辆调配的运筹体系</td></tr>
<tr><td colspan="4">2. 监督和管理采购过程</td></tr>
<tr><td rowspan="5">工作任务</td><td colspan="3">监测物料及运输车队的市场价格，降低公司采购及运输成本</td></tr>
<tr><td colspan="3">评估采购物料质量，评审采购合同</td></tr>
<tr><td colspan="3">监督采购资金使用</td></tr>
<tr><td colspan="3">监控物料质量偏差及异常情况，及时调整</td></tr>
<tr><td colspan="3">调配物料运输车队，保证物料安全及时送达</td></tr>
<tr><td colspan="4">3. 监控采购物料的相关数据</td></tr>
<tr><td rowspan="2">工作任务</td><td colspan="3">监督采购物料数据的准确记录</td></tr>
<tr><td colspan="3">汇总采购物料数据并提交相关部门指定人员</td></tr>
<tr><td colspan="4">4. 日常管理工作</td></tr>
<tr><td rowspan="3">工作任务</td><td colspan="3">建设员工队伍</td></tr>
<tr><td colspan="3">协调部门内部、部门间关系</td></tr>
<tr><td colspan="3">监督指导部门工作和经费预算</td></tr>
<tr><td colspan="4">5. 完成领导交办的其他工作任务</td></tr>
<tr><td colspan="5">工作权限：</td></tr>
<tr><td colspan="5">决策权</td></tr>
<tr><td colspan="5">供应商的评审权</td></tr>
<tr><td colspan="5">下级人员调配、奖惩和任免权</td></tr>
<tr><td colspan="5">下级工作的监督权</td></tr>
<tr><td colspan="5">下级业绩考核评价权</td></tr>
<tr><td colspan="5">工作关系：</td></tr>
<tr><td colspan="2">内部协调关系</td><td colspan="3">副总经理、财务部、行政部</td></tr>
<tr><td colspan="2">外部协调关系</td><td colspan="3">供应商</td></tr>
<tr><td colspan="5">其他：</td></tr>
<tr><td colspan="2">使用工具/设备</td><td colspan="3">计算机、一般办公设备及通信设备</td></tr>
<tr><td colspan="2">工作环境</td><td colspan="3">办公室、室外工作，有噪音</td></tr>
<tr><td colspan="2">工作时间特征</td><td colspan="3">需要加班</td></tr>
<tr><td colspan="5">备注：</td></tr>
</table>

（二）任职资格

任职资格也称为工作规范，是指任职者要圆满完成工作必须具备的资格条件，如教育程度、工作经验、性格、能力、兴趣、爱好等。任职资格与工作绩效相关。不同岗位对任职资格有不同的要求，要根据岗位需求，有选择地定义任职资格。

1. “显性”任职资格

“显性”任职资格准确性高，可以通过背景审查、证书等方法衡量。具体如下：

（1）教育水平，包括岗位任职者必须具备的最低学历水平，明确专业方向及所学的专业知识，与工作相关的资格证书。[①]

（2）工作经验，包括任职者所有的工作经历，如一般工作经验、相关工作经验、行业工作经验等。[②] 岗位工作经验是公司内部工作经历。

（3）工作技能，是指对工作相关工具、技能的掌握和应用，通常包括计算机、外语、公文写作等。

2. “隐性”任职资格

“隐性”任职资格测量准确性较低，但与工作绩效高度相关，包括组织能力、决策能力、团队合作、兴趣爱好等。

3. 任职资格举例

表3-32是某小型经营企业采购部长任职资格示例。

表3-32　某小型民营企业采购部长任职资格

职位名称	采购部长	职位编号	2013201
所在部门	采购部	职位定员	1
直接上级	副总经理	工资等级	7级
直接下级	采购员	薪酬标准	7 000~9 000元
工作概要：依据公司发展战略，为管理层提供决策支持，寻找信誉良好的供应商并建立合作关系，制订采购计划并实施，主持日常管理工作，促进企业发展战略的实现			

① 孙宗虎、郭蓉：《岗位分析评价与职务说明书编写实务手册》（第3版），人民邮电出版社2012年版，第87页。

② 朱国勇：《工作分析》，高等教育出版社2014年版，第361页。

续　表

职位名称	采购部长	职位编号	2013201
工作职责	略		
生理要求：			
性别	男女不限		
知识技能要求：			
学历	本科及以上		
专业背景	企业管理相关专业，具有一定采购管理知识；熟悉采购流程		
工作经验	6年以上工作经验，3年以上本行业或相近行业经验		
技能	熟练使用办公软件		
特殊能力要求：			
组织和协调能力，商务谈判、人际沟通能力，团队管理能力；分析能力、预测能力、表达能力；具有较强的判断能力、计划与执行能力、客户服务能力、吃苦耐劳；能够适应长期出差			

（三）工作说明书的编写

工作分析流程之后，通过对岗位科学客观的分析，形成简明扼要的描述书，即工作说明书，让任职者知道自己应该做什么，工作目标是什么，工作环境如何。①

1. 工作岗位名称及上下级关系

工作说明书中岗位名称前后应该一致；每个岗位只有一个上级，但可以有多个下级。

2. 工作概要

工作概要是应用高度概括性的语言对岗位的存在目的、职责进行描述。

3. 工作职责

工作职责通过工作概要或者部门职责分解得到。需要注意的是：各个岗位的工作职责不能重叠交叉，数量也不能低于4个，工作职责要按照重要程度或者耗费时间的比重进行排序，但时间比重低于5%的职责一般不选择。

① 姚月娟：《工作分析与应用》，东北财经大学出版社2007年版，第118~119页。

4. 内外部关系

工作说明书要明确岗位内外部的联系。企业内部与其他岗位或平级、上下级之间的沟通；与企业外部政府部门、银行、社会团体等的沟通联系。

5. 任职资格与条件

任职资格与条件主要从教育程度、知识、技能、能力和综合素质等方面来撰写。需要注意的是，不同企业即使岗位相同，任职资格也可能不同，要综合根据企业的业务情况、实际情况以及市场情况来撰写。

6. 工作权限

编写工作说明书之前，要对职权进行划分。主要职权有建议权、提案权、审核权、审批权、执行权、考核权、奖惩权等，根据不同岗位情况设置相应的职权。①

二、工作分析结果的应用

人力资源管理的目的就是做到“人岗匹配”“人尽其才”，所以应该根据岗位需求与员工兴趣、爱好和能力安排所有员工的岗位。员工在工作岗位上要按照要求完成工作任务、承担相应的职责，优秀员工还要给予奖励。工作分析是人力资源管理的基础，可用于人力资源管理的整个过程，起到激励员工发挥才能的作用。

（一）工作分析在招聘中的应用

在人员招聘程序中，工作分析在确定选录标准、人员招募和人员甄选等方面能够提供具有关键意义的支持和贡献。②

首先，招聘广告中职位名称直接来源于工作标识；工作内容从工作概要和岗位职责中提炼；任职要求从任职资格中提炼最重要的部分。其次，吸引到的求职者筛选指标包括学历、专业、工作经验、能力等，所有这些都直接或间接来源于工作说明书。最后，面试所要考察的要素，如能力、自信心、行业知识等也属于工作分析的贡献。此外，企业现有人员在内部岗位上的调整与流动也需要工作说明书作为参照。

---

① 李中斌：《工作分析理论与实务》，东北财经大学出版社 2011 年版，第 162 页。

② 彭剑锋：《职位分析技术与方法》，中国人民大学出版社 2004 年版，第 256 页。

（二）工作分析在培训中的应用

工作分析与培训的联系主要在于，管理者要了解某一岗位的任职资格，以此来判断现有任职者具备的能力是否与岗位相匹配。如果有差异，要通过培训让员工达到相应的资格要求，即岗位需要的任职能力可以通过培训来解决。这一过程要做到以下几点：首先，要明确岗位任职资格和能力要求，可通过工作分析来完成，通过查阅工作说明书明白培训要达到的能力要求；其次，要了解现有任职者的能力状况，这些信息需要通过绩效考核，并结合其他调查来获得；最后，以工作分析为基础，结合以上情况明白对现有任职者怎么培训以及培训内容。

（三）工作分析在绩效考核中的应用

首先，工作说明书中有关工作职责的描述有助于清晰地设定管理目标，是给员工下达管理目标的凭据。岗位的直接上级可以随时查阅工作说明书，以便有效开展对员工的目标管理工作。①

其次，开展绩效考核时，一个基本要求是提前设计绩效考核指标，而考核指标来源于工作职责或工作内容。一般来说，员工考核指标包括：第一，从公司层面分解下来的指标，所有员工都或多或少承担一定的责任，员工根据岗位职责会承担部分工作；第二，根据工作说明书中本岗位的职责提取出的指标。另外，还有一些临时性的工作可能也需要提取指标。所有考核指标大部分来源于岗位职责。

此外，绩效考核也具有检验的功效。如果员工达不到绩效标准，这时就要反思是员工能力问题还是考核指标设计不合理，是否需要调整，这些都可以通过绩效考核进行检验。

（四）工作分析在薪酬管理中的应用

现有企业薪酬支付的基础绝大部分还是以岗位为基础，虽然也有绩效薪酬、技能薪酬，但这些都离不开岗位。在岗位薪酬体系下，薪酬政策是由工作评价结果决定的。通过工作分析和工作评价，确定企业内部岗位的相对价值，依据说明书确定相关岗位的薪酬水平，建立有竞争力的薪酬体系。

---

① 杨岗松：《岗位分析和评价从入门到精通》，清华大学出版社 2015 年版，第 42 页。

三、工作说明书的维护

工作说明书是静态文件，但其内容必须动态调整。公司的岗位发生变化，如职位增加或撤销，某项工作的职责或内容发生了变化，工作说明书的内容也要及时做出相应的调整与改变。一般经过 1~2 年，就需要对工作说明书进行全面的修正与提升；工作说明书的结构可以不变；工作说明书的培训是非常重要、必不可少的。[①]

工作说明书的调整一般由部门负责人向人力资源部提出申请并填写修改表，人力资源部收集信息并审核修改。

思考题

1. 什么是工作分析的内涵及原则？
2. 工作分析在人力资源规划、招聘等方面的作用有哪些？
3. 试述工作分析的主要方法。
4. 试述工作分析的实施流程。
5. 试述岗位类别。
6. 试述定岗定编的方法。
7. 试述岗位评价方法。
8. 请说明岗位说明书的编写及应用。

① 吕嵘、唐晓斌：《让狐狸挑起担子来 如何编写岗位说明书》，中国经济出版社 2004 年版，第 137、146 页。

第四章　招聘与配置

本章学习要点：

1. 掌握员工招聘的工作流程
2. 掌握简历筛选的技巧
3. 掌握笔试和面试的技巧
4. 了解招聘甄选过程中的法律风险及其防范
5. 了解员工配置的基本方法

随着5G、人工智能、区块链等新技术、新业态的蓬勃兴起，数字经济的发展已成为当代不可逆转的趋势。党的二十大报告首次将科技、教育、人才统筹一体部署，强调把人才作为支撑发展的第一资源，是实现中国式现代化的关键。人才的重要性日益凸显，在人力资源管理中，招聘对企业选人、用人、育人有着至关重要的作用。作为人力资源从业者，应与时俱进，为企业吸纳优秀人才并进行合理有效配置。在这个过程中需要注意两点：第一，了解和掌握招聘的基本工作流程和技巧；第二，在招聘过程中做好法律风险的防范。

招聘是经常性的工作，工作内容看似简单、易操作，实质上却是一项技术活。原因在于：

第一，招聘工作会消耗大量的人力、财力、物力。人力资源管理的最终目标是提高企业的生产率，为达成这一目标，就要降低成本花费，因此，企业在进行招聘时并不是招的人员数量越多越好，而是要结合用人需求，慎重做出决策。

第二，招聘专员犹如伯乐，招到与岗位相匹配的人员能达到事半功倍的效果，优秀的员工会在企业组织变革、管理变革、技术创新等方面为企业增添活力，促进企业的发展。

第一节　员工招聘概述

一、招聘的概念

招聘是指以企业发展为目的，由人力资源部门和其他部门通过明确招聘需求，吸引、选拔人才到本企业中工作任职的过程。招聘是人力资源管理的首要环节，对企业的生存和发展有着重要的意义和价值。

二、招聘工作的流程

从招聘的定义及意义可知，招聘工作是一项严肃而重要的工作，根据员工招聘的一般程序，我们将其具体工作分成三个阶段，主要包括六个步骤，每个阶段逐一递进（见图 4-1）。

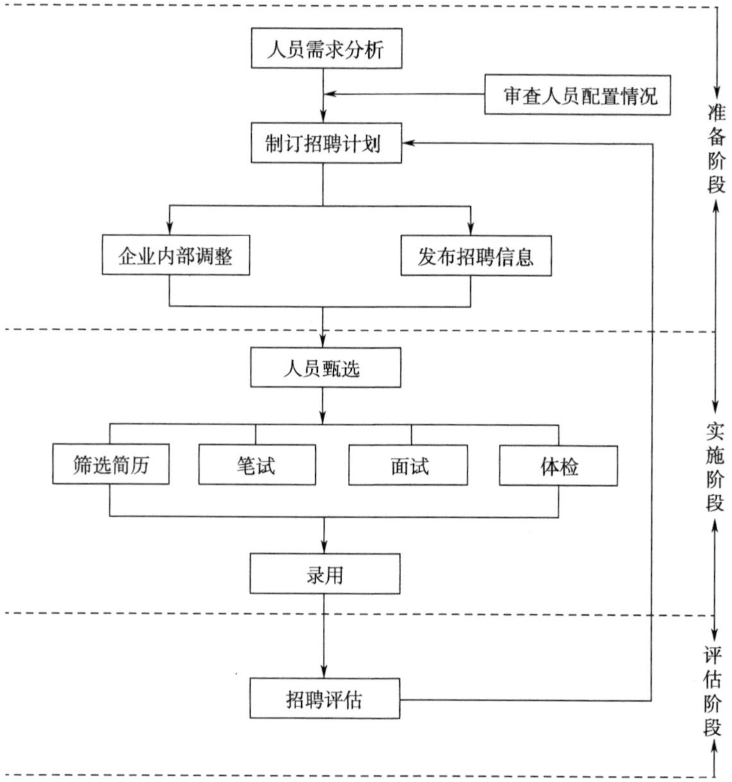

图 4-1　招聘工作流程图

（一）招聘准备阶段

1. 招聘需求分析

需求分析是指在招聘员工时，对所需人才类型的综合考量分析，解决“企业到底需要什么样的人和需要多少人”这些问题，为下一步招聘指明方向。

2. 制订招聘计划

招聘计划主要由企业人力资源部和用人部门根据劳动力市场情况和企业招聘需求共同协商制定。现实中，一些中小企业总是会忽视招聘计划的重要性，影响后期工作的开展，因此，人力资源部门应对招聘计划的制订工作引起重视。

（二）招聘实施阶段

1. 招聘

制订完招聘计划后，则开始按照计划进行员工招聘。招聘主要是通过特定渠道发布信息，收集简历信息，根据招聘需求和计划筛选简历的过程。

2. 选拔

选拔是通过初步筛选、笔试、面试等多种方式选取符合企业要求的员工的过程。通过对申请者能力的考察和分析，选取最匹配的员工。在选拔阶段，通常需要人力资源部和其他部门的领导相互配合。

3. 录用

录用是通过一系列选拔考察后，综合分析结果，做出决策和发布通知的阶段，并对录用者进行上岗引导和新员工访查等收尾工作。

（三）招聘效果评估阶段

评估是对前期招聘的结果和使用的方法进行总结评价的过程，评估直接关系到招聘的效率和成本等问题。

第二节　员工招聘准备阶段

一、员工招聘需求分析

（一）招聘需求分析概述

员工招聘需求是在人力资源规划的基础上，根据用人部门各岗位的需求量决定的，其意义在于补足空缺岗位，满足企业用工需求，同时有利于节约招聘成本，提高招聘效率及企业竞争力。人力资源需求的具体预测技术在第二章中已详细阐述，本章不再赘述。招聘需求分析通常是由用人部门发起申请，向人力资源部提交用人需求申请表。

收到用人部门填写的用人需求申请表后，招聘专员要有辨析真假招聘需求的意识，以防得到假的招聘需求，必要时可以去用人部门观察和访问。实际上，要辨别真假招聘需求，就需要招聘专员全面深入地了解各项业务，评估用人需求的合理性。同时，基于对所需岗位的了解，在面试沟通过程中能做到精准吸引目标人选。

（二）招聘需求分析方法

第一，判断需求的真假。主要采用七问分析法（5W2H 分析法），看用人部门填写的申请表中对空缺岗位具体的工作要求是否明确，了解用人部门需要什么样的人，确定招聘需求的提出者是谁，明确招聘形式和工作周期，明确所需岗位的情况，确定空缺岗位所需的人数。①

第二，进行招聘需求分析。

（1）搜集岗位信息。搜集包括岗位说明书、团队结构、组织架构等信息，并且可以通过实地考察、访谈等手动方式收集信息。

（2）整理提炼岗位信息。对收集来的岗位信息进行整理，主要提炼以下四个方面的内容：岗位职责、企业文化要求、团队氛围、企业未来发展方向。

（3）汇总岗位的用人要求。

（4）选择重点考察的内容。在招聘过程中，要重点考察应聘者在短时间内是否能很快上岗、同竞争者相比应聘者是否足够优秀等。

二、制订招聘计划

招聘计划是人力资源部结合用人部门提交的用工计划和企业用工总额来制订的。通常招聘计划完成后，需要上级主管领导签字审批才能进入实施阶段。一份招聘计划通常包括以下几个方面：

（一）招聘范围

招聘范围主要是指组织根据空缺职位来确定招聘的地域范围。通常

---

① 王双双："七问分析法，'问'出真实招聘需求"，《人力资源》，2020 年第 23 期。

情况下，空缺职位对招聘者的要求越高，招聘的范围就越大。

（二）招聘规模

招聘规模主要是指组织根据需要的人数来确定求职者人数。因为在简历、笔试、面试筛选过程中总会按照一定的比例淘汰一部分人，所以需要确定求职者的人数，经过层层筛选，才有可能招聘到最想要的合格的求职者。

（三）招聘时间

招聘时间是指整个招聘活动的时间进度安排以及所需花费的总时间长度。招聘时间通常取决于空缺职位需求的紧急程度。

（四）招聘预算

招聘预算主要是指整个招聘活动所需花费的总费用。

（五）招聘渠道

招聘渠道是指组织根据用人部门空缺岗位的情况，选择招聘的途径、方式或目标人群。企业通常会有多种招聘途径和渠道，按照求职者的来源，主要分为内部和外部两种招聘渠道。内部招聘渠道是指企业内部通过轮换、调换、晋升等方式选拔人才的过程；根据招聘对象，又可以分为校园招聘和社会招聘；根据招聘机构，主要包括企业自行组织招聘和委托相关机构招聘，如宣讲会、网络招聘、中介机构等。外部招聘是当有用人需求时，从企业外部选拔人才填补职位空缺的过程。

每种渠道都有各自的优点和缺点，在招聘过程中，需要结合招聘岗位以及所需员工的特点选择相应的招聘渠道。例如，当企业寻求高级别人员时，可以选择通过猎头公司进行招聘；当企业选择自我培养人才时，则可以选择校园招聘。

三、招聘信息的发布

确定了招聘渠道后，招聘专员就可以根据用工需求情况发布招聘信息，收集应聘者简历，为下一步人员甄选奠定基础。

（一）招聘信息优缺点比较

发布招聘信息是指在招聘渠道上向应聘人群传递空缺岗位的任职要求等相关信息。一般情况下，企业会采用多种招聘渠道发布信息。不同的招聘渠道发布的招聘信息也有优缺点之分，表 4-1 对不同的招聘渠道进行了比较。

表 4-1 不同招聘渠道发布的信息比较

渠道	优点	缺点	使用条件
企业官网	招聘成本较低	作用有限 前提是企业知名度高，求职者目标明确	适用于一些大企业，如华为等
招聘网站	效率高 节约招聘成本	限制了特殊群体的访问 不利于信息的辨识	根据企业员工的身份和职位需求，使用不同类型的网站
电视媒体	容易被大众发现	成本高，耗时长 传递信息简短 缺乏持续性 应用范围有限	当企业急需扩大影响时
宣传材料	便于求职者阅读 具有灵活性	成本低 前提是求职者在招聘现场	适用于一些特殊场合，如公开招聘会、就业交流会等

（二）发布招聘信息需注意的问题

发布招聘信息主要根据员工招聘需求、岗位说明书和现有的招聘渠道编写。招聘专员在发布招聘信息时要注意以下四个方面：

第一，一定要以明确岗位需求为前提。根据企业的实际情况进行岗位描述，务必要简洁、明确，以免因职位的任职要求不清晰导致收入大量无效简历。

第二，在招聘信息中加入一些关键词，容易增加搜索的概率。

第三，薪资范畴要符合市场行情，不能随意填写，可以根据公司实际获得过的最高额度为上限。

第四，发布的招聘信息中应避免就业歧视。

第三节 员工招聘实施阶段

员工招聘的实施阶段主要包括筛选简历、笔试、面试等步骤。下面根据招聘实施的过程逐一进行讲解。

一、筛选简历

在完成招聘信息发布后，招聘专员开始从投入企业的简历中筛选合适的人选，简历的筛选是对应聘者进行资格审查的重要环节。

（一）简历筛选标准

筛选简历工作看似简单，实际上需要人力资源从业者根据空缺岗位的需求条件和劳动力市场情况等进行筛选，需要人力资源从业者熟悉不同的岗位职责和任职条件等，并具备一定的判断能力。一般情况下，主要分为硬件标准和软件标准两大类。

硬件标准在筛选过程中直接起到“判否”的作用，属于基础性条件，一旦不符合岗位要求，可以直接决定简历的去留。例如，简历中个人的基本信息情况（学历、资格水平）和自我期望（薪资要求、上班地点）等。软件标准属于择优条件，即在求职者达到硬性标准的前提下，通过比较应聘者的工作经验、社会关系、荣誉成就等条件，择优筛选。[①]

除了考虑筛选标准外，还要注意简历中的跳槽频率、工作时间间隔、工作行业跨度等信息。

（二）筛选简历的方法

简历筛选涉及很多方面，招聘专员需掌握一些简历筛选技巧，才能快速地招到合适人选。审查一份简历，可以从以下几个方面进行筛选：

1. 看简历的整体情况

企业每天都会收到大量简历，通常看一份简历需要花费几十秒至两三分钟的时间，而主要的依据之一就是简历是否美观、整洁。从简历的整体情况可以看出求职者是否用心，态度是否认真。大致迅速浏览简历，查看简历样式、书写格式等，最终会得出一个基本印象分数，为后续工作做铺垫。

2. 审查简历的详细内容

（1）在浏览简历时，首先要查看求职者的基本信息情况，如性别、年龄、婚姻情况、家庭住址等。把这些信息与所应聘的岗位条件相比

---

① 从容：“简历信息的筛选技巧”，《人力资源》，2012 年第 7 期。

较，若不符合，则可以快速筛选掉，不需要再进行下一步。例如，招聘专员要为公司招聘一名财务经理，要求年龄不能太小，自己开车上班或家住公司附近的可优先考虑。根据该岗位的硬性要求，招聘专员会将不符合年龄、地点条件的简历全部过滤掉。

（2）要特别注意查看教育背景，主要包含教育和培训两方面的经历。一般情况下，主要查看第一学历和最高学历以及教育类别。查看培训经历时，要重点查看培训内容、培训所获得的证书是否与招聘的岗位对口。

（3）查看薪资情况。一般简历会注明期望薪资，通过期望薪资与职位招聘薪资的比较，如发现求职者的薪资要求过高或过低，则可快速筛选掉。

（4）查看工作经历。工作经历是简历主要的筛选部分，也是花费精力最多的部分。一个人工作经历的长短、工作内容、工作单位、工作的连续性等都是需重点查看的内容。例如，求职者的工作经历不连续，则需要在面试过程中询问求职者，除非有合理的解释，否则不予考虑。此外，要注意描述的逻辑性，判断简历中是否存在虚假成分。

（5）查看个人评价与描述，不作为简历筛选的重要标准，但是可以简单关注，主要判断求职者自我评价是否和应聘岗位要求相符。

3. 注意求职登记表与简历匹配度

一般招聘企业会要求应聘者填写求职登记表，该表和简历格式相似，其主要目的是让应聘者查漏补缺以及核实信息。招聘专员应注意求职登记表和简历的匹配度，对于存在有关信息确实不相符的情况，应在面试环节加以询问和核实。

二、笔试

筛选完简历后，开始电话或邮件通知符合职位要求的求职者，进入选拔阶段。选拔阶段主要有笔试、面试或其他选拔方法。

（一）笔试的适用范围

笔试的目的主要是测试求职者的基本知识、专业知识和素质能力，衡量与招聘岗位的匹配度和适应性。

（二）笔试的流程

笔试的流程主要包括四步（见图 4-2）。

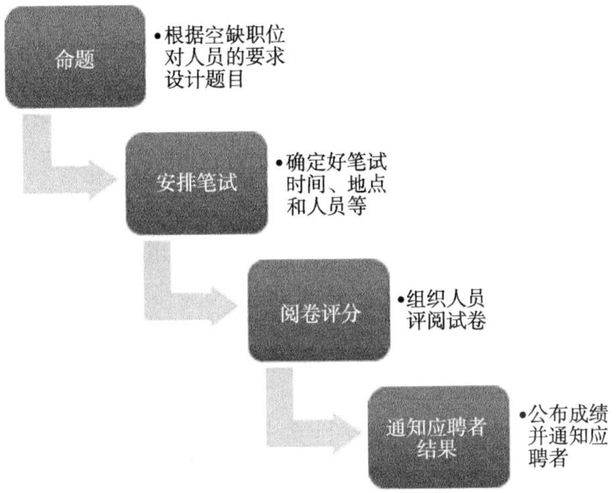

图 4-2　笔试流程图

第一，命题。根据空缺岗位职责对人员的要求设计题目。

第二，组织安排应聘者笔试，确定好笔试的时间、地点和人员等。

第三，阅卷评分。组织人员对笔试试卷进行评阅，并做好成绩汇总工作。

第四，公布成绩，通知应聘者。笔试结果出来后，向应聘者公布成绩，并告知应聘者是否进入下一环节。

(三) 提高笔试有效性应注意的问题

充分利用笔试，甄选出与岗位相匹配的求职者，应注意以下问题：

第一，命题要恰当；

第二，评阅计分规则要公平；

第三，阅卷及成绩复核要公正。

三、面试

(一) 面试概述

与笔试相比，面试是最常用且必不可少的测试手段。有研究表明，70%的美国企业在招聘过程中会使用某种形式的面试。面试是指由面试官与应聘者按照预先设计好的程序，在特定的时间和地点面对面交谈、沟通和相互观察的过程，其主要目的是测试应聘者的知识、经验等能力。面试应用范围广，在员工初选、中选和终选阶段均适用。

通常根据标准程度，可以将面试划分为两类：结构化面试与非结构化面试。

结构化面试是指提前准备好面试的问题和提问顺序，面试官对每个应聘者进行内容相同的提问。结构化面试具有内容确定、程序严格、评分统一等特点，多用于公务员和事业单位招考的面试中。

非结构化面试是指面试中没有既定的流程和问题框架，面试官可以相对随意地向应聘者提出问题。在非结构化面试中，比较成熟、已经相对规范化的方法有文件框测验、无领导小组讨论、角色扮演等。

（二）面试的方法

面试有多种方法，常用的有行为描述法、压力面试法、情景模拟法等。

1. 行为描述法

行为描述法主要是面试官请应聘者对过去的经历进行描述，以了解其行为模式，结合应聘岗位的要求，预测其在本企业发展中所采取的行为表现。该方法属于特殊的结构化面试，通常包含四个因素，即“STAR”（见图 4-3）。

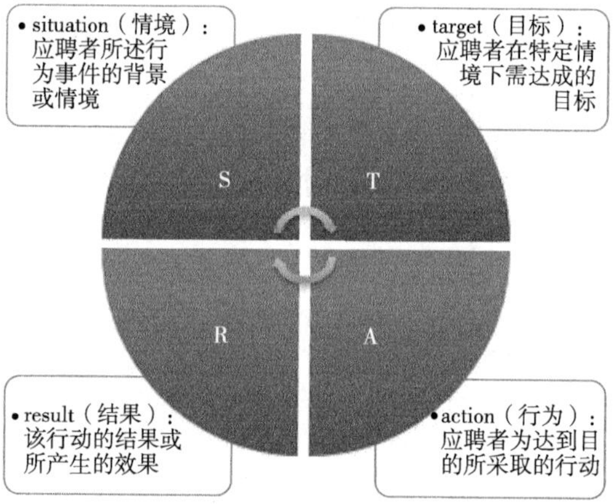

图 4-3 STAR 四要素

行为描述法如何使用呢？下面我们举例说明。假如你是一名面试官，要面试一名应聘销售岗位的人员，为了考察其销售能力，你可以向他提问：“请描述你在进行销售时，最成功的一次经历。”待应聘者回答后，还可以对其进行引导性提问：“我们公司的销售任务可能会更具有挑战性，那么，您将如何保证顺利完成这次销售任务呢?”采用行为描述法面试时，需注意如图 4-4 所示的事项。

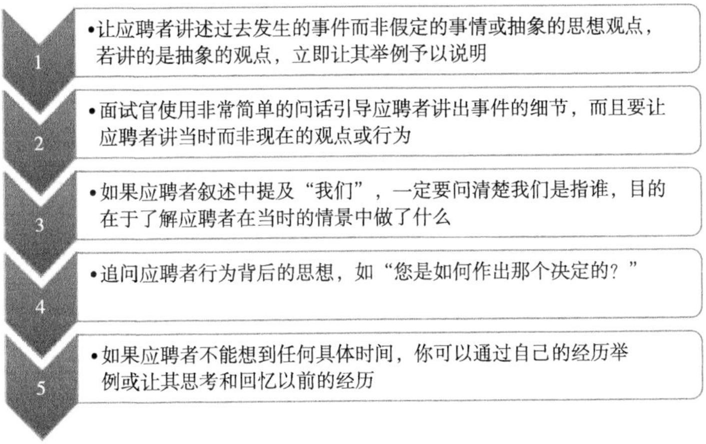

图 4-4　行为描述法面试时的注意事项

2. 压力面试法

压力面试是指在面试官向应聘者提出一些事先设计好的、具有一定难度的非常规性问题，通过追问或质问的方式营造一种紧张的气氛，观察应聘者在压力情境下的灵活应变能力以及深层次的心理素质等。压力面试法主要适用于要求人员具有较高的心理承受能力的岗位。

压力问题的设计来源主要包括企业需求、岗位胜任能力以及简历和面试的过程三个方面，具体而言，即企业的素质模型、招聘岗位的素质模型以及存在的疑点（见表 4-2）。

表 4-2　压力面试问题设计

问题来源	主要依据	目的	问题设计方向	具体问题举例
企业的素质模型	根据企业的文化氛围、用人政策和用人标准来选拔合适人选	考察应聘者的文化适应性	提出抽象或者负责的问题，考察应聘者的领导力、创造力、价值观等	描述公司 LOGO 的寓意发展对你意味着什么?

续 表

问题来源	主要依据	目的	问题设计方向	具体问题举例
空缺岗位的素质模型	根据空缺岗位的职责要求来进行设计	考察应聘者的岗位胜任力	对应聘者专业知识、专业技能以及工作态度进行提问	你负责招聘工作，当通过公司招聘渠道招不到合适人选时，你会怎么做?
存在的疑点	根据简历中存在的疑点或面试中的错误设计相应的问题	暴露应聘者背后的真实情况	找碴儿，即对候选人表示质疑或者否定	在你的简历中，没有突出的业绩，如何让我们相信你有胜任这份工作的能力?

需要注意的是，在面试过程中，勿单一使用此种方法，同时要谨慎设计试题，以免引起不必要的误会。

3. 情景模拟法

所谓情景模拟法，是根据应聘者可能担任的职务，为考察应聘者的工作胜任能力、心理素质等，编制一套与该职务情况相似的测试题目，并将应聘者安排在模拟的工作环境中，要求其处理一些可能出现的问题。此方法适用于招聘服务人员、事务性工作人员、管理人员等。情景模拟包括许多方法，主要有公文处理测试法、无领导小组讨论法、角色扮演法等。这里我们主要介绍前两种方法。

（1）公文处理测试法。公文处理测试又称文件筐测试，是指在特定的模拟环境下，面试官提供一些需处理的文件，要求应聘者在规定时间内完成，并且还要解释说明这样处理的原则和理由。通过这种方法，可以考查应试者对信息的收集和处理能力以及在管理方面的计划、组织协调能力等。实践中，公文处理测试法主要在评价和选拔管理人员培训时使用。

公文处理测试有严格的时间控制，具体过程如图 4-5 所示。

（2）无领导小组讨论法。无领导小组讨论是指一组应聘者组成临时小组，考官给定一个问题，要求小组成员分析讨论，并提出最终的解决方案。考官并不会指定负责人选，给应聘者充分发挥的空间，目的就是考察应聘者的自信心、组织协调能力等综合表现，通过比较，选择与应聘岗位最匹配的人选。无领导小组讨论原则上适用于那些经常与

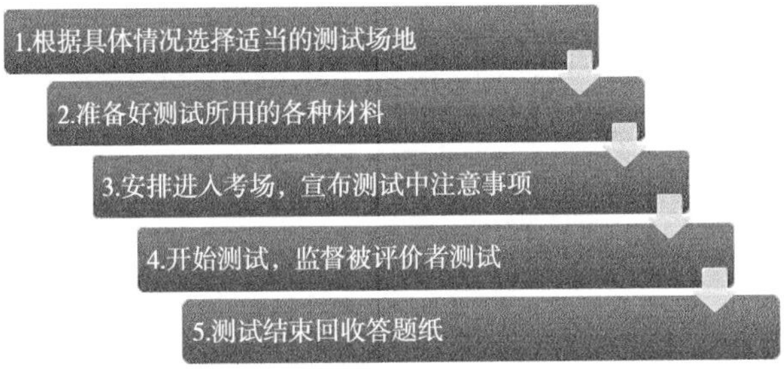

图 4-5 公文处理测试的实施过程

“人”打交道的岗位，如中高层管理人员、行政管理人员、营销人员等。

那么，如何开展无领导小组讨论呢？具体可分为四个阶段（见图 4-6）。

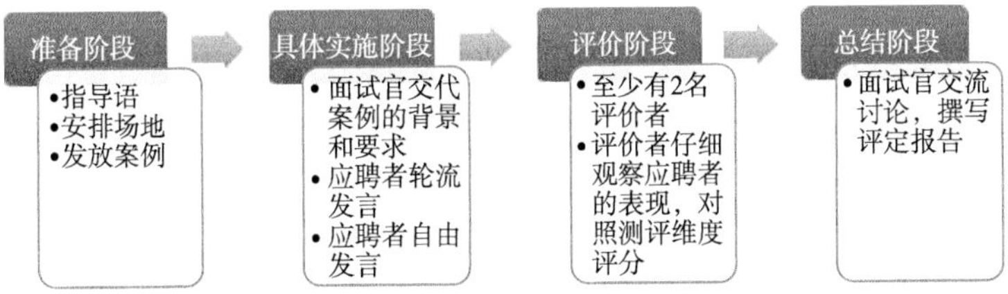

图 4-6 无领导小组开展步骤

阶段一：准备。

首先，安排应聘者组成临时小组，为了组与组之间具有可比性，确定统一的指导语。将小组成员引入一间有一张圆桌、数把椅子的场地，营造一种所有应聘者处于同等地位的氛围。然后选择与应聘岗位要求相符合的案例，引导小组成员展开讨论。

阶段二：具体实施。

一般在面试官交代完题目的背景和要求后，首先由应聘者轮流发表自己的观点，然后进入自由发言阶段。面试官在这一过程中不出面，也不干预，完全由应聘者自发进行，最终由应聘者形成统一的观点或结论。

阶段三：评价。

在小组讨论过程中，面试官观察小组成员的表现，包括应聘者的举止仪表、人际交往能力、分析能力等，并且沿既定测评维度进行评分。通常要求至少有 2 名面试官参与，以相互检查评分结果。需要注意的是，面试官一定要公正、客观地评价应聘者，不能带有种族、性别、民族、资历等方面的成见。

阶段四：总结。

当小组成员完成讨论后，所有面试官需彼此交流讨论看法，撰写评定报告。

（三）面试的实施程序

面试的程序主要包括面试准备、面试实施、面试结束、面试总结评估四个阶段（见图 4-7）。

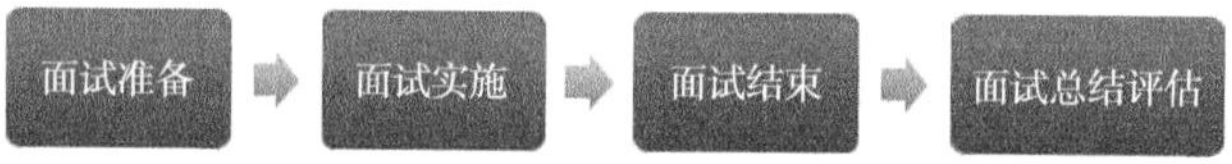

图 4-7　面试的实施程序

1. 面试准备

在面试前，招聘专员要做好准备工作，包括准备面试问题，安排面试人员、地点和时间，制定评估表等。

2. 面试实施

正式进入面试阶段后，主要分为两步：

首先，面试官要努力营造和谐的气氛，缓解求职者的紧张和焦虑，使双方建立一种亲密、信任的关系，例如，面试官可以先与求职者寒暄，请其简单介绍自己的情况；然后解释本次面试的目的和流程，便于控制面试活动。

其次，逐渐深入话题，对应聘者进行实际性的探索。提问的内容可结合简历和申请表，询问应聘者过去的经历，尽量让其用实例来表达自己的想法。

3. 面试结束

一般情况下，面试官提问完毕后会给应聘者提问的时间，例如，面试官可以问“您还有什么需要了解的吗？”等，这样也体现出对应聘者的尊重。

除了上述情形外，还要注意以下几个要点：第一，面试官需要说明下一步的程序；第二，无论应聘者是否会被录用，都要真诚地向应聘者表示感谢；第三，在面试下一位应聘者前，记录好上一位应聘者的情况；第四，不要轻易许诺自己不确定的事情，以免给应聘者造成心理上的打击，同时也会对公司的形象造成影响。

4. 面试总结评估

面试总结评估就是对应聘者在面试中的表现进行评估，即在面试结束后整理面试记录，综合面试情况和反馈的面试结果，例如，了解双方更具体的要求，关于应聘者对薪酬的要求等，最后填写面试评价表，写下意见。

（四）面试存在的误区

面试官在进行面试的过程中可能会存在一些误区，这些错误的操作很容易影响面试的最终效果，主要包括以下常见的错误。

1. 首因效应

首因效应也称“第一印象”，即面试官在面试开始的几分钟或者面试前获取资料（如个人简历、笔试情况等）中得到的第一印象，凭借第一印象对应聘者做出评判，随后的面试过程通常也改变不了这一判断。

2. 晕轮效应

晕轮效应是指面试官过度关注应聘者的某个特别突出的特征，从而掩盖了对其他方面品质和特点的正确认识，容易形成偏见。要避免这一问题，面试官本人一定要紧密围绕主题，从多角度出发去考察应聘者，不能仅仅关注应聘者的某一方面，以便做出对其整体的判断。

3. 类我效应

类我效应是指在面试过程中，面试官用自身的兴趣爱好等去评价应试者的心理趋势，却忽略了应试者在面试中的具体表现。例如，面试官可能会对与自己有相同之处（老乡、校友、相似工作经历等）的应聘者比较宽容，因此面试官应该最大限度地消除由于个人评价角度、欣赏水平的不一致而产生的误差。

4. 刻板效应

刻板效应是指面试官根据对应聘者所在团体形成的一般看法和评价，以此来要求应聘者具有相同的属性，而忽视了应聘者的个体差异。如喜欢化妆的人不会很勤奋等，这种思想很容易导致面试有失公允和客观。

（五）面试过程中的法律风险及其防范

近年来，由于就业竞争激烈，应聘者简历造假、伪造资格证书、隐瞒年龄、婚姻状况等行为屡见不鲜。通常人们更多地强调组织“如实告知”的义务，而对员工则会更多地强调“知情权”。实际上，无论是组织还是应聘者，均有知悉对方基本情况的知情权。《中华人民共和国劳动合同法》（简称《劳动合同法》）第八条对此做了相关规定。

四、其他测试方法

除了笔试、面试外，企业还会运用其他测试方法甄选员工，如身体测试、心理测试等。身体测试是通过测试求职者的身体能力来衡量其是否适合某些特殊岗位要求的方法，目前新员工的入职体检就属于身体测试的一种简化形式。

心理测试是一种心理学研究方法，又称心理测评或心理测试测验，是指测试者通过一些心理学方法对被测试者的能力水平和人格特点等方面进行测评，主要包括兴趣测试、情商测试、能力测试等。

五、员工录用管理

经过简历筛选、笔试和面试，确定了合适的空缺岗位人选后，接下来要做的就是开始员工录用工作，发出录用通知，邀请新员工入职。此过程主要分两个阶段：员工录用决策管理阶段和人员试用期间管理阶段。

（一）员工录用决策管理阶段

1. 员工录用决策工作流程

员工的录用决策结果是由组织和应聘者双方决定的。组织对应聘者发出录用通知后，应聘者也要反馈最终的决定，双方的回答直接关系到录用管理的成败。那么，员工录用工作的具体工作流程是什么呢？员工录用决策的具体工作流程如图 4-8 所示。

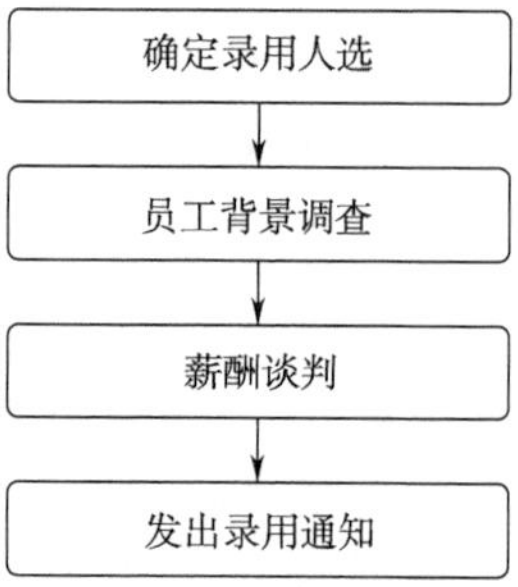

图 4-8　员工录用流程

（1）确定录用人选。对应聘者进行笔试、面试等多种手段的选拔评估后，根据应聘者在选拔过程中的表现以及预先确定好的录用标准确定录用人选。录用决策一般是由各用人部门的主管做出的，由人力资源部完成后续录用过程。

（2）员工背景调查。在做出最终的录用决策前，需要人力资源部对选定的人选进行背景调查，主要是通过联系应聘者原单位的领导或人力资源部等了解应聘者的相关情况，核实应聘者个人履历信息的真实性。需注意的是，并不是对所有的应聘人员都要进行背景调查，这样会花费人力资源部大量的人力、财力，要根据具体情况区别处理。

（3）薪酬谈判。除了可替代性强的基层岗位外，组织通常会在做出初步录用决策后进行薪酬谈判。薪酬一般由薪资和福利两部分组成。

（4）发出录用通知。当核实完应聘者的真实信息后，HR 向拟录用人员通过电子邮件、电话等方式发出录用通知（见图 4-9），告知其录用决定以及后续事项。

录用通知书

尊敬的　　　　先生/女士：

您应聘本公司　　职位一事，经面试合格，决定用录。请于　　年　月　日　时之前，携带下列证件、资料到本公司人力资源部报道。

1. 公民身份证原件。
2. 毕业证书、学位证书原件，其他与工作相关的资质证明原件。
3. 体验证明（区、市级以上医院开具）。
4. 一寸免冠彩色照片 2 张。
5. 农业银行储蓄卡。

如不能按时报到，请事先与我们联系，否则逾期将作为自动放弃处理。

祝您在本公司工作愉快！

××公司人力资源部（公章）

年　月　日

图 4-9　录用通知书示例

原则上，对于未被录用者，企业也应及时告知对方，向其发出辞谢通知（见图 4-10），这也是录用决策过程必不可少的环节，有助于树立良好的企业形象。但是一些企业往往会忽略这一环节的重要性，并不会回复未被录用的应聘者。其实，这样既有损企业的品牌形象，也会影响应聘者寻找工作的进程和时间。

致谢信

尊敬的　　先生/女士：

十分感谢您于　　月　　日来参加我公司面试，竞争　　一职，您对我们企业的支持，我们不胜感激。您在应聘该职位时表现出了许多方面的潜质，对此，我们印象深刻，只是某些方面暂时与本次招募的职位欠缺吻合。我们已将您的有关资料备案，并会保留半年，如果有新的空缺，我们会优先考虑您。

感谢您能够理解我们的决定。祝您早日找到理想的工作。对您热诚应聘我们公司，再次表示感谢！

××公司人力资源部（公章）

年　　月　　日

图 4-10　致谢信示例

2. 录用的方式策略

员工录用决策是对应聘者选拔评估后综合考量的结果。选拔方法通常有以下三种：[①]

（1）多重淘汰式。多重淘汰式是指选拔人员时要进行多种测试，只有当所有的测试均达到合格的标准时才不会被淘汰，然后对成绩合格的人员按照成绩高低进行排名，择优录用。

（2）互为补偿式。互为补偿式是指应聘者要通过不同的测试，对不同岗位各项目权重和得分的成绩进行累加，根据总成绩的高低做出录用决定。例如，公务员考试要经过笔试、面试两种测试方法，笔试权重占 60%，面试占 40%，假如有两人参加考试，甲笔试得分 80，乙笔试得分 90，甲、乙的面试成绩分别为 92、91，根据互为补偿式策略，甲综合成绩为 84.8，乙综合成绩为 90.4，则最终会录用乙。

（3）结合式。结合式是指由淘汰性和互为补偿式的测试方法相结

① 赵曙明、李亚慧等：《人力资源管理理论、方法、工具、实务》，人民邮电出版社 2014 年版，第 111 页。

合，应聘者只有先通过淘汰式的测试，才能进行补偿式测试，最后根据应聘者的综合成绩确定最终的录用人选。

（二）人员试用期间管理阶段

当录用人员携带录用通知书等资料到企业人力资源部报到时，还要对体检报告、证书等资料进行核对，特别是要查看体检结果，目的是查验录用者的身体状况是否符合空缺岗位的要求。

接下来就进入人员试用期间管理阶段，包括签订劳动合同、进行入职培训等环节。员工试用期是指从新员工报到上班开始至转为正式员工前所需的时间，在此期间，要经历岗前培训、岗位熟悉等过程。

1. 签订劳动合同

企业与录用人员签订劳动合同，以法律形式明确双方的权利与义务。需注意的是，企业从录用员工的第一天起，就应该和员工签订劳动合同，否则会有支付其经济补偿金的风险。详细情况可参考《劳动合同法》第七条的规定。另外，如果应聘者是应届毕业生，人力资源部经理与录用人员及其学校需共同签订三方协议。

2. 入职培训

新员工进入企业后，人力资源部需安排时间对其进行岗前培训，又称为新员工培训，目的是引导新员工尽快熟悉和了解工作环境、职责等。培训的内容主要包括：介绍企业历史文化、组织结构、规章制度等。一般培训完成后会对新员工进行考核，考核结果直接影响员工是否能够转正。

3. 正式录用

当新员工试用期满并且考察合格后，就会被企业录用，成为企业的正式一员，即我们通常所说的“转正”。这时，招聘专员需要让员工填写转正申请表，提出转正申请，然后为员工办理转正手续，并建立员工档案等。

需注意的是，试用期的长短并不是随意决定的，根据《劳动合同法》的规定，劳动合同的期限决定了试用期的时间。如签订 2 年的劳动合同，则试用期不能超过 2 个月。

第四节 招聘效果评估阶段

一、招聘效果评估概述

招聘效果评估是招聘程序的最后一个环节，也是必不可少的一环，企业在完成招募、选拔、录用等工作之后，就应该对招聘工作的各项活动进行统计和评估。主要包括对录用员工的绩效、工作潜力等招聘质量、成本、方法的评估。

进行招聘效果评估有助于检验招聘效率、改进招聘方法、提高招聘质量，同时能够为组织节省开支。招聘效果评估主要考察两个方面：招聘的成本效益，数量和质量。

二、评估指标①

（一）招聘的成本效益评估

评估招聘的成本和效益以及分析成本构成，目的是找出招聘工作与企业的预算和期望存在的差异，为以后改进工作奠定基础。下面详细介绍招聘成本评估指标和招聘成本效益评估指标：

1. 招聘成本评估

招聘成本主要从招聘总成本和招聘单位成本两个角度加以评估。

（1）招聘总成本。招聘总成本是获取人力资源的成本，主要包括两部分：一是直接成本，包括招聘、选拔、录用、安置、招待等成本；二是间接成本，主要包括内部提升费用以及工作流动费用。

招聘总成本=直接成本+间接成本

直接成本=招募成本+选拔成本+录用成本+安置成本+招待成本

间接成本=内部提升费用+工作流动费用

举例：某家企业欲招聘4名销售主管，在招聘过程中产生了以下费用：招聘广告发布1 000元，租招聘会场500元，招聘面试人员累计工资性支出4 000元，内部提升培训费用2 500元，请计算该企业花费的招聘总成本。

---

① 杨河清、张琪：《人力资源管理》（第二版），东北财经大学出版社2010年版，第120~121页。

招聘总成本＝1 000+500+4 000+2 500＝8 000（元）

（2）单位招聘成本。单位招聘成本表示的是平均录用一人所花费的成本。单位招聘成本的高低取决于招聘总成本和实际录用人数的多少。

单位招聘成本＝招聘总成本÷实际录用人数

2. 招聘成本效益评估

（1）招聘成本效用评估。招聘成本效用评估，即评估分析招聘成本所产生的效果，主要包括四部分：招聘总成本效用、招募成本效用、选拔成本效用、人员录用效用等。

招聘总成本效用＝录用人数÷招聘总成本

招募成本效用＝应聘人数÷招募期间的费用

选拔成本效用＝被选中人数÷选拔期间的费用

人员录用效用＝证实录用人数÷录用期间费用

举例：某企业在 2021 年 3 月共招录了 2 名客服人员，1 名会计，3 名销售人员，招聘共花费 2 500 元，请计算招聘总成本效用。

招聘总成本效用＝（2+1+3）÷2 500＝0. 002 4

（2）招聘收益成本比

招聘收益成本比＝所有新员工为组织创造的总价值÷招聘总成本

举例：某企业在 2021 年 3 月共招录了 2 名客服人员，1 名会计，3 名销售人员，招聘总成本共花费 2 500 元，这些新员工在 3 月份为企业创造的总价值是 10 000 元，请计算招聘收益成本比。

招聘收益成本比＝10 000÷2 500＝4

（二）数量和质量评估

1. 数量评估

数量评估实际上指的是对录用人员的数量进行评估，分析评估的结果与招聘需求进行比较，查看是否满足招聘需求。其目的是找出招聘工作中的不足，更好地完善招聘工作。

录用比＝录用人数÷应聘人数×100%

招聘完成比＝录用人数÷计划招聘人数×100%

应聘比＝应聘人数÷计划招聘人数×100%

举例：某企业计划招聘 2 名销售员，通过智联招聘、前程无忧发布招聘信息，共收到 22 份简历，通过简历筛选来企业应聘的有 10 名，经过面试、体检环节，最终录用了 2 名，则：

录用比 $= 2 \div 10 \times 100\% = 20\%$

招聘完成比 $= 2 \div 2 \times 100\% = 100\%$

应聘比 $= 10 \div 2 \times 100\% = 500\%$

2. 质量评估

录用人员质量评估是指对录用人员的质量进行评估，一般可通过应聘比和录用比表示，除此之外，也可根据工作分析、招聘的要求对录用人员进行等级划分来确定其质量。例如，录用人员参加工作年数可以反映录用人员的工作经验和能力。①

第五节　员工配置

一、员工配置概述

（一）员工配置概念

员工配置是指根据岗位要求和员工的能力，将合适的员工安排到合适的工作岗位上，最大化发挥人才效用的过程。员工配置并不是简单地按招聘要求安排招聘或选拔活动，实际上，员工配置贯穿于人员获取、运用和留任的各个阶段。

（二）员工配置的重要性

员工配置是企业人力资源的难点和重点，对于组织和员工具有重要的意义。如果人力资源配置方案不得当，则会导致人岗不匹配，甚至会影响到组织绩效。反之，则会起到事半功倍的效果。

二、员工配置的方法②

员工配置的方法主要有 3 种，分别是以人为标准、以岗位为标准和以双向选择为标准进行配置。不同的配置方法会导致不同的录用结果。

（一）以人为标准

以人为标准指的是根据应聘者最高的得分项来安排岗位。需注意的是，可能会出现同一岗位同时有多人得分最高的情况，也可能出现同一岗位没有合适人选的情况。

---

① 瞿群臻、甘胜军：《人力资源管理：理论与实务》，清华大学出版社 2014 年版，第 146 页。

② 姚裕群、姚清：《招聘与配置》，东北财经大学出版社 2016 年版，第 224~231 页。

关于如何进行配置，这里以表 4-3 为例进行说明。假设在一次招聘中存在 5 个空缺岗位，有 7 位应聘者进行了测试，每位应聘者的得分情况如表 4-3 所示。根据以人为标准配置，其结果是甲从事岗位 1，戊从事岗位 2，丙从事岗位 3，岗位 4 空缺，乙从事岗位 5。

表 4-3　以人为标准配置示例

岗位	应聘者						
	甲	乙	丙	丁	戊	己	庚
1	**9.5**	8.5	7.0	7.0	6.5	6.5	**9.0**
2	8.5	8.0	7.5	7.5	**7.5**	7.0	8.5
3	9.0	7.0	**8.5**	**8.0**	5.5	**7.5**	8.0
4	8.0	7.0	7.5	6.5	7.0	7.0	8.5
5	8.5	**9.5**	7.5	6.0	7.0	7.0	6.5
7 位应聘者在 5 个岗位上的综合测试得分							

（二）以岗位为标准

以岗位为标准指的是从岗位需求的角度出发，根据每个岗位的最高分来选择最合适的人选。同样，该方法可能会导致几个岗位同时竞争同一个人。

以表 4-4 为例，依然假设在一次招聘中存在 5 个空缺岗位，有 7 位应聘者进行了测试，此次结果以岗位为标准进行配置。结果发现，应聘者甲从事岗位 1；庚从事岗位 2；虽然岗位 3 中甲分数最高，但甲从事了岗位 1，因此岗位 3 空缺；丁从事岗位 4；乙从事岗位 5。

表 4-4　以岗位为标准配置示例

岗位	应聘者						
	甲	乙	丙	丁	戊	己	庚
1	**9.5**	8.5	7.0	7.0	6.5	6.5	9.0
2	8.5	8.0	7.5	7.5	7.5	7.0	**8.5**
3	**9.0**	7.0	8.5	8.0	5.5	7.5	8.0
4	8.0	7.0	7.5	**8.5**	7.0	7.0	6.5
5	8.5	**9.5**	7.5	6.0	7.0	7.0	6.5
7 位应聘者在 5 个岗位上的综合测试得分							

（三）以双向选择为标准

通过上述示例可以看出，仅依靠以人为标准或以岗位为标准进行配置，均存在缺点，因此，可以尝试采用双向选择的方法进行配置。所谓双向选择，是指为了满足各岗位的人员配置要求，有必要在应聘者和岗位之间进行调整。

以表 4-5 为例，依然假设在一次招聘中存在 5 个空缺岗位，有 7 位应聘者进行了测试，此次结果根据双向选择的岗位配置的方法，结果是甲从事岗位 1，戊从事岗位 2，丙从事岗位 3，庚从事岗位 4，乙从事岗位 5。

表 4-5　以双向选择为标准配置示例

岗位	应聘者						
	甲	乙	丙	丁	戊	己	庚
1	**9.5**	**8.5**	7.0	7.0	6.5	6.5	**9.0**
2	**8.5**	**8.0**	**7.5**	**7.5**	**7.5**	7.0	**8.5**
3	**9.0**	7.0	**8.5**	**8.0**	5.5	**7.5**	**8.0**
4	**8.0**	7.0	**7.5**	6.5	7.0	7.0	**8.5**
5	**8.5**	**9.5**	7.5	6.0	7.0	7.0	6.5
7 位应聘者在 5 个岗位上的综合测试得分							

三、员工配置需注意的问题

在员工配置过程中，需注意以下几个问题：①

（一）资源约束

从企业整体的角度看，招聘意味着人力资源的增加，人工成本的提高，包括薪资、保险、福利以及管理成本等，因此，企业管理者应根据企业的发展状况和各部门承担的工作量，科学控制员工的数量。从企业部门的角度看，即使不考虑人工成本，也存在其他资源约束，晋升机会、评选先进机会、出国考察机会等都是部门内部资源，当部门人力资源超出可承担的正常资源约束范围，就很容易产生内部冲突，影响员工的工作积极性。

（二）打造多元化的员工队伍

在员工配置过程中，要注意结合员工的性别、性格、年龄、专业特

① 于光："企业部门人力资源配置应注意的几个问题"，《人力资源管理》，2014 年第 8 期。

长等因素，打造多元化的员工队伍。例如，老员工经验丰富、办事稳重，年轻人敢于创新、善于学习，二者搭配能够形成互补。不同专业背景的员工在一起讨论交流有利于拓展视野，激发创造力。

（三）保持员工队伍的稳定

各个部门中，岗位的不同会对员工有不同的能力水平要求，借用量子物理学的相关理论研究人力资源问题，将每个员工看作原子中的电子，在不同能级水平的轨道上运行。需注意的是，要按照能级对应的原则配置员工，充分发挥每个员工的能力，增强合力，增强员工队伍的稳定性。

（四）动态调整

员工队伍的稳定是相对的。随着企业发展变革以及员工能力的提升，以前合理的人员配置可能一段时间后就不再合理，因此，部门经理应及时更新岗位要求，动态追踪员工的变化情况，与员工多沟通交流，了解部门员工的职业发展规划，帮助他们制定职业发展目标，进一步实现组织与员工的同步发展。

思考题

1. 简述员工招聘的流程和步骤。
2. 简述如何筛选一份简历。
3. 员工甄选有哪些方法？
4. 如何对招聘效果进行评估？
5. 员工配置的基本方法有哪些？

第五章　培训与开发

本章学习要点：

1. 培训与开发的含义
2. 培训需求分析的内涵和方法
3. 培训方法的选择
4. 培训效果的转化与评估的含义以及评估的方法
5. 特定人员培训内容设计
6. 职业生涯的概念、理论以及职业生涯规划的步骤

案例导入

韩国三星电子（以下简称“三星”）的管理哲学是“利用我们的人力资源和技术创造卓越的产品和服务，并以此为实现一个更好的全球社会做出贡献”。在三星的五个核心价值观里面，人才被放在了第一位，因为三星充分相信世界上任何一家顶级的企业都是由人才所决定的，企业要为员工提供丰富的机会，充分发挥其潜能。

三星在全球的员工人数众多，那么，三星是如何开展员工培训工作的呢？

三星支持全球员工的成长与发展，把他们全体纳入统一的培训系统中进行管理。每年三星都会对全体员工进行一次 EDP 评估。所谓 EDP，是 expertise development process（专业技能开发过程）的简称，主要基于对员工个人专业知识和技能的评估，然后员工根据评估的结果来制订自己的年度培训计划。三星鼓励员工自主学习。

三星开展 EDP 时，会与它的人才盘点同时进行。三星的人才盘点命名为“STaR Sessions”。这与我们国内的人才盘点有所不同，三星的 STaR Sessions 是一个全面的人才培养流程，通过这个流程，员工可以设计自己的职业发展路径，并与他们的主管共同建立起一个清晰的未来发

展愿景；通过这个流程，三星的员工能申请到各种不同的人力资源开发项目，比如MBA、学术培训、区域专家课程或工作专家课程等。三星的STaR Sessions为员工提供了一个公平、透明的发展机会，他们可以体验到各种各样的创新和创意项目，同时也能为公司战略发展和组织需要在员工学习和发展系统中建立起基于候选人的人才库。

每年，超过2 000名员工通过STaR Sessions申请公司的学习和发展计划，从中长期的发展来看，三星正是通过这个流程管理着公司内最重要的候选人所组成的人才库。三星针对全球所有的员工，按照不同工种级别和职位提供不同的培训计划。该培训计划分成三个层次：核心计划、领导力计划和专技计划。每年，三星全球各地约有400万人次参加平均8小时的培训计划。

1. 核心计划

三星核心计划的目标是帮助所有员工获得归属感。所有的新员工在上岗之前必须参加岗前培训，主要是让他们理解三星的核心价值观、愿景及企业文化。在核心计划中，所有员工都会参与一个关于企业战略的领导变革研讨会，以帮助他们更加熟练地面对并专注于自己的工作。

2. 领导力计划

领导力计划的目标是为三星培养下一代的核心领导者。基于三星的领导力框架，公司针对不同级别的员工开展领导技能培训。这个领导力计划不只是局限于一个简单的培训计划，它还在公司实施了基于胜任（competency）特征的人员管理，这与整个企业的人力资源管理流程密切相关，包括招聘、评估以及劳动力管理。三星的领导力计划正在整个公司推广。考虑到这一点，它设计了为核心人才精心打造的课程，包括全球经理课程、全球总监课程、全球高管课程。

3. 专技计划

三星旨在通过专技计划将员工培养成各个行业领域的专家。三星有八项核心业务：研发、营销、销售、服务、物流、采购、制造和业务管理。三星高级技术研究院负责研发培训；三星营销学院负责营销/销售培训；全球技术中心负责生产制造培训；三星CS中心负责服务培训。这些机构全面为员工提供在职培训（on the job training，OJT）。

三星凭借以上三层培训计划所组成的培训系统来开发员工能力，培养核心人才，并针对员工个人的评估结果提供个性化定制的培训计划，尊重员工的个人意见和发展意愿，为他们在企业中找到自己的职业发展道路，并和企业一道建立起统一的发展愿景，提升了员工们的归属感。

第一节 人力资源培训与开发概述

一、培训与开发的含义

培训与开发是企业为了自身发展的需要，在综合考虑组织发展目标以及员工个人发展目标的基础上，针对员工的知识、技能和态度等方面进行一系列有计划的学习和发掘潜能的行为过程。

培训和开发的共同之处在于二者的目标都是从提升员工的能力出发，以此提高员工的个人业绩，进一步实现企业的发展战略；再者，培训与开发的实施主体都是企业，接收者都是企业员工。二者的区别在于：第一，培训侧重于短期的提升，目的是让员工掌握企业发展当前所需要的知识和技能；而开发更关注长期的发展，针对的是将来所需的知识和技能。第二，培训要求员工有一定的工作经验，而开发针对的是新工作。

二、培训与开发的意义

（一）培训与开发有助于提升企业的整体绩效

有效的培训与开发能够丰富员工的知识储备，增进员工对企业发展战略以及工作要求的理解，还可以提升其专业技能，甚至可以改善员工的工作态度，使员工积极参与到公司的发展中去。这样一来，有利于提升员工个体的工作业绩，企业的整体绩效也得以改善，这是培训与开发对企业来说最为重要的意义。

（二）培训与开发有助于提高员工的满意度

员工积极加入到培训活动中有助于提高自身的学识素养，开阔眼界，从而能够以更好的状态投入工作中，提高工作效率。员工取得了成就，就会得到高层领导的关注，这样更能激发职员的潜力，提升员工对公司的满意度，从而形成良性循环。

（三）培训与开发有助于培育创新企业文化

企业文化建设能够使企业目标和员工个人目标最大限度地结合起

来，可以在企业组织内部形成基本统一的思想意识和行为准则，并渗透到企业的全部生产、经营和管理活动之中，通过软科学的方法实现对企业的宏观管理和调控，从而更好地完成企业的各项任务，实现企业所肩负的使命。

（四）培训与开发有利于建立企业自身的竞争优势

随着市场竞争的日益激烈，人才逐渐成为企业的首要资源，有了高端人才储备，就可以生产高质量的产品，创造一流的业绩，在未来的竞争中，企业才能够立于不败之地。在面对全球化、高质量、高效率的工作系统的挑战中，培训显得更为重要。只有通过培训提高或改善员工的素质、能力与工作状态，才能使企业在激烈的市场竞争中最终胜出并获益。

三、培训与开发的原则

（一）学用一致原则

员工培训开发特别强调针对性、实践性。培训与开发的目的在于提升员工个人业绩和企业绩效，因此，员工培训与开发的内容应针对企业发展的需要以及员工的短板。培训与开发不仅是理论上的，更应该强调实践性，不能只注重形式而忽略内容。培训开发的结果要应用到实际工作中去，在培训过程中要重视实践操作，以此来深化培训开发中员工应学到的具体内容，使受训者可以通过实践来提高自己的工作能力，达到学用一致的效果。

（二）激励原则

在培训活动中坚持激励原则，能在一定程度上提升员工工作的积极性，使培训结果可以有效转化到工作当中去，为企业的整体绩效做出贡献。需要强调的是，对员工培训的激励应当贯穿于整个过程中：培训前，在公司进行有关培训的宣传教育，协助员工做好思想准备；培训中，培训师应当及时反馈学员的培训情况，并帮助他们强化培训效果；培训结束后，公司应组织受训员工进行考核，这样能增加员工学习的压力，有利于员工认真应用培训中学到的技能。除此之外，还应该对培训考核成绩设置奖惩机制，成绩优秀的予以奖励，成绩垫底的予以惩罚。

（三）效益原则

企业经营一般是以营利为目的的，从事任何活动，包括员工培训与开发，都是讲求效益的。因此，公司决定对员工进行培训与开发时，在确保培训效果成功转化的基础上，选择花费相对最小的培训方式，采取正确的培训措施，尽可能以最小的投入换取最大的收益。

（四）因材施教原则

企业中员工类型各有差别，素质能力也参差不齐。培训师在进行培训时应该因人而异，因材施教。要根据不同的培训对象（如新员工、核心员工、管理人员等）以及员工的个人特征等选择不同的培训方法、培训内容和措施，不能采取大锅饭式的教育方式进行培训，这样不利于企业最终目的的实现。

（五）全员培训与重点提高原则

企业的所有员工都应该参与到培训活动中去，这是培养人才、提高企业竞争优势的重要方式之一。但是，全员培训并不等于平均使用培训资源，针对不同层级的员工要有不同的培训侧重点。首先要培训管理骨干，特别是中高层管理人员，他们是企业的掌舵人，加强领导素质有利于公司长远发展；然后要培训核心员工，增加骨干力量；最后应培训基层员工。①

四、培训与开发的分类

（一）按照培训对象分类

根据对象的不同，培训活动可分为新员工培训和在职员工培训。新员工培训的重点是帮助新入职的员工尽快融入企业当中，相对在职员工培训来说更加简单。在职员工培训又可根据员工层级的不同分为基层员工培训、管理人员培训等。

培训对象不同，培训内容就有所不同，应该区别对待这两类员工的培训，分别采取恰当的培训方法。再者，基层员工、核心员工和管理人员的职责不同，培训的侧重点也不同。

（二）按照培训形式分类

按照培训形式的不同，企业员工培训可分为入职培训、在职培训、

---

① 赵曙明、赵宜萱：《人员培训与开发》，人民邮电出版社 2017 年版，第 4 页。

脱产培训和轮岗培训。

入职培训针对的是新员工，主要是帮助新员工熟悉了解企业的发展历程、规章制度、文化理念和工作环境等基本内容，目的是加快新员工融入企业的速度，以便尽快投入工作中。

在职培训是针对在岗员工，在其完成本职工作的基础上进行培训，目的是使员工能够胜任当前职位、补充短缺的知识技能等。

脱产培训是指员工暂时脱离工作岗位去参加企业举办的培训，如授课法、角色扮演法都属于脱产培训，旨在全面培养开发企业职工。

轮岗培训就是员工轮换到企业其他岗位工作并培训。轮岗培训的特点是员工离开本职工作到其他岗位，存在环境上的变化。

（三）按照培训内容分类

按照培训内容的不同，可以将培训与开发划分为态度性培训、知识性培训和技能性培训。态度性培训重在培训工作态度，使员工积极工作，为企业的发展贡献自己的力量；知识性培训重点是培训员工当前工作所需的业务知识，帮助其胜任本职工作；技能性培训旨在培训提升员工工作方面的技能。

第二节　战略性培训与开发

一、组织战略与培训开发

（一）组织战略的定义

组织战略是指组织为了维持自身的发展以及适应外界不断变化的环境做出的有关全局目标的决策。

（二）组织战略与培训开发相结合的特性

培训围绕组织战略展开，为组织战略服务，组织战略与人力资源培训开发的结合具有六个特征（见表 5-1）。

表 5-1　组织战略与培训开发相结合的六个特性

特性	具体内容说明
战略性	组织战略与培训开发紧密结合是战略性培训开发系统的核心特征。战略性主要表现在指导思想、管理范围和实施方式上

续 表

特性	具体内容说明
目标性	通过培训与开发，确保能够获得具有良好知识技能的员工，获得持续的竞争优势，最终完成战略目标
全面性	培训开发需求主要是通过人力资源战略对组织发展战略的直接支撑，形成有效的培训与开发需求体系，从而满足组织培训需求多样化、层次化的要求
匹配性	组织获得竞争优势，必须通过战略匹配与整合来保持组织战略与培训开发的一致性，并形成组织战略与培训开发良好互动的管理系统
协同性	协同性是指组织内部人力资源培训与开发的各项实践活动共同发挥作用，共同服务于某个特定目标的组合模式
动态性	组织所处的环境复杂多变，具有一定的动态性，因此，培训开发系统的设计和运行也应与之相匹配，使培训开发能与组织战略发展相适应

二、影响战略性培训与开发的主要因素

（一）组织战略

组织战略不同，培训与开发的侧重点也有所不同，详见表 5-2。

表 5-2　不同发展战略下企业培训与开发的重点

	战略重点	战略要求	关键事项	培训与开发重点
内部成长战略	市场开发 产品开发 技术制度革新 合资	销售现有产品 增加分销渠道 拓展现有市场 调整现有产品 创造新产品 通过合伙发展壮大	创造新的工作任务 技术制度革新	文化培训 培养创造性思维和分析能力 培训提高工作的技术能力 对管理者进行反馈与沟通方面的培训 冲突调和技巧的培训
外部成长战略	兼并	横向联合 纵向联合	整合富余人员重组	开发被兼并公司的人员能力 对被兼并公司人员进行文化培训 整合培训系统 团队建设

续 表

	战略重点	战略要求	关键事项	培训与开发重点
稳定型战略	提高市场份额 减少运营成本 开拓并维持市场定位	提高产品质量 提高生产率或革新技术流程 按需制造产品或提供服务	技术交流 现有劳动力的开发	团队建设交叉培训 特殊培训项目 在职培训
紧缩型战略	节约开支 转产 剥离 债务清算	降低成本 减少资产 创造利润 重新制定目标 卖掉全部资产	提高效率 裁员与分流	管理变革、时间管理、压力管理的培训 适当控制培训的规模和花费 培养人员新的工作技能

资料来源：雷蒙德·A. 诺伊，徐芳译：《雇员培训与开发》（第三版），中国人民大学出版社2007年版，第21~22页。

（二）组织结构

组织结构也会影响到组织的培训与开发。例如，集权管理的组织进行培训开发活动时，通常是公司总部统一规定培训开发的相关事宜，但在采取分权管理的组织中，子公司可以自行制定适合自身发展的培训计划，其中，总部应该为子公司提供相关建议，协调培训开发项目，并向子公司传达总部的战略意图，最后由子公司实施所有的培训项目。总部对子公司干预太多，会被认为总部过于集权，而且总部提供的培训与开发项目不一定能满足子公司的培训需求，因此，总部和子公司共同制定培训方案是较优的选择。

（三）技术因素

员工和管理人员需要随着技术的发展进行相应的再培训。一方面，员工通过掌握新技术，可以尽快地适应技术的发展变革；另一方面，职位可替代性因技术含量的增加而变小，这样一来，企业较难找到可替代该职位的人员，只有通过对现有人员的不断培训与开发，才能确保企业中有足够的员工可以胜任技术含量高的工作岗位。除此之外，日新月异的互联网技术对企业的发展也产生了巨大的影响，进而影响到员工的培训开发，因此，必须与时俱进，变革培训方式。

(四) 人员因素

高层领导对培训与开发的态度、员工对职业发展的期许等都会影响培训与开发。比如，部分公司倾向于内部提拔，管理者大都是从基层逐步成长起来的，公司会非常重视对员工的培训与开发，特别是有发展潜力的员工。

三、培训与开发战略的制定

图 5-1 是组织培训与开发战略系统示意图。

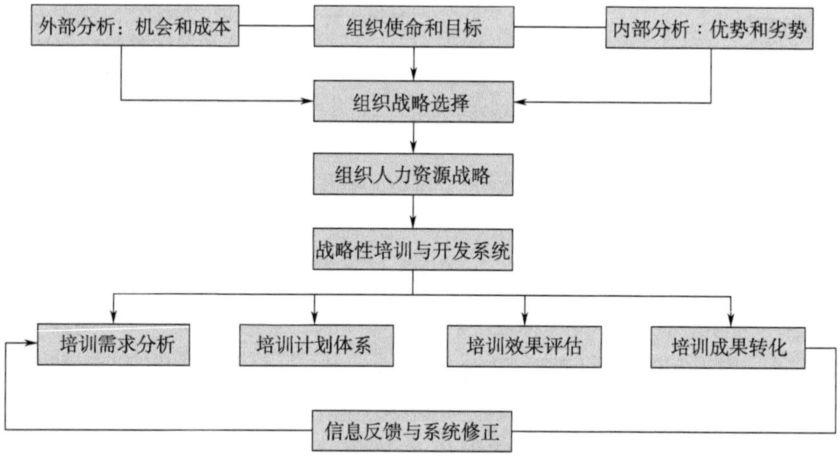

图 5-1 组织培训与开发战略系统

通过图 5-1 所示的流程，企业培训与开发战略得以确立和完善。

第三节 培训需求分析

一、培训需求分析的基本内涵

(一) 培训需求分析的定义

开展培训活动的第一步就是分析培训需求。培训需求分析主要有两个方面：一是对公司未来战略内容的分析，二是对员工自身能力的评估。

（二）培训需求分析的三个层次

1. 组织分析

在企业层面进行组织分析包括两个方面：第一，分析企业的发展战略和方向，为企业培训指明方向；第二，整体评价企业绩效，发现问题，分析原因，有侧重地提出企业培训锚点。从组织结构分析中，我们可以确定在企业层面需要进行什么样的培训。

2. 任务分析

任务分析的内容包括确定每个员工的工作任务，每项任务需达到的要求，还包括完成这些任务所需的知识、技能等因素。一般而言，任务分析的步骤如下：

首先，列出每个职位工作任务的初步清单；

其次，进一步扩展任务清单，如任务的执行频率、完成每项任务需要耗费的时长、完成每项任务需要的知识技能储备等；

最后，明确每项任务要达到的标准，最好用量化的标准来界定。

3. 个人分析

对员工进行个体分析主要有三个方面：第一，对员工的个人业绩进行评价，找出存在的问题并分析其原因，确定培训需求；第二，了解员工的职务变化，比较员工目前的职务内容与未来的需求，从而确定其培训需求；第三，对员工的培训准备情况进行分析，确保员工愿意并期待学习技能。根据精确的个体分析，确定企业内需要培训的群体以及培训的方式与方法。

（三）培训需求产生的原因

不同的培训需求对应不同的培训活动。培训需求产生的原因直接影响到培训活动的有效性和针对性，其原因可以分为以下三类：

1. 因工作变化而产生培训需求

不同的职务需要与之对应的能力、知识和素质，即使是同样的工作，由于企业内外部环境的变化和企业发展的需要，其职责也可能有很大的改变，而培训正是应对这种变化的有效手段。

2. 因人员变化而产生培训需求

新员工进入企业后，需要在企业文化管理制度和工作内容等方面进行培训，这是培训需求产生最常见的原因。

3. 因绩效变化而产生培训需求

虽然每个企业都希望实现绩效目标或达到更好的绩效目标，但是一些员工在能力上较难实现既定的目标，从而产生了相应的培训需求。

（四）培训需求分析的类型

从不同的角度分析培训需求，会得出不同的分类。

1. 按照培训时间的长短，可划分为短期培训需求和长期培训需求

短期培训需求是指公司在未来一年内的培训需求。短期培训需求重点是针对临时突发状况以及外来技术的应用等。短期培训需求分析解决的是具体问题。

企业确定长期培训需求是为未来的发展目标做准备的。长期培训要从人才发展的观念上改变人才培养的策略和内容，为企业的长远发展奠定基础。

2. 按照培训对象的范围，可分为全员培训需求和个体培训需求

全员培训需求是指全体职工共同的培训需求，包括职业素质、工作态度、个人能力等。

个体培训需求是指一部分职工或个别职工因职位级别、职务、能力不同而产生的培训需求。各种专业技术培训属于个体培训需求。

（五）培训需求分析的意义

1. 有利于找出差异，确认差距

培训需求分析是为了确认预期绩效与现实绩效之间的差距。确认绩效差距一般包括三个环节：第一步是明确工作标准以及预计要掌握的知识、能力；第二步要分析当前实践中个人所缺乏的知识、能力；第三步要分析预期的知识、技能和能力与现实之间的差距。

2. 有利于做好培训的效益和成本评估

由于培训需要企业一定的资金支持，培训部门需要将培训成效和成本评估引入培训需求分析中，计算培训的投资回报率并科学分析培训活动的可实施性。

3. 更易于获得企业员工的支持

一般情况下，职工在进行培训需求分析的基础上为培训提供支持，特别是当他们参与到需求分析中时，增加了职工的主观能动性，更容易接受并支持培训项目。个体参与到需求分析中可以使需求分析的结果更加精准。

二、培训需求分析的方法

（一）现场观察法

现场观察法是指培训师到员工的工作环境中了解员工的工作情况，多方位多层次的细致观察职员的工作状态和工作态度等问题，进而采集培训需求的信息。现场观察法是一种比较基本的收集培训需求信息的方法，它适用于服务性、事务性与生产作业的工作人员。

这种方法的优点是根据观察所获得的信息能够相对精确地反映职员的现实培训需要，但是这种方法只有在观察者掌握被观察者的工作任务、流程和工作方法，并且不妨碍被观察对象的正常工作的前提下才能发挥其优势。这种方法主观性较强，会在一定程度上影响培训需求信息的真实性。

（二）问卷法

问卷法是指培训师向员工发放设计好的调查问卷，收集他们的培训需求信息的方法。问卷法常用于企业收集培训需求信息。

使用这种方法需要编制一系列问题并分发给受训者，然后回收并进行分析。问卷调查法成本低，可以大规模进行，收集的信息相对完整。其缺点是耗时长、问卷回收率不高、问卷内容不规范等会影响培训需求信息的真实度。

（三）工作任务分析法

工作任务分析法以工作说明书、工作描述或工作任务分析记录表为依据，确定员工胜任岗位必须具备的知识、技能和态度，并与员工在正常工作中的表现进行比较，确定员工与要完成的目标任务之间的差距①，更能有针对性地缩小差距。

工作任务分析法主要通过工作资料分析和员工工作现状对比得出员工的素质差距，结论可信度相对较高。然而这种培训需求信息收集方法耗时长、耗费多，一般情况下只在重要的培训项目中才会运用。

（四）访谈法

访谈法是指访谈人员与受访员工面对面地进行交谈，从中发现受访人在工作中的问题，并判断受访人的培训需求。访谈法经常被用到培训工作中。访谈有多种形式，有正式的，非正式的；有个别访谈，也有团体访谈。

---

① 刘建华：《人力资源培训与开发》，中国电力出版社 2014 年版，第 75 页。

访谈法的优势在于可以详细了解受访员工的工作态度和培训需求等内容，而且由受访者亲口讲出工作内容相对其他方式更加准确，还能了解到现场观察法短期内不容易发现的情况，有助于明确培训需求、缓解员工的工作压力。其缺点是访谈法需要具备专业技能的访谈人员参加，比较费时、费力，成本较高，而且受访者容易受到访谈者的引导，从而影响信息的真实性。

三、培训需求分析报告

（一）培训需求分析报告的撰写步骤

第一步，资料收集。资料收集是撰写培训需求分析报告的前提，可以通过现场观察法、问卷调查法、工作任务分析法以及访谈法等获得员工的培训需求信息。

第二步，资料整理。初步筛选采集到的职员培训需求资料，了解大概的内容、模块，并进行分类汇总。例如，哪些培训需求项目是企业现有的培训资源就可以解决的，哪些是需要寻求外界帮助才能实现的。

第三步，拟定报告大纲。根据以上两个步骤得到已经整理好的培训需求资料，但为了提高报告的准确性，需要明确报告的主体纲要。

第四步，撰写内容主体。基于上述报告大纲，全方位多角度地撰写报告主体。在确保各内容之间有一定逻辑性的前提下，明确培训需求的有关条目及培训期限、培训方式、培训效果的评估等。

第五步，修改定稿。在撰写完分析报告后还要反复推敲，与受训者再次沟通，最终敲定内容后再确定上报。

（二）培训需求分析报告的主要内容

培训需求分析报告的主要内容包括八个部分，详见图 5-2，可视具体情况增加相应的内容。

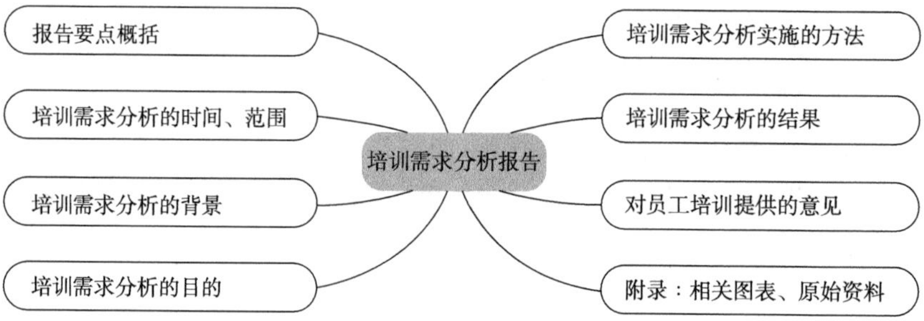

图 5-2　培训需求分析报告的主要内容

第四节　培训计划管理

一、培训计划概述

（一）培训计划的定义

培训计划是指组织考虑自身的发展战略，对员工培训需求进行客观、全面地分析后，根据组织培训资源的配置情况，对培训内容、培训对象、培训时间和地点、培训师、培训方式和培训预算等一系列工作进行统一安排。

（二）培训计划的内容

培训计划的内容如表 5-3 所示。

表 5-3　培训计划内容的构成

前言	介绍制订培训计划的背景以及依据和理由
培训内容	列明培训名称，说明培训目的，简要介绍培训课程的内容
培训对象	对参训者的参训条件和参训人数进行具体规定
时间、地点	明确培训具体的时间和地点
培训师	简要介绍培训师的教育背景和阅历
培训方法	选择适当的培训方法，说明为配合某一培训方式需要参训者所做的准备工作
培训预算	对培训需要的费用总额做出预算，主要包括聘请培训师的费用，培训教材费，参训者交通、住宿、餐食费用、培训场地租用费等各项开支
培训评估	对培训评估手段和评估人进行简要说明，以便衡量培训评估的效果
培训计划表	“组织级培训计划”汇总至“部门级培训计划”后，形成组织年度培训计划表

（三）培训计划的作用

第一，培训过程中随时会出现变化，通过预测可能的变化，可以做出应对这些突发状况的方案，进而缩小实际与预期的差距。

第二，培训计划为培训活动制定了目标、指标、步骤等，是控制培训工作进程的标准和依据。

第三，培训计划明确了工作目标及实现方法的最优选择，为培训能够顺利进行做出计划，整体来说提高了培训工作的效率。

第四，培训计划界定了培训工作中的责任和职权，可以作为衡量培训工作任务完成情况的一种尺度，用于衡量培训工作结束后的考核效果。

二、培训计划的制订

（一）制订培训计划的原则

第一，培训计划的制订要符合组织发展战略和组织发展需求；

第二，培训计划需要尽力获得高级管理人员和部门管理人员的支持；

第三，培训计划的制订必须以培训需求分析为基础；

第四，培训计划应以各部门制订的工作计划为参考；

第五，培训计划的制订应考虑到适应职员个人差异的不同培训方式；

第六，制订培训计划时应注重培训的有效性和实操性。

（二）制订培训计划的流程

1. 确立培训目标

明确培训目标就是确定培训要达到的预期，以及为培训效果评估提供实用的标准。确立培训目标主要基于以下两个方面：

（1）组织的实际需要。分析工作中的突发状况以及职员的应对能力，明确最需要培训的方向，或者基于分析结果中出现的问题确定培训目标。

（2）职员的素质要求。培训管理者要明确职员的能力与实际工作要求存在的差距，因材施教。

2. 确定培训对象及培训内容

不同的培训对象在不同的阶段，其培训内容是不一样的。相关培训内容设置如表 5-4 所示。

表 5-4　入职培训与在岗培训的培训内容设置

培训类别	培训对象	培训内容
岗前培训	新员工、新岗位任职人员	企业文化、组织发展状况、规章制度、职业素养、职业礼仪等

续　表

培训类别	培训对象	培训内容
专业技能提升培训	在职人员	生产、营销、研发、人力等专业知识和技能
管理能力培训	基层、中层和高层管理人员	管理能力提升类内容，如沟通、授权、激励、执行力、领导力、时间管理、团队建设等

3. 确定培训负责人和培训师

企业中负责培训任务的组织一般为培训部门。企业在选择培训主管时，要将实际培训需求、培训预算以及培训主管的能力考虑在内。

4. 培训形式和培训方法的确定

培训形式基于培训方法确定，也可基于个体的特点及其兴趣、需求等确定。培训形式一般包括三种：岗前培训、在岗培训和脱产培训。

企业在组织培训时，应根据培训内容、培训地点、培训形式和培训个体，选择合适的培训方法。

5. 培训时间和培训地点的确定

（1）培训时间。[①] 合理规划培训时间，对掌握培训进度，顺利完成培训要求具有促进作用。在制订培训计划时，必须考虑培训的正确时机。通常情况下，新职员入职、企业技术革新、销售业绩下降、职员工作变动、引进新技术、推出新产品等情况发生时都需要进行培训。另外，培训期限的确定也很重要，要根据培训内容和培训对象的不同，合理安排时间，一般受培训内容、培训费用、学员素质、工闲时间分配等因素的影响。

（2）培训地点。培训地点的选择要基于三个方面确定：培训方式、培训预期和培训期限。

6. 培训成果评估方法的确定

培训主管要明确培训成果评估的方式，以便能够动态地跟踪培训效果。培训成果评估的方法一般包括定量分析法和定性分析法，具体在本

① 赵曙明、赵宜萱：《人员培训与开发》，人民邮电出版社 2017 年版，第 62 页。

章第七节介绍。

7. 制定培训成本预算

企业培训成本预算的制定主要取决于企业人力资源管理策略、企业收益水平等多方面因素。制定培训成本预算时可依据以下流程计算：收集职员的培训相关信息，了解培训成本资料，预测各种培训费用计划，进行成本控制。

8. 编写培训规划书

培训规划部门应基于以上内容，按照企业规定的格式编写培训规划书，并经有关负责人批阅后确定。

第五节　培训方法

一、岗前培训

（一）岗前培训的概念

岗前培训亦称为新员工入职培训，是指组织在新员工入职之前为其提供的有关企业背景、基本制度规范等的培训活动。

（二）岗前培训的主要内容

岗前培训的主要内容有：企业概况、企业规章制度和共同价值观、设施资源状况、部门职能和岗位要求，等等。

（三）岗前培训的程序

（1）岗前培训的准备：为新员工准备文件袋。文件袋里包括企业概况、规章制度等可以用文字、图片描述的内容，这是员工认识公司的便捷通道。

（2）岗前培训的实施：岗前培训一般由人力资源管理部门进行。

（3）岗前培训的评估。

（4）上岗通知。

二、在岗培训

在岗培训是指员工不离开自己的职位，在实际工作岗位和工作场地进行培训。这种方法最大的好处在于员工在做本职工作的同时可以得到培训，具有很好的实践性。此外，在岗培训不用专门购买培训设备，工作场地基本上都会有所需设备，相对于其他类型的培训而言花费较低。其缺点是，在培训中，员工因工作原因易受到外界因素的干扰，不利于培训的持续进行，甚至会影响培训的结果以及工作效率，而且这种培训并不适用于所有的职位，如飞行员的培训等。

在岗培训的方法主要包括师徒制、辅导培训和工作实践体验。

（一）师徒制

师徒制，顾名思义，就是指师傅带徒弟。师徒制主要是师傅通过在工作中给予徒弟示范，并讲一些工作中的基本要点和难点，徒弟及时观察学习，并逐步在师傅的指导下工作，以此获得技能经验。这一培训形式周期很长，往往需要若干年的时间。[①] 对理发师、木匠等需要手工技艺的行业来说，采用师徒制对员工进行培训比较合适。师徒制有利于员工熟练把握工作中的基本技能。这一培训形式的缺点是，徒弟在培训中学到的技能、经验易受师傅影响，形成固定的操作思路，不利于创新，而且师带徒容易影响师傅的正常工作，加重师傅的工作负担。

（二）辅导培训[②]

辅导培训是指受训者以一对一的方式向经验丰富的组织成员进行学习的方法。这种方法不同于师徒制的地方在于辅导者的身份不一定就是师傅，还可以是以朋友或者顾问的身份来对受训者进行辅导，两者的关系不如师带徒的关系那样紧密。再者，为了保证辅导培训的效果，辅导者与受训者的兴趣最好一致，便于相处。辅导人员本身必须具备足够的技术能力和知识储备，这样才能培训员工。企业应当对辅导者进行培训，以便更好地指导受训者，达到预期的标准。大学毕业生的在职业务培训就是一种辅导培训。

（三）工作实践体验

工作实践体验是指通过员工从事不同岗位的工作，体验各种部门、员工、工作关系的问题以及不同岗位的任务要求等，以对员工进行培训的方法。工作实践法包括：工作轮换、临时派遣等。

工作轮换是指根据工作要求，安排员工在不同的岗位上工作一段时间，通常来说时长为一至两年。工作轮换的优势有：让受训人员体验到

---

① 张立富：《人力资源管理》，首都经济贸易大学出版社 2018 年版，第 164 页。

② 董克用、李超平：《人力资源管理概论》，中国人民大学出版社 2019 年版，第 264~265 页。

工作的新鲜感，且增加了受训人员学习、沟通的机会，丰富受训人员的工作经验。工作轮换也存在缺陷，如员工可能因未熟练掌握新的工作技能而体验到新环境的压力以致影响企业的绩效。工作轮换一般适用于直线型管理人员的培训，不适用于职能管理人员的培训。[①] 另外，工作轮换同样适用于新员工培训。

临时派遣包括两种情况：企业允许自己的员工到别的企业中去从事一段时间的全日制工作，或组织批准员工利用休假等时机离开公司去更新知识、技能。

三、脱产培训

脱产培训是指受训人员离开工作，由企业内外的专家和培训师对员工进行集中教育的培训方法。

（一）讲授法

讲授法是培训者通过语言形式向受训者传授知识的培训方法，它也是应用最普遍的一种方法。在这种培训方法中，受训人员是培训信息的被动接受者，培训师与受训人员之间的沟通大多数时候是一种单向的沟通。

讲授法的优点是：成本低、信息传递量大等。[②] 讲授法一般以课堂教学的形式进行，培训师可以同时培训大量的学员，且授课目的明确，方便控制培训教学过程。然而，讲授法也存在许多不足之处，如由于讲课的内容往往比较概括，因此要求受训人员同质程度较高。再者，学员被动听讲，参与程度低，有时会感到枯燥等。培训师可以在教学过程中提问并鼓励学员讨论，还可利用一些视听技术，如幻灯片、视频等来增强讲授内容的直观效果，引起学员的兴趣。讲授法适合于以传授知识为目标的培训，而不太适合技能培训。

（二）讨论法

讨论法是由培训者和受训者共同研讨并解决工作中出现的问题的培训方法。实践中，培训者首先应该综合介绍培训的基本流程以及受训者需要完成的任务，然后再围绕某主题进行讨论。讨论中，培训者的职责

---

① 李前兵、周昌伟：《员工培训与开发》，东南大学出版社 2013 年版，第 74 页。

② 张立富：《人力资源管理》，首都经济贸易大学出版社 2018 年版，第 164 页。

不仅是向参与讨论的员工发起提问，还应该认真观察受训者的反应，要保证每个参与讨论的员工都能有机会表达自己的见解，并及时做出反馈。

讨论法的优势在于，每个参训员工都能够参与到讨论中，有了参与感，参训人员就会积极主动地去学习，有利于受训人员思考问题，强化讨论中学到的内容，提升培训效果的转化成果。在讨论中，学员还可以取长补短，融汇他人的见解，有利于知识和经验的共享，还可以提高讨论者的表达能力。讨论法的不足之处在于，参与讨论的人数不能太多，人数过多会导致培训时间不充足以及培训师不能及时对每一位受训者的回答做出反馈，不利于受训者把握基本知识和技能，再者，讨论过程中主持人需要有较强的控场能力，防止偏离讨论主题，因此对主持人的要求比较高。

（三）案例研究法

案例研究法是围绕一定的培训目的，把实践中真实的情景加以典型化处理，形成供学员思考分析和决断的案例，通过独立研究和相互讨论的方式来提高员工分析问题和解决问题的能力的一种方法。案例研究法也为参加培训的员工提供了有关工作方面的特殊案例，在培训师的引导下让学员分析和评价案例，然后讨论并提出解决案例中问题的建议和方案。

案例分析法的优势在于案例大都来自于现实，对案例的分析有助于解决类似的实际问题。案例分析强调个体的独立思考，对培训师的依赖程度相对较低，有助于培养受训员工独立分析、解决问题的能力。案例分析的最终目的不是给出一个明确的答案，而是要通过研究案例教会受训人员分析问题和解决问题的思路办法。这种方法的缺点是收集提炼案例有一定的难度，对培训者的要求比较高，要求案例能够给受训人员启发。

（四）角色扮演法

角色扮演法是指受训人员参与到一个模拟的工作环境中，并且扮演其中的人物，承担该人物工作职责的一种培训方法。受训者通常能较快地进入到所扮演角色中去，角色扮演法有助于受训人员快速了解工作环境以及工作任务，适应并初步达到工作要求，还能尽快掌握必需的沟通技巧。角色扮演法适用于需要销售技术以及业务会谈等技能的岗位，这些岗位的工作内容一般通过询问、电话应对等方式就可完成。

角色扮演法有助于训练受训人员的基本动作和技能，提高其观察能力，改善态度问题，改正过去工作中的不良行为。这种方法的缺点在于角色扮演的设计和实施有局限性，不适合于技术含量较高的工作岗位。

（五）拓展训练

拓展训练指的是企业组织员工参与户外活动，以此来开发、提升团体的团队协作能力以及领导技能的一种培训方法。该方法适用于开发与团队效率有关的能力，如人员冲突管理和工作风险承担。拓展训练一般是通过一些消耗大量体力、难度大、挑战性大的户外运动来实现的。拓展训练的主要目的是让学员在活动中学会相互合作和信任，更好地了解对方，为今后团队工作的顺利有效开展奠定基础。拓展训练大多是一些相对高难度的体育活动，存在一定的危险性，进行拓展训练时要把安全放在第一位。在这个过程中，最好由专业的工作人员全程给予保护，同时也能最大限度地发挥拓展训练的效果。

（六）网络学习法

随着计算机技术的飞速发展，通过网络进行培训的方法越来越普遍。网络学习法突破了传统培训方法固有的模式，打破了时间和空间限制，培训师不用面对面地对学员进行培训，省时省力。但网络学习法对计算机网络系统要求较高，培训的成本可能比较高。另外，网络学习法不适用于所有的培训，如设备的操作培训、工作态度的培训、领导力的培训等。

此外，脱产培训还有公文筐处理、行为模拟法等。

四、影响培训方法选择的因素

（一）培训目标

企业的培训目标一般有更新知识理念、提升工作能力和改变工作态度等，目标不同，适用的培训方法也有所不同。例如，讲授法适用于更新知识，案例分析法适用于培养能力，拓展训练更有利于培养团队精神，改变态度。

（二）受训者

受训者的培训需求也影响着培训方法的选择，如新员工和其他员工的培训需求并不相同。

（三）时间因素

培训方法不同，所需时间的长短就不同。企业应充分考虑培训所能接受的时间因素，如多媒体教学等培训方法通常需要提前准备；还有工作轮换这种培训方法，实施起来一般需要数年的时间。

（四）受训者的岗位可离度

对那些难以离岗去参加培训的员工，显然更适合在岗培训。对工作可离性高的员工，在企业的统筹调配下，采用集中培训方法更有利于提升培训效果，控制培训的进度。

（五）所需的经费

培训方法不同，需要的经费也有所差别。比如，讨论法、角色扮演法等所需的经费一般不会太高；而网络培训法和拓展训练法所需费用不低，如各种计算机网络设备的购买以及拓展训练中为确保员工安全所需的设备等，都需要投入丰厚的资金。因此，选择培训方法还应考虑到企业与受训者的承受能力。

（六）受训者的数量

受训者人数的多少也会影响培训方法的选择。小组讨论或角色扮演等培训方法更适合受训人数较少的情况；当受训者人数较多时，讲授法以及多媒体教学可能更合适。

企业需要综合考虑以上各方面的因素，选择最优的培训方法。

第六节　企业大学

一、企业大学概述

（一）企业大学的定义

美国是“企业大学”名词和实践活动的发源地。近代工业革命推动了企业的教育培训活动。为了提高工人的工作效率，满足工人操作专业化分工的需求，企业培训工作进入了专门化和正规化阶段。1956 年，通用电气（GE）克劳顿培训中心的成立，标志着企业大学的诞生。GE 克劳顿村成立至今已有 60 多年，培训出 170 多位世界 500 强公司的

CEO，这充分表明了GE克劳顿村对员工出色有效的培训与开发。[①]1974年摩托罗拉大学成立，这个时期企业大学在全球飞速发展。为应对全球经济变革，企业大学的成立成为一股不可逆转的趋势，并且越来越多地应用到组织培训与开发中，受到越来越多的关注和重视。

企业大学是指由企业出资举办并邀请专业培训师或者高层领导，通过授课、实践模拟、案例研讨等先进的教育手段，对内部员工或外部合作伙伴进行企业文化推广、发展战略宣传、知识更新以及能力开发的一种新型教育培训体系。

（二）企业大学的特征

因为高等教育体制不能完全满足企业对各种知识和技能的需求，难以培养出适合自身发展战略需要的人才，所以，企业渴望建立内部学习机构，企业大学便应运而生。具体而言，企业大学具有如下特点：

1. 企业性

企业大学的目的是为企业的发展服务，在组织管理、课程培训、讲师素质等方面都带有明显的企业色彩。

2. 战略性

企业大学能够有效推动企业战略的发展，它按照企业战略进行调整运作，培训企业当前以及未来发展战略所需要的人才，并促进企业战略的达成。

3. 集成性

集成主要是指培训资源的整合，企业大学可以将企业内部和外部的各种学习培训资源集中到一起，充分保证其良好运行，为受训员工提供充足的资源。

4. 自主性

企业大学相对于公司内部的其他部门更具有充分的自主性，它类似于企业中独立运作的项目，可以创新培训项目、自主开发课程、筛选培训讲师等。

5. 针对性

企业大学针对性非常强，因为它是为企业发展创立的，员工的培训也是为了企业能够有更好的发展前景。

---

① 任之光、张彦通：“企业大学的发展与思考”，《高等工程教育研究》，2009年第1期。

另外，随着市场经济的发展和计算机技术的不断进步，企业大学已初步具备了开放性和虚拟性的特征。

（三）企业大学的作用

1. 企业大学可以增强公司内部的有效交流

企业大学的成立可以为员工营造了一个良好的学习氛围，有助于向员工传递积极进取的组织形象。不仅如此，员工参与到企业大学的培训活动中还可以促使各级员工有充分的沟通，增强内部团结，从而在企业内部营造一个和谐的氛围，加强双方的协作，共同为企业发展做出贡献。企业大学培训的不仅是技能，更重要的是传递一种企业文化。

2. 企业大学可以帮助公司留住人才

企业大学不仅是对员工知识的补足和技能的训练，更有利于开发员工的潜在能力，给企业注入新的活力。一方面，员工在参与与个人工作密切相关的专业学习时往往具有丰富的洞察力，更愿意在实践中创新，这将使员工保持旺盛的工作热情。另一方面，根据马斯洛的需求层次理论，不难理解员工在企业工作后往往更注重个人发展，以满足其基本生活需要，而培训将被企业视为对他们的最高奖励。进入企业大学学习可以激发员工对企业和工作的热情，增强员工对企业的忠诚度。

3. 在组织变革中，企业大学是文化整合的关键环节

美国麦肯锡咨询公司曾经对企业并购进行了大量的取证调查，结果显示，仅有四分之一的企业在并购后重新获利。跨国公司并购失败的原因很多，包括市场环境的变化、管理人员决策上的失误等，其中一个不容忽视的深层原因就是并购后不同的企业文化引起的碰撞和冲突。企业大学正是缓解这一冲突的重要角色。

4. 企业大学在跨国公司和商业伙伴之间起着连接桥梁的作用

企业大学能够帮助跨国公司的供应商获得完成工作所需的技能、知识和能力。他们掌握的基本技能如质量、可靠性、周期和客户服务等，能够帮助跨国公司顺利完成在当地的采购与合作。另外，企业大学在跨国公司和供应商之间起着沟通桥梁的作用，协助公司与供应商、客户、经销商以及批发商建立良好的伙伴关系，提高整体竞争力，使合作顺利进行。

5. 企业大学为企业战略和企业发展提供保障

企业大学是企业发展中的重要组成部分，它在一定程度上支撑着企

业发展中的人才战略、管理战略等一系列战略，企业大学为企业提供人才资源和相关信息的支撑。通过对各级管理者和员工的培训，企业大学推动着企业发展中的各个方面，确保了各项战略举措和资源配置的有效实施。[①]

二、企业大学的未来[②]

（一）企业大学将成为发展和推广企业文化的场所

作为一种学习型组织，企业大学肩负着增强企业学习能力的责任，同时也承担着深入推广企业文化的责任。学习的目的在于提高自身素质，增进对企业文化及其内涵的认识。企业文化对企业的发展至关重要，它是企业个性化的根本体现，也是企业生存、竞争和发展的灵魂。

企业大学的组织形式是在形式上保证参加者之间是企业内的“同级生关系”，可以在一定程度上打破原来的组织和等级的界限，形成良好的交流机制，在提高人们的交流意识上发挥重要作用。

（二）企业大学将成为企业发展的重要机构

企业大学是企业培训体系的进一步发展和延伸，企业大学肩负着提升员工素质、改善员工态度的责任。它作为学习型组织，能为员工提供更广阔的学习沟通平台，有效打破员工之间的壁垒，形成良好的学习氛围，还有助于提升员工对企业的满意度、忠诚度，对企业的发展起着不可小觑的作用。此外，企业大学也是企业发展过程中思想学习的重要阵地，在这里可以学习到先进的发展理念，便于实现理论学习与企业实际发展的有机结合。

（三）企业大学将成为连接企业与社会的重要桥梁

企业大学是整合企业资源和社会资源的产物，具有广泛的社会影响，是连接企业和社会的桥梁。企业大学可以吸收采纳社会外部对公司发展的建议，也可以了解公司内部对培训的各方面需求。从学习和发展的角度来看，企业大学更具有连接企业与社会的能力。

---

① 李名梁、吴书瑶：“企业大学问题研究：现状探析及未来展望”，《职教论坛》，2013 年第 33 期。

② 刘建华：《人力资源培训与开发》，中国电力出版社 2014 年版，第 163 页。

企业大学体现了最完美的人力资源培训体系，是最有效的学习型组织的实现手段，更是公司规模与实力的有力证明。企业大学的价值是提供支持企业战略目标的学习资源，虽然近几年来企业大学有将自己的教育服务向更广阔的社会延伸的趋势，但是企业大学所服务的主体仍然是对母体企业的战略发展以及整个的企业价值链的增长。

我国的企业大学起源于 20 世纪 90 年代，虽然起步较晚，但实践发展速度很快。在 20 世纪 90 年代以前，我国不少企业也设立了企业技术或者职工大学来培训员工，但都以学历教育为主。到了 90 年代初期，随着企业间竞争越来越激烈，各类企业蓬勃发展，外资企业涌入的同时也带来了企业大学，其中以 1993 年摩托罗拉在中国区建立的企业大学为开端，1998 年国内第一所企业大学——春兰学院成立后，海尔大学、联想大学等一批企业接连开始创办企业大学，标志着中国企业大学的兴起和发展。①

第七节 培训效果转化与评估

一、培训效果转化

（一）培训效果转化的定义

泰勒（Taylor，1997）将培训效果转化定义为受训者将培训时所学到的知识、技能等运用到实际工作任务中。②

培训效果转化就是受训者持续而有效地将他在培训中学到的知识、技能、态度成功运用于工作当中，从而发挥培训最大的价值的过程。

（二）培训效果转化的相关理论

企业要想通过培训提高组织的整体业绩，前提之一是了解培训效果转化是如何实现的。因此，我们有必要学习关于培训效果转化的相关理论，如表 5-5 所示。

---

① 王雯、陈华若："我国企业大学发展及趋势刍议——基于 2008—2018 年研究文献的统计分析"，《职业技术教育》，2018 年第 39 卷 32 期，第 15~18 页。

② 徐芳：《培训与开发理论技术》，复旦大学出版社 2013 年版，第 302~303 页。

表 5-5 培训效果转化理论

理论	强调重点	适用条件
认知转化理论	有意义的材料和编码策略可增强培训内容的存储和回忆	各种类型的培训内容和环境
激励推广理论	一般运用于多种不同的工作环境	工作环境不可预测且变化激烈，例如：人际关系技能的培训
同因素理论	培训环境与工作环境完全相同	工作环境的特点可预估且稳定，例如：设备使用培训

1. 认知转化理论

认知转化理论强调受训者“回忆”培训中学到的知识技能的能力，这是培训效果转化的关键。培训效果转化的理论基础是信息加工模型，信息的存储和恢复是重要因素。因此，培训师需要向受训人员提供有意义的学习资料，并且有计划地增加受训人员运用培训中学习到的知识技能等，这样可以提高培训效果转化的成功率。

在培训过程中，培训师要做到鼓励学员及时复习培训学到的内容，最好能给受训者提供在实际工作中应用培训内容的机会。受训者能成功地将培训所学到的内容运用到工作上，才能说这次的培训是成功的。这种应用练习可以帮助学员巩固培训内容，而且当他们在实际工作中有效应用所学内容时，还可以大大增加受训者的自信心，激励他们积极学习。这种练习还可以帮助受训者把握培训内容与实际工作的关系，以便尽快应用所学技能。

2. 激励推广理论

激励推广理论认为，在培训中严格遵循各项原则、把握重点要素和有效运用培训效果转化的方法的前提下，培训效果就可以成功转化。因为有些情况下，培训时的环境不能做到与实际工作环境一模一样，这个时候就要突出重点内容，将培训内容集中于解决问题的各项原则中，受训者才能成功运用培训成果解决工作中的实际问题。例如，行为模拟培训的练习就是要求在实际工作中，受训者能在各种与模拟情形不完全相同的情况下表现出培训中的各种行为。[1] 激励推广理论指出，只要可以遵循培训工作时的原则，培训环境的设计就可以不完全等同于实际的工作环境。培训内容是培养员工管理技能时，就可以应用激励推广理论。

3. 同因素理论

同因素理论是由桑代克和伍德沃斯在实验的基础上提出来的。该理论认为，培训的环境与实际工作环境一致程度越高，培训成果的转化越成功。如果培训的内容、环境与实际工作的内容、环境完全一致，那么受训人员在应用培训成果时，只是简单地训练培训中学到的任务，就有较好的培训成果转化效果。[2] 然而，实际工作中这样的情况很少见。培训环境与工作环境一致，要做到环境逼真和心理逼真这两方面。环境逼真是指培训中的各项环境条件，如设备、任务等与实际工作的一致性高；心理逼真是指学员能做到对培训中经历的各项任务与实际工作中的各项任务同等重视。同因素理论特别适用于案例分析、角色扮演等模拟性的培训方法等。

（三）影响培训效果转化的因素

1. 学员的个人特征

学员的个人能力以及转化动机都影响着培训转化的效果。个人素质高、能力强的员工能较好地掌握培训所学到的知识、技能，更可能促使其主动寻找可以运用培训所学知识技能的机会。如果学员没有强烈的愿望将培训中所学的知识技能转化为实际的工作绩效，那么，企业的培训目标就没有实现。

2. 培训项目设计

培训项目设计包括培训活动中的计划、内容、方法等方面。合理的培训项目设计可以大大促进培训效果的转化。

3. 工作环境

良好的工作氛围有利于培训效果的转化，例如，上级、同事的支持以及学员能运用所学技能的机会等，如表 5-6 所示。

---

① 雷蒙德・A. 诺伊：《雇员培训与开发》，徐芳译，中国人民大学出版社 2007 年版，第 92~94 页。

② 徐芳：《培训与开发理论技术》，复旦大学出版社 2013 年版，第 302~303 页。

表 5-6 利于培训转化的环境特征

特 点	举 例
主管和同事鼓励受训者使用培训中获得的新技能和行为方式，并为其设定目标	刚接受培训的员工与他们的主管和其他员工共同讨论如何将培训成果应用到工作中
任务提示：受训者所从事的工作的特点推动或者提醒受训者应用在培训中获得的新技能	对受训者的工作进行重新设计，使他们能够将培训中所学运用到工作中去
反馈结果：主管支持受训者运用培训中获得的新技能和行为方式	主管关注那些在实际工作中运用新技能的员工，并针对他们的工作表现给予反馈
免受惩罚：不能让受训者因为运用了在培训中所学到的新技能和行为而受到公开打击	刚刚接受完培训的受训者在运用培训内容失败时，不责备他们
外在强化结果：受训者因为运用了在培训中所学到的新技能和行为而得到外在奖励	刚刚接受完培训的受训者如果能够成功地将培训内容加以运用，会得到加薪奖励
内在强化结果：受训者因为运用了在培训中所学到的新技能和行为而得到内在奖励	对那些在工作中按照培训要求去做的受训者予以表扬

资料来源：雷蒙德·诺伊等：《雇员培训与开发》（英文版·第 6 版），中国人民大学出版社 2015 年版，第 150 页。

二、培训效果评估

（一）培训效果评估定义

培训效果评估是指对培训活动开展前、中、后的内容进行评价，促使培训项目按照培训计划合理且顺利地运行，从而保证培训预期目标的实现。培训效果评估可作为控制培训的手段贯穿于培训的始终。培训效果是培训评估的对象和前提，培训评估是取得良好培训效果的保证。

（二）培训效果评估的标准

培训评估的标准有哪些？最具有代表性的培训效果评估模型就是柯克帕特里克（Kirkpatrick）的四层次评估模型，如表 5-7 所示。

表 5-7 柯式四级评估模型

评估层次	评估标准	评估重点	评估方法	评估时间
1	反应	学员满意度	问卷调查、访谈法	培训进行中或培训刚刚结束后
2	学习	学到的知识、技能、态度、行为	测试、问卷调查、现场模拟	培训结束后
3	行为	工作行为的改进	绩效考核、观察法	培训结束后三个月或下一个绩效考核期
4	结束	工作中导致的结果	投资回报率、绩效考核结果、企业运营情况分析	下一个绩效考核期或一年后

（三）培训效果评估的方法

培训效果评估的方法很多，要做好培训效果评估，最重要的是收集所需的信息。培训效果评估的方法具体分为定性分析和定量分析两种。常用的定性分析方法包括资料法、观察法、集体讨论法、比较法和问卷调查法；常用的定量分析方法可分为加权分析法、成本—收益分析法。

1. 资料法

资料法是最常用的培训效果评估方法之一。为了获得培训评估的数据，我们可以大量收集培训前的目标，学员方面的摸底调研，课后的测试问卷、反馈、行动计划、自评表、项目任务完成情况等资料，这些都是培训评估中非常重要的信息。

2. 观察法

在对学员的行为评估中，观察是一个非常好的方法，通过上司、同事、下属或者人力资源部门的培训组织者等旁观者对学员在培训中和培训结束后的观察，往往可以得到学员在行为方面改变的较有说服力的数据。

3. 集体讨论法

集体讨论法主要用于培训结束后对学员集体的访谈。在会议上，每一个学员都要陈述通过培训学到了什么，以及如何把这些知识运用到工作当中。它侧重于通过学员间的交流、讨论，找出大家最认同的评价。此外，可以通过培训后的讨论、交流，激发学员学以致用的兴趣，甚至还可以通过这种方式让学员自己发现、创造集体学习的机会。

4. 比较法

比较法是一种重要的培训评估手段，它包括横向比较和纵向比较两种。横向比较即学术上讲的对照组比较，是指将一组参加了培训的学员和另一组各方面情况差不多但未参加培训的学员放在一起比较，以推测培训成效的一种方法。纵向比较即学术上的前后对照，是指学员在培训前做一次与培训主题相关的测试，在培训结束后再做一次类似内容和难度的测试，通过前后结果的不同来评估培训的成效。①

5. 问卷调查法

问卷调查法需要预先设计好合适的问卷，在培训课程结束时向受训者中的调查对象发放问卷，敦促其填写回复问卷，以此来获得信息的方法。该方法的关键在于设计有效的问卷。需要注意的是，调查对象和目的不同，问卷也应该有所区别。

6. 加权分析法②

加权分析法主要用于评估培训效果指标较多的情况，首先需要确定各项指标的权重（衡量指标重要程度的数据，所有权重之和等于 1），每个指标分为五个等级（优为 5 分，良为 4 分，中为 3 分，合格为 2 分，不合格为 1 分）。然后就学员的几个方面进行调查，并计算结果，如表 5-8 所示。

表 5-8　加权分析评估示例

指标权重	指标等级					单项指标得分
	5 分	4 分	3 分	2 分	1 分	
工作能力（0.2）	40%	25%	20%	10%	5%	3.85
知识理论水平（0.2）	30%	20%	25%	15%	10%	3.45
职业道德水平（0.2）	55%	20%	10%	8%	7%	4.08
敬业精神（0.4）	10%	60%	20%	8%	2%	3.68

注：单项指标得分=权重×（分值×百分比值）；最终评价结果=指标权重×单项指标得分。

① 喻玉峰：《员工培训实务》，机械工业出版社 2016 年版，第 180 页。

② 赵曙明、赵宜萱：《人员培训与开发》，人民邮电出版社 2017 年版，第 148~149 页。

7. 成本—收益分析法①

成本—收益分析法侧重于数据的量化，当有直接的货币收益时，可以使用该方法，它是比较常见的定量分析评估法。该方法涉及以下两个公式：

培训收益计算公式如下：

$$培训收益 = (E_2 - E_1) \times N \times T - C$$

式中，E_2（E_1）表示培训后（前）每位学员的年效益，N 表示参加培训的总人数，T 表示培训效益可持续的年限，C 表示培训成本。

投资回报率计算公式如下：

$$投资回报率（ROI）=（培训收益 \div 培训成本）\times 100\%$$

若计算出来的 ROI 值小于 1，表明培训收益小于培训成本，说明此次培训没有收到预期的效果。

第八节 特定人员的培训模式

一、新员工培训

新员工培训是企业把录用的新员工从“局外人”转变为“内部人”的过程，也是新员工初步规划或者继续发展自己的职业生涯、发挥自己才能、寻找确定职业理想的过程。②

（一）设计新员工培训内容需要考虑的因素

设计新员工培训内容需要考虑两大因素，即新员工的特点以及新员工培训的目标。

1. 新员工的特点

新员工对企业的规章制度、企业文化以及工作环境等缺乏了解；担心能否有一个良好的发展环境和能否发挥自己的才能；对陌生的环境和同事存在一定程度的心理防范，担忧可否快速融入企业，能否得到应有的欢迎和尊重。

2. 新员工培训的目标

新员工培训应达到的目标有：向员工介绍企业的发展概况、企业文

---

① 刘建华：《人力资源培训与开发》，中国电力出版社 2014 年版，第 178 页。

② 金延平：《人员培训与开发》，东北财经大学出版社 2013 年版，第 155 页。

化、规章制度、工作环境以及岗位要求等；增强员工黏性，降低员工的流失率；帮助新员工尽快适应工作，融入组织中；向新员工阐述企业对他们的期望以及个人在组织上享有的发展平台；减少员工的拘谨，培养新员工的企业归属感，帮助员工尽快成为企业的“自己人”。

（二）新员工培训的内容及实施者

新员工培训的内容及实施者如表 5-9 所示。

表 5-9 新员工培训的内容及实施者

培训项目	培训内容	实施者
融入组织培训	包括文化融入、团队融入和工作环境融入，目标是将新员工培养成自己人	总经理、行政部经理、人力资源部经理
职业化培训	包括对待工作的态度、知识技能的应用、对待职业的责任感、职场中的规则等职业态度、职业意识的培训	总经理、部门经理、优秀员工
岗位技能培训	包括岗位职责要求、岗位上下级关系、岗位基础知识等	部门经理、部门主管、优秀老员工
职业发展培训	向新员工展示组织的职业发展通道，对新员工做职业发展规划方面的培训	培训部经理、人力资源部经理

二、核心员工培训与开发

核心员工是企业的骨干力量，他们为企业的发展做出了大量的贡献，是企业参与市场竞争不可或缺的一部分，一旦失去核心员工，将严重影响企业的绩效，因此，核心员工的培训与开发必不可少。

（一）核心员工的定义

所谓核心员工，就是在群体中能力与天赋突出的、对团体的未来具有重要作用的员工，它们是企业争相招聘的对象。如何辨别是否具有核心员工资格是企业人力资源管理的重中之重。当然，并非中高层领导都是核心员工，那些技术能力强的员工等也在核心员工范围之内。为了精准定位核心人才，企业应该进行实时追踪，通过建立人才发展库来对核心员工进行记录管理。

（二）核心员工培训内容开发

由于核心员工中的中高领导层属于管理开发范畴，这里的核心员工培训主要是针对技术人才的发展，结合核心员工的特征，培训内容侧重于技术提升培训、创新能力培训、合作精神培训、效率培训、心理健康培训等。

1. 技能技术提升培训

技能型人才培养的目标是使核心员工能够更好地胜任本职工作，提高工作效率，逐步帮助其成为技术骨干甚至行业骨干。

2. 创新能力培训

创新能力培训旨在帮助核心员工拓展工作理念，促使他们敢于创新，从而增加整个团体的核心动力，使得企业的发展越来越稳定。

3. 团体精神培训

团体精神培训是基于群体性活动进行的，可以在共同学习生活的过程中提高核心员工对团体的了解，从而提高企业整体的凝聚力。

4. 时间与个人效率培训

有效利用时间可以很大程度上提高员工的工作效率，这是组织或个人都需要追求的目标。

5. 形象与心理培训

形象与心理培训是为了帮助企业员工建立良好的外在形象和健康的心理活动而进行的培训活动。

三、管理人员培训

管理人员培训主要是通过对管理人员进行需求分析，综合分析组织及个人的特点，有针对性地设计培训内容。

（一）基层管理者

基层管理者是企业在生产、销售等活动第一线的直接管理者，也包括在生产服务第一线发挥监督指导作用的主管。因为他们最接近基层员工，他们的管理能力会直接影响到员工工作的积极性和对企业的满意度。此外，基层管理员工不仅需要执行上级命令，还要处理一线工作中的各种问题，重点包括管理实务培训和知识培训。

1. 基层管理者培训需求分析

基层管理者培训需求分析侧重于个人能力的分析。分析基层管理者工作岗位所必须具备的能力要求和现有的差距，从而明确培训重点。

基层管理者培训需求分析宜采用问卷调查法：重点针对基层管理者的工作表现，由基层管理者自己、上级以及同级、下级工作人员来打分，综合评判打分结果，结果可作为开展培训的参考资料。

2. 基层管理者培训的内容

基层管理者培训的内容如表5-10所示。

表5-10 基层管理人员培训的内容

培训项目	培训内容
基层管理人员的角色认知	管理者的权限、地位与任务，基层管理人员的基本素质要求等
管理知识培训	企业规章制度、员工考核标准、工作标准化，企业总体经营计划和分计划
管理实务培训	如何进行生产组织、成本管理、进度管理、安全管理以及质量管理，如何建立有效的奖惩体制和跟踪制度等

（二）中层管理者

中层管理者主要是指企业各级职能部门的管理人员。他们负责企业日常经营中各项职能的具体管理，包括计划、财务、人事、教育、供应、技术、质量、设备、物流等，是企业的“中坚力量”。

1. 中层管理人员培训需求分析

中层管理人员培训需求分析主要包括中层管理人员组织、职务以及个人分析三个方面。

（1）中层管理人员组织分析。中层管理人员组织分析主要从整体出发，需要考虑企业的发展战略目标，保证中层管理人员的培训与开发符合企业的总体目标与发展战略。

（2）中层管理人员职务分析。职务分析是对岗位的设置目的、职责、权力和隶属关系、工作环境、任职资格等相关信息进行分析，其结果是编制培训课程的根据之一。中层管理者的培训需求信息可以通过问卷调查或面谈的方式来收集。此外，中层管理人员根据自身工作情况撰写的工作总结或述职报告也是确定其发展需求的信息源之一。

（3）中层管理人员个人分析。中层管理人员个人分析包括个体特征、能力分析和职业生涯规划分析。

第一，个体特征分析。个体特征包括性别、年龄、职业结构、人格特征、管理风格等方面。

第二，个人能力分析。中层管理者通常应该具备组织能力、协调控制能力以及决策能力。要分析中层管理者对其他能力的培训需求，可以通过他们的工作表现来观察，如绩效考核记录，也可以通过问卷的方式来获取。

第三，职业生涯规划分析。这主要是分析中层管理者对自身工作的了解程度和个人未来发展的需求，从而明确其培训需求。具体可通过查阅人力资源部存档的个人资料获取信息，或者通过面谈的方式获取其职业生涯规划相关资料。

2. 中层管理人员培训的内容

中层管理人员培训的内容如表 5-11 所示。

表 5-11　中层管理人员培训的内容

培训项目	培训内容
企业环境认识	企业战略、企业目标、企业组织结构与决策流程、市场分析等
业务管理能力	专业技术知识、如何建立工作标准、目标管理、项目管理、时间管理、质量管理、冲突管理、职业生涯规划等
领导能力	沟通技巧、如何激励、如何指导和培养下属员工等
团队管理	学习型组织的建立、定编定员管理、团队合作与工作管理等

（三）高层管理人员

高层管理人员培训与开发主要针对企业现任高层管理人员以及有可能进入企业高层的优秀管理人员。

1. 高层管理人员培训需求分析

从组织、职务以及个人等各方面分析高层管理人员的培训需求，调查和分析的方法主要有：访谈法、讨论法、考察法、问卷调查法等。

2. 高层管理人员培训的内容

高层管理人员培训的内容如表 5-12 所示。

表 5-12 高层管理人员培训的内容

培训项目	培训内容
企业所处的环境和国内外形势	宏观经济环境分析、各级政府的各项政策法规、企业所处的经营环境分析、市场发展前景分析、新兴科技等
企业战略发展研究	企业面临的机遇与挑战、企业核心竞争力的创造改革、战略计划、组织扩张策略等
企业现代管理技术	人力资源管理、生产作业管理、财务管理、预测决策技术、质量管理、信息管理等
领导能力	团队管理、目标管理、员工激励、如何有效沟通、冲突管理、员工潜能的开发等
创新意识培养	创新思维训练、思维技巧等
个人修养与魅力的提升	企业家精神、自信力的权威力、商务礼仪等

第九节 职业生涯规划

一、职业生涯及相关理论概述

职业生涯是一个人一生所有与职业相连的行为和活动以及相关的态度、价值观、愿望等连续性经历的过程，也是一个人一生中职业、职位的变迁及职业目标的实现过程。

（一）特质—因素理论

特质—因素理论又称人职匹配理论，由“职业指导之父”弗兰克·帕森斯（Frank Parsons）提出，是最早的职业指导理论。1909 年，帕森斯在其著作《选择一个职业》中讲道：“人与职业相匹配是职业选择的焦点。”特质指的是人的个体特征，如技能、兴趣、性格、价值观等，这些都可以通过心理测评出来；因素则是指在有效完成工作的基础上应具备的资质，这可以通过对工作情况的分析来把握。不同个体有不同的个性特征，而每一种职业由于其工作性质、工作环境等不同，对工作者的能力、知识、技能、性格、气质、心理素质等也有不同的要求。此外，人的每个特质都有相匹配的职业类型，人的特质越与职业因素相匹配，越容易在职业生涯道路上取得成功。人与职业的匹配可以分为以下两种类型。

1. 因素匹配

因素匹配，即职业匹配人。例如，需具备专业理论知识和技能才可以胜任的职业，应与掌握相应理论知识和技能的求职者相匹配；或工作环境较差的职业，就需要能耐劳吃苦且体力好的求职者与之匹配。

2. 特质匹配

特质匹配，即人匹配职业。比如，具有聪明、理性、好奇、细心、批判等人格特征的人适宜从事智力的、抽象的、分析的等研究性质的职业，如科学研究人员、教师、工程师等。

帕森斯还提出了职业选择的“三步范式”，具体如下：

第一步，评估求职者的生理和心理特征。通过心理测试等评估方法，可以了解求职者的价值观、能力、爱好、气质和个性等，并进一步使用访谈和调查等办法获得求职者的家庭背景、身体状况、学业成绩以及工作经验等信息，并对这些资料进行评估。

第二步，分析各个职业的任职要求，并向求职者提供相关信息，如职业性质、待遇水平、工作条件、发展前景，还有求职的最低门槛，诸如学历、年龄、各种能力以及个性特征等要求。

第三步，人职匹配。指导人员首先要把握求职者的特质和各个职业因素；其次，协助求职者对每个职业进行比较分析，以便选择适合其个人特征以及有可能入职且能在职业上取得一定成就的工作。

（二）“职业锚”理论

所谓职业锚，是指当一个人必须做出某种职业选择时，他或她不会放弃的那种至关重要的东西或价值观，或“职业生涯系留点”，亦即某种因素把一个人“系”在了某一种职业上。沙因认为，随着个人自我意识的增强，他会逐渐形成核心的职业价值观，也就是职业锚。基于职业锚理论的沟通，可以帮助管理者更好地了解人才的诉求，为人才的发展奠定坚实的基础，也使得人才能够更好地为雇主创造价值。里德·霍夫曼等在《联盟》一书中提到的设计任期制实际上就是帮助员工进行职业生涯规划。毫无疑问，这些都要基于员工的价值观诉求，而职业锚是判断诉求的一个重要工具。

职业锚本质上也体现了每个人在决策时所围绕的基本原则，决策的权重也由此产生。所以，管理者无论是要挽留人才还是正在吸引人才的路上，如果能清晰地了解人才的核心诉求，就会认识到接下来的举措或指引是至关重要的。

（三）格林豪斯的职业发展理论

格林豪斯（Greenhouse）认为，职业生涯发展可以将人的一生划分为五个阶段，并提出每个阶段针对职业发展面临的主要任务。

1. 职业选择：为工作做准备（0~18 岁）

职业选择阶段要做的包括：接受必要的职业教育，分析自身特质，对各个职业有初步的了解以及选择。在此阶段做出的职业选择并不是个人职业生涯最后的选择，因为人是不断变化发展的，这一阶段的主要目的是建立起个人职业的最初方向，做好进入下一阶段职业生涯的准备。

2. 进入组织（18~25 岁）

在进入组织阶段，个人准备参与到一项新工作中，获取的信息爆炸性增长，在这个基础上反思自己最初的职业选择并重新审视自己，尽量选择一种合适的、较为满意的职业，这也有利于个人的职业生涯发展。

3. 职业生涯初期（25~40 岁）

在职业生涯初期，个人刚进入工作组织中，所要做的任务有：了解企业的规章制度、企业和行业的发展前景以及岗位要求，积极适应并融入组织中，努力提高自身胜任工作的能力，为实现理想做好准备。

4. 职业生涯中期（40~55 岁）

在职业生涯中期，个人一般已经对自己的特质有了充分的了解，应重新评估早期的职业选择，强化或者改变自己的职业理想，选定职业，努力实现理想并有所成就。

5. 职业生涯后期（55 岁至退休）

职业生涯后期还应继续保持较高的生产率，积极工作，维持自信，准备退休。

二、职业生涯规划概述

（一）职业生涯规划的定义

职业生涯规划是在组织的协助下对自身职业生涯的主客观条件进行

测定、分析、总结的基础上，对自己的兴趣、爱好、能力、特点进行综合分析与权衡，结合时代特点，根据自己的职业倾向确定最佳的职业奋斗目标，并为实现这一目标做出行之有效的安排。

（二）职业生涯规划的原则

1. 指导性

职业生涯规划包括短期规划和长期规划，但无论长期还是短期，组织都需对员工有一定程度的指导，职业生涯规划是员工未来职业发展的蓝图。

2. 清晰性

不仅要明确个人职业发展的目标，更重要的是，职业发展目标的行动计划要清晰，一目了然，将该计划作为检查行动的依据，时刻督促员工达到目标。

3. 挑战性

职业生涯规划缺乏挑战性，员工的能力就不会得到有效提升，因此，职业生涯规划是需要员工经过努力才能完成的计划。与此同时，挑战性应该是适度的。

4. 可行性

可行性是指职业生涯规划要有事实依据，是员工可以达到的目标，而不能是不切实际的幻想。

5. 一致性和连贯性

职业生涯规划的每个阶段之间应该保持一定的连贯性，不能断断续续。一致性说的是职业理想、职业目标和具体的阶段目标和行动方案之间要保持一致性，不能前后矛盾。

6. 变动性

职业生涯规划是在某个时间段对未来职业发展的预计和设定，但职业环境是变动的，职业生涯规划应该结合环境的变化做出相应的调整，因此，职业生涯规划一定要具有变动性。

（三）职业生涯规划的步骤

1. 自我评估与他人评估

自我认识和自我评价是个人职业生涯规划的起点，然后才谈得上确定目标和明确实现目标的途径。自我评估是指通过各种信息来判断自己的性格倾向、职业兴趣、动机、价值观念、能力等。自我评估是了解自己或自己事业的锚点。人对自己的认识往往会发生偏差。人们在决定从事某项工作前，很少会考虑该岗位是否符合自己的特质，这常常会导致自己在工作中碰壁。当前，除了职业生涯顾问进行自我评价外，许多衡量个人职业兴趣、职业动机、能力、对不同类型工作环境的偏好等的测量工具都可用于自我评价。

除了自我评价之外，员工还需要了解企业或管理者是如何评价自己的知识和技能，以及他们的知识和技能是否适合在企业的发展及是否有在企业的潜在晋升机会等。为此，可以通过与主管进行面谈交流等来获得这一信息。另外，还可以通过企业自身的业绩评估状况，了解对自己有利的信息。对公司来说，部门经理们也会和员工面谈，讨论他们的个体优势、职业兴趣和可能的发展计划等。①

2. 职业生涯机会评估

职业生涯机会评估的重点是分析影响个人职业选择以及职业发展的因素，包括社会发展、行业发展、企业发展的地位和前景、个人可获得的职业机会、家庭因素等。职业生涯机会的评估主要有以下几个方面：

（1）社会环境分析。社会环境在很大程度上会影响行业的前景和发展，因此有必要分析社会环境，例如，了解国家政治、经济、法制建设的方向。如果因社会环境方面的问题影响行业和企业的发展，可以预见性地做出应对之策。

（2）行业环境分析。对个人愿意从事的行业发展环境和前景等因素进行分析。个人的职业生涯必须在特定的行业、企业中进行，行业的发展是有一定的周期性的，存在变动的可能，了解行业发展环境和前景有利于提前应对各种变化。

（3）企业分析。企业分析包括企业在行业中的地位分析、发展前景分析以及竞争优势分析等。员工的职业生涯发展依托于企业自身的发展，因此企业分析十分重要。如果企业实力雄厚，发展前景良好，既可以提高员工的职业价值，也可以为员工的简历增添一笔丰富的工作经验。反之，企业发展停滞甚至破产，会导致员工的职业生涯非自愿中断。

---

① 张立富：《人力资源管理》，首都经济贸易大学出版社 2018 年版，第 190 页。

3. 目标设定

设立目标就是为自己设定短期和长期的事业目标。制定的目标要切合实际，既要考虑个人兴趣和能力是否与岗位匹配、与企业发展匹配，又需考虑到企业资源配置的状况，善于运用企业人力资源信息系统。在制定职业目标时，员工应该和管理者讨论这些目标，并努力将其纳入企业发展计划中。

4. 行动计划

行动计划要明确实现长期、短期职业发展目标所应采取的措施。比如，如何提高职业素养，参加公司的各种培训、会议、研究和轮岗，利用业余时间学习课程，结交人脉，获取企业招聘信息等。

5. 反馈与修正

职业生涯规划是一个动态的过程，职业目标或行动计划要根据个体、整体以及环境的变化进行相应的调整。公司还应跟踪和帮助员工不断完善他们的职业规划，使之变得合理。

思考题

1. 什么是培训与开发？
2. 试述培训需求分析的内涵与方法。
3. 试述培训方法的选择。
4. 试述培训效果的转化与评估的含义以及评估的方法。
5. 试述特定人员培训内容的设计。
6. 试述职业生涯的概念、理论以及职业生涯规划的步骤。

第六章　绩效管理

本章学习要点:

1. 了解绩效管理与绩效考核的区别
2. 掌握绩效管理全流程环节
3. 掌握如何制订绩效计划
4. 了解进行绩效辅导的方法
5. 掌握如何进行绩效评估
6. 了解绩效结果的运用
7. 掌握 KPI 等绩效目标分解常用方法的运用及其区别

案例导入

“林格尔曼效应”实验

“林格尔曼效应”实验中，林格尔曼让力气相近、数量不同的人拉绳子，测量绳子拉力和平均每个人的拉力值，其结果如表 6-1 所示。

表 6-1　林格尔曼拉绳子实验结果　　　单位：千克

拉绳人数	实际测得拉力	平均每人拉力
1 对 1	63	63
2 对 2	118	59
3 对 3	160	53. 3
8 对 8	256	32

从林格尔曼拉绳子实验的结果可以看出，当参与人数增多时，平均每个人的拉力反而减少了，8 人拉绳子时平均每人拉力变为 1 人拉绳子时拉力的一半，即出现了“1+1<2”的奇怪现象。这个实验说明：单独

作战时，人们倾向于竭尽全力；集体作战时，人们倾向于将责任给团队中其他人，林格尔曼称其为“社会惰性”。

在企业管理实践中，林格尔曼效应同样存在，具体表现为：企业员工数量越多，个体对企业的单独贡献就越难划分清楚，员工对企业目标的责任感也会越小，造成员工付出较少努力或者不付出努力。绩效管理是企业管理中的关键环节，链接了企业战略目标与员工个体目标，引导员工行为，促进企业战略目标的实现。一套好的绩效管理系统会引领员工和企业实现共同目标，反之，坏的绩效管理系统会打击员工士气，诱导错误行为等。

第一节　绩效与绩效管理

一、什么是绩效？

（一）绩效的定义

由于岗位的工作内容不同，绩效的定义也有所差别。常见的绩效的含义包括三种：工作或者任务结果，产出和行为的综合，产出与投入之差。

1. 工作或任务的结果

根据绩效产出说，绩效是指工作或者任务的结果，重点是行为过程中的产出。绩效产出说理论是人们早期对绩效的理解，原因是早期绩效管理的主要对象是体力劳动者或者一线生产工人，该理论目前仍适用于部分职业。例如，销售人员小李的绩效很好，业绩指标超过了预算的10%，这里的“绩效”更强调工作或任务的结果。

2. 产出和行为的结合

根据绩效行为说理论，绩效是指在工作过程中员工表现出来的行为特征，比如工作能力、工作态度和协作意识等。绩效综合说理论综合了绩效产出说理论和绩效行为说理论，指出绩效中的“绩”是工作结果，“效”是工作过程中的行为。衡量员工绩效时，既要评估产出或结果，也要考虑员工在内外环境下的行为。例如，对于负责车间安全工作的小刘而言，既要考虑到其在考核期间完成的安全培训的人次，也要考虑到车间安全检查中工人违规的数量。

3. 产出与投入之差

对于部分工作而言，绩效的产生必然会有一定的投入，如果不论投入地追求某种产出，可能会导致利益受损，因此，绩效也可以理解成工作的产出和投入之差。例如，为了使销售额提高一万元，员工小张付出了两万元的营销成本，绩效产出虽然有所增加，但整体利益却下降了。

在借鉴前人研究的基础上，本书将绩效定义为：在组织运行中可以被客观评价和有效调控的与过程或结果相关的因素。其中，客观评价分为绝对客观和相对客观，如产品数量和员工态度；有效调控是为了避免将不能调控的因素纳入管理的考虑范围内。不同的工作内容和职位等级，行为过程和产出结果的相对比重也会有所差别。

（二）绩效的特征

结合绩效的定义，一般认为绩效具有三个特征：多维性、多因性和动态性。①

1. 多维性

多维性强调员工绩效会体现在多个方面，因此，员工绩效也需从多个维度进行考核，避免以偏概全。常用的评价维度包括：工作业绩，如成果的数量和质量、成本投入效率等；工作能力，如沟通表达能力、专业技术能力等；工作态度，如责任心、积极性等。

2. 多因性

多因性强调员工绩效往往不是取决于单一因素，而是内外部多种因素综合影响下的结果。从员工个体的角度来看，影响员工绩效的因素常分为内部因素和外部因素两类。具体而言，内部因素包括个体的知识和能力水平，更深层次的价值观念、动机、个性等，除此以外，运气和机会等往往也会影响员工绩效；外部因素包括企业和团队环境，如内部激励机制、文化氛围，再就是企业和团队的外部环境，如市场环境、政策环境、竞争对手等。内外部因素之间也会互相影响，例如，积极向上的员工可能使团队氛围更和谐紧密，市场大环境会影响个体的发展机会。同时，内外部因素对绩效的影响也不是单向的，个人绩效也可能会影响员工所处的内外部因素，例如，较高的绩效可能会让员工有更多的培训机会，提高其知识技能水平，同时对团队的影响力可能也会提升，从而

① 周施恩：《人力资源管理高级教程》，清华大学出版社 2017 年版，第 171 页。

改变团队甚至企业的管理制度等；较低的绩效可能会让员工怀疑自身的能力，抑郁不得志的状态不仅会影响员工的性格，也可能影响团队氛围。员工绩效的多因性如图 6-1 所示。

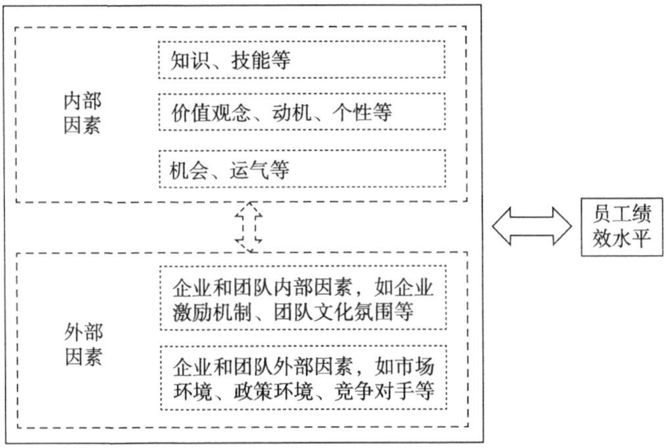

图 6-1 绩效的多因性

3. 动态性

动态性强调员工的绩效不是一成不变的，随着内外部因素的变化，员工个体的绩效也会发生变化。因此，在绩效管理过程中，当工作进展到一定阶段，就需要进行绩效评估，避免绩效管理失去时效性，还需要员工在工作过程中给予监督和支持。当员工当前绩效不好时，需及时分析原因并对症下药；当员工绩效好时，要积极总结原因和经验，进行经验推广，进而保证预期目标的实现。

二、什么是绩效管理？

目前关于绩效管理的定义并不统一，但大部分定义均包含以下要素：①为了实现企业既定的战略目标；②采用绩效水平衡量指标体系；③对行为和结果进行考核。本书将绩效管理定义为：企业为了实现目标及愿景、实现企业和员工的共赢，采用绩效指标体系，通过绩效计划制订、绩效辅导、绩效评估与反馈、绩效结果应用等环节，科学公平地考核员工的行为和业绩结果。

绩效考核是绩效管理的早期形式，换句话说，绩效管理是在绩效考核的基础上发展演变而来的。从目标来看，绩效考核侧重于控制员工、对员工行为和导致的结果进行评价，着眼于考核过去的业绩；绩效管理则侧重于实现企业的战略目标，着眼于如何改进未来的绩效。从时间上来看，绩效考核侧重于在某一个时间点或时间段进行事后考察；绩效管理则是对整个过程的监督和支持，是为了在事前、事中、事后都进行相应的辅导。从方法上来看，绩效考核是被考核者的被动接受，一般是自上而下的考核；绩效管理是考核者与被考核者共同主动参与，双方是为了实现共同的目标。从应用上来看，绩效考核偏向于为薪酬调整等奖惩措施提供依据；绩效管理则偏向于企业战略目标的实现、员工与企业的共同成长以及员工绩效的改进。绩效考核和绩效管理的主要区别见表 6-2。

表 6-2 绩效考核与绩效管理的主要区别

区别	绩效考核	绩效管理
目标	侧重于更有效地控制员工的行为，考核过去的业绩	实现企业的战略目标，整个绩效管理体系都是为战略服务的，改进未来的绩效
时间	在某一个时间点或时间段进行考核，主要是事后考察	整个过程的监督和支持，在事前、事中和事后进行相应辅导
方法	被考核者的被动接受，主要是自上而下的考核	考核者和被考核者的共同参与
应用	为薪酬调整及奖惩提供依据	侧重于企业战略目标的落地、员工的共同成长和绩效的改进

三、为什么要进行绩效管理？

绩效管理能使企业在追求资源利用最小化的同时追求价值最大化。绩效管理是企业人力资源管理中非常关键的环节，不仅能引导员工实现企业战略目标，也是后续利益分配等激励措施的重要依据，而利益分配又关系到企业下一步目标的实现。

图 6-2 是价值链“微笑曲线”，该曲线表明，任何企业的生产经营活动都分为价值创造、价值评估以及价值分配三个环节①，绩效管理处于价值评估一环。一个好的价值评估会准确评估企业的价值创造活动，进而有助于其提出改进计划；同时，价值评估也为后续价值的分配提供了依据，例

① 周施恩：《人力资源管理高级教程》，清华大学出版社 2017 年版，第 174 页。

如，绩效好的人可以得到更多的报酬，这为员工下一步的价值创造活动提供了激励和动力。如此一来，企业的价值创造便不再是简单的重复生产活动，而是持续优化和提高的“螺旋式”上升过程。

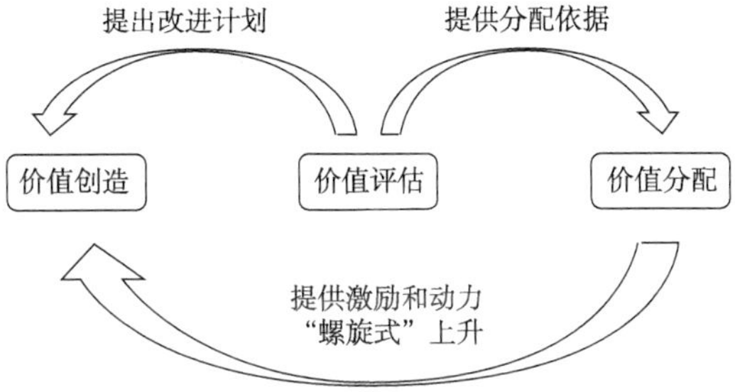

图 6-2　价值链“微笑曲线”

第二节　绩效管理的基本流程

一、绩效管理整体流程

绩效管理的整体流程一般包括绩效计划制订与指标体系构建、绩效辅导、绩效评估与反馈、绩效结果应用等环节，这四大环节构成了绩效管理循环，而绩效结果应用将开启下一个绩效计划，具体如图 6-3 所示。

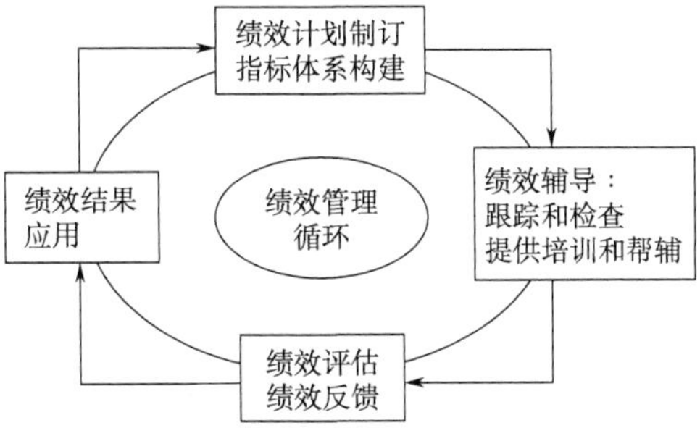

图 6-3　绩效管理循环

二、绩效计划制订与指标体系构建

绩效计划是绩效管理循环的起点，由管理者与员工双方共同投入和参与，是绩效管理的基础。在制订绩效计划时，需要明确参与计划人员

（人力资源部门人员、部门负责人和员工）各自承担的角色，同时绩效计划的制订要符合战略相关性、职位特色性、可测量明确性、目标合理性、综合平衡性。制订绩效计划可参考以下流程：培训员工参与制订绩效计划，传达与解释企业战略目标和计划，分解部门目标以及岗位目标，员工自身制订绩效计划，管理者审核员工绩效计划，绩效计划的沟通和确认，等等。人力资源部门可以根据本企业背景进行调整。

绩效指标体系的构建主要分为绩效目标分解和指标权重设定两个部分。绩效目标分解常用的方法包括目标管理法、关键绩效指标法、平衡计分卡法和目标与关键成果法。设定目标常用方法包括标杆管理法和趋势外推法。本章第七节到第十节会详细分析上述四种方法。当绩效指标确定后，接下来需要完成各个指标的权重设定，常用的权重设定法有直接判断法、三维确定法、因子比较分析法等。此外，绩效目标设定需要根据职级不同、岗位不同等做特殊分析。在指标的权重设计中，单个指标权重不宜过大或过小，同时要注意各指标权重之间应该呈现出明显差异，避免平均分配权重比例。表 6-3 是个人绩效计划书示例。

表 6-3　××公司×××个人绩效计划书

姓名：　　　　　　部门：　　　　　　岗位：

汇报人：　　　　　　　　　　　　　　绩效期间：

工作目标	主要产出	衡量标准	交付时间	评估主体/数据来源	指标权重
目标 1					
目标 2					
⋮					
目标 *N*					

三、绩效辅导

绩效辅导是绩效管理流程的核心环节。绩效辅导是指在绩效管理周期内，管理者对员工进行跟踪和阶段性检查的过程，并且要有计划、有目标、有步骤地进行培训和帮辅。绩效辅导需要明白绩效辅导的角色、常见的辅导形式以及辅导技巧。

绩效辅导是双向沟通，考核者和被考核者都应当积极沟通。绩效辅导常见的形式包括正式沟通（如书面报告、会议沟通和面谈沟通）与非正式沟通（如走动式管理、开放式办公和非正式会议）。此外，建设性沟通的技巧和传授技能的技巧等提升绩效辅导效率的方法也值得关注。

四、绩效评估与反馈

绩效评估是指对照工作目标或绩效标准，采用科学方法公平评估员工在绩效考核期间的工作任务完成状况以及其他工作表现。绩效反馈是指考核人向被考核人反馈其绩效评估的结果，同时双向交流绩效考核期间取得的成绩、存在的问题以及未来的绩效提升计划的过程。

绩效评估中较重要的是评估方法和评估主体。绩效评估方法包括比较法（如强制排序法、配对比较法和强制分布法等）、量表法（如等级锚定法和行为观察量表法）和描述法三大类方法。评估主体包括上级、下级、客户、同事、自己、专家以及其他。

坦诚有效的绩效反馈有利于下一步计划的制订、员工自身不足的弥补和自身优势的放大，进而提高员工和部门绩效。绩效反馈需要上级和员工提前准备和积极沟通。当员工对绩效结果或者绩效流程有异议时，可进行绩效申诉。

五、绩效结果的应用

绩效结果可以运用到人员招聘、员工培训、薪酬管理、人力资源规划等人力资源管理其他环节中。结合管理实践来看，绩效结果通常会用于员工的薪酬福利调整和职位职级调整，也会用于绩效改进，以及开启下一个绩效循环。

第三节 绩效计划与绩效指标体系的构建

一、绩效计划的制订

在新绩效考核周期到来之前，各部门、各岗位的考核人和被考核者需要一起讨论未来一个绩效考核周期将要做什么及其原因、做到什么程度、什么时间交付、需要的资源和支持、员工的权限等分别是什么，当考核人和被考核者就以上问题达成一致并形成了双方签字的契约时，绩效计划就已制订完成。综上所述，绩效计划是指管理者和员工就工作目标、工作内容、工作支持和权限、评估标准等内容达成一致并且双方签字的契约。绩效计划是指导员工在未来一个绩效周期的行为的计划书，也是之后进行绩效评估的重要依据。

按照层次，整个公司的绩效计划可分为三个层次：①企业战略目标和计划；②部门工作目标和计划；③岗位工作目标和计划。基于企业战略目标和未来计划，企业层面的绩效计划将这些目标进行分解提取，以得到关键绩效指标，同时在计划执行过程中进行有效的实施和控制。基于部门职能，企业战略目标和计划被分解到部门工作目标和计划中，这份计划将部门目标分解提取，得到部门关键绩效指标，后者在未来计划执行过程中也需要进行有效的实施和控制。基于岗位说明书等，岗位层面绩效计划将部门工作目标和计划分解到岗位工作目标和计划中，这份计划提取出了岗位的关键绩效指标，在未来执行过程中需要进行全程绩效辅导。具体如图 6-4 所示。

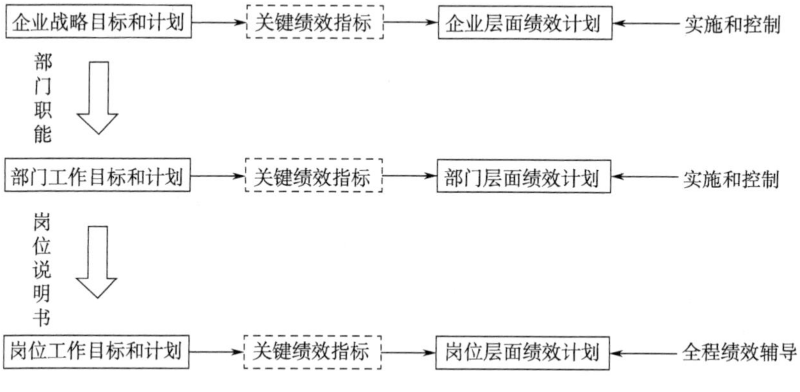

图 6-4 公司绩效计划按层次分类

按照时间，绩效计划一般分为年度、季度、月度、每周和每日绩效计划。除此以外，企业往往还有未来五年绩效计划等长期绩效计划。在时间维度上，往往是较长计划周期的目标被分解成较短计划周期的目标，例如，年度绩效目标被分解为季度绩效目标，再被分解为月度绩效目标和周绩效目标等。

（一）绩效计划的参与人员

在制订绩效计划时，人力资源部门人员、部门负责人和员工都要主动承担角色。

1. 人力资源部门人员

在制订绩效计划时，人力资源专员往往扮演三种角色：设计流程者、组织实施者和人力资源专家。在制订计划之前，人力资源专员需要根据企业的情况设计本企业绩效计划的制订流程。例如，培训员工参与制订绩效计划、传达与解释企业战略目标和计划、分解部门目标以及岗位目标、员工自身制订绩效计划、管理者审核员工绩效计划、绩效计划的沟通和确认等流程。在开始制订绩效计划时，人力资源专员督促各部门按照时间节点完成每位员工的计划制订工作，同时做好各个部门员工绩效计划的备案或者抽查工作。同时，为了提高员工制订绩效计划的效率，人力资源专员最好先编制好《员工个人绩效计划》模板，为部门员工提供指导和帮助。

2. 部门负责人

部门负责人在绩效计划制订过程中扮演着部门目标分解者、员工绩效计划共同制订者的角色。首先，部门负责人需要向员工传达企业战略目标和计划以及本部门工作目标和计划。其次，部门负责人需要将部门目标落实分配到每一个人身上，实现目标的分解。最后，在员工制订自身绩效计划时，部门负责人需要审核个人绩效计划，与员工沟通并达成共识，是员工绩效计划的共同制订者。

3. 员工本人

员工本人是自己绩效计划的制订者，是个人绩效目标的实践者与承诺者。在制订绩效计划的过程中也需要预判可能需要的资源支持，与部门负责人共同确定最后的绩效计划。

（二）绩效计划原则

绩效计划需要符合战略相关性、职位特色性、可测量明确性、目标合理性、综合平衡性。

1. 战略相关性

绩效管理和绩效考核的关键区别是：绩效管理是以实现企业战略为目标，绩效考核是为了控制员工的行为和产出。因此，在拟定部门目标和岗位目标时，关键的绩效指标都应该服务于企业的战略目标，在企业战略目标的层层分解中实现层层落实。换言之，每个岗位的关键绩效目标实现后，部门关键绩效目标就可以实现，企业的战略目标也能够实现。

2. 职位特色性

企业目标分解和部门目标分解都需要落实到岗位上，同时，关键绩效指标也落实到该职位，意味着该职位可以控制或者影响该指标的实现。例如，将人才流失率指标落实到招聘主管职位是不合理的，因为试用期结束后的人才流失很可能是用人部门的原因引起的，这是招聘主管控制不了的。

3. 可测量明确性

当战略目标和计划分解成关键绩效指标时，所有的指标都需要是可以测量的，最好是可以量化的客观指标，如果是非量化指标，也要将其细化，从而确定档级，否则，关键绩效指标就是无效的。同时，每一个目标都要有明确的完成时限和考核日期，避免因绩效的动态性导致绩效考核失去时效性。

4. 目标合理性

如果绩效目标太高，员工可能因此放弃努力；如果绩效目标太低，员工就不需为此努力。因此，绩效目标应是员工通过努力才能完成的目标，这种挑战性任务的完成也会给员工带来激励。

5. 综合平衡性

由于企业战略目标分解成了部门目标和员工目标，因此，在指标完成难易度上，各个部门之间、同一级别的不同员工之间应大体相当，这体现了绩效管理的公平性，也能避免员工的不满情绪。

（三）计划制订程序

绩效计划制订可参考以下流程：培训员工参与制订绩效计划、传达与解释企业战略目标和计划、分解部门目标以及岗位目标、员工自身制订绩效计划、管理者审核员工绩效计划、绩效计划的沟通和确认等。人力资源专员可以根据本企业的背景进行调整。

培训员工参与制订绩效计划是指人力资源专员和管理者共同培训员工绩效管理的基本理念，让员工积极主动参与到绩效管理过程中。参与绩效管理不但是每位员工的权利，也是员工的基本义务。传达与解释企业的战略目标和计划，意味着企业管理层向员工诠释企业的发展目标，让员工了解和认同企业的未来发展，提高员工的主人翁意识，加强其主动性。分解部门目标以及岗位目标是指将企业的战略目标层层分解落实到部门目标以及岗位目标上，例如，销售额度、生产数量等目标较好分解，人力和财务等主要是辅助性目标，侧重辅助企业目标的实现。接下来是员工结合部门目标、岗位内容和自身能力等，制订自己的绩效计划，部门直系领导将审核员工的绩效计划，考虑计划实现的现实性、对部门目标的支持度等，与其进行绩效沟通，调整绩效计划，最后确定每位员工的岗位绩效计划。

二、绩效指标体系

设计绩效核心指标体系有两个重要的环节：第一，绩效目标分解，即将企业目标和部门目标分解到每一位员工的指标上，这些指标是未来绩效考核的基础；第二，指标权重设定，绩效目标有轻重缓急，不同的绩效指标应该根据其重要性设定不同的权重。

（一）绩效目标分解

为了实现企业战略目标和计划，员工的绩效计划目标往往是由企业计划目标、部门计划目标等层层分解而得到的，具体如图 6-5 所示。拟订员工绩效目标时，常用的方法包括目标管理法（MBO）、关键绩效指标法（KPI）、平衡计分卡（BSC）和目标与关键成果法（OKR）。此外，在目标设定中，常用的方法还包括标杆管理法和趋势外推法。由于本章第七节到第十节会详细分析这四种方法，本节主要做简要介绍。

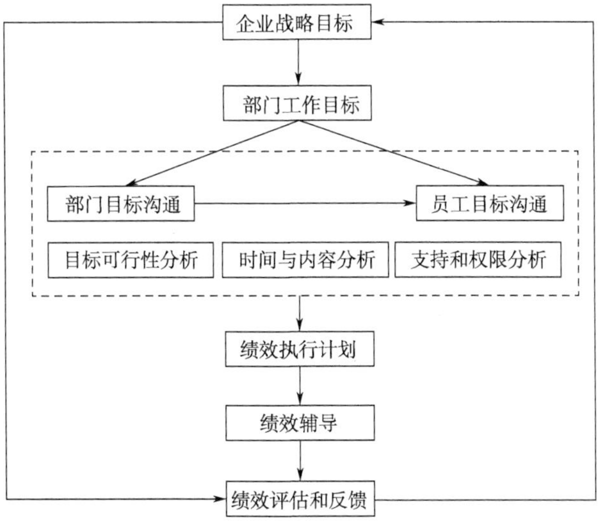

图 6-5　企业战略目标分解流程

1. 目标管理法

目标管理法（MBO）的主要评估对象是工作业绩而非员工行为，这会将员工注意力引导至实现最终目标而非工作过程中。除此以外，由于主要关注的是工作业绩，员工有动力持续提高效率，因此，其在工作过程中也拥有相对多的自由，有助于培养享受工作、快乐生活的公司文化。

目标管理法具有以下优势：①使各级管理者及员工都明白企业的总目标、组织结构、分工与合作及各自的任务；②容易度量以及分解的目标往往会带来更好的绩效结果；③有利于调动员工的积极性、主动性和创造性。由于目标管理法侧重结果指标，当目标期短、目标不明确、绩效沟通不足时，都可能影响目标管理法的效果。

2. 关键绩效指标法

关键绩效指标（KPI）是指衡量公司、部门或人员业绩好坏的关键指标。如果关键绩效指标设置合理，这些指标设定的目标都能很好地完成时，说明员工履职情况较好，部门的重要工作和企业的核心目标能基本实现。关键绩效指标法有狭义和广义之分，狭义而言，在层层目标分解以及量化的基础上，通过设立组织及个体 KPI，建立 KPI 体系，进而控制和衡量组织重点活动及其核心效果；广义而言，通过目标管理方式提取组织成功的关键因素，并不断分解和传导到基层单位，从而确保组织战略目标的实现。关键绩效指标的特征包括三项：①关键性，即 KPI 对企业的整体价值或者个人的工作重点有重要影响；②可衡量性，即 KPI 要有清晰的定义、评价标准、计算方法以及数据收集方法，指标最好容易操作且没有歧义；③职位特色，即 KPI 责任主体对关键指标具有较强的控制能力，换言之，员工能通过改变自己的行动来显著影响指标结果。

鱼骨图是提取关键绩效指标的一个有效方法。鱼骨图实质上是因果分析图，右侧的鱼头是需要解决的问题，鱼刺与鱼脊成 45 度角，可在各个鱼刺上分析问题的原因或者指标，再将原因或者指标细化到每一根小刺上，直到基本穷尽。如图 6-6 所示，核心目标是“提高资产利用率”，固定资产管理流程、存货管理流程和应收账款管理流程都将对核心目标产生重要影响，继而将三大因素进一步细化，从而得到了关键绩效指标。

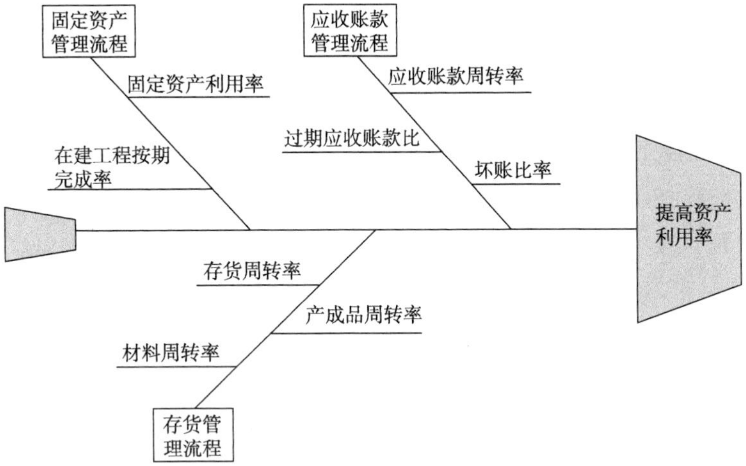

图 6-6　利用鱼骨图提取关键绩效指标

3. 平衡计分卡

平衡计分卡（BSC）是将传统的财务指标与非财务指标相结合以评价绩效，它摆脱了其他绩效评价体系只侧重财务指标的误区，而是将关键绩效指标体系划分成财务收益、市场客户、内部流程和学习成长四个维度，将企业当前绩效和未来绩效有机结合，给管理者提供了更丰富的信息，它也是一种战略管理工具，具体如图 6-7 所示。

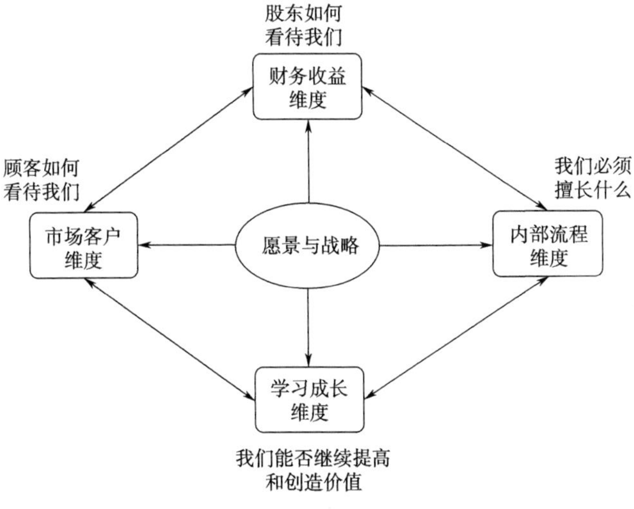

图 6-7　平衡计分卡维度

4. 目标与关键成果法

目标与关键成果法（OKR）由两个部分组成：一是一个极致聚焦的明确目标，这个目标可以驱动组织或员工朝目标方向前进；二是量化该目标的多个关键结果，用于衡量目标完成情况。例如，当目标是“运营一款线上游戏”时，关键结果可以是“一周 35 万元营收”或者“一天有 3 万下载量”。设定 OKR 目标时需要明确三个原则：①目标要明确且鼓舞人心，即目标具有挑战性；②由独立团队实现目标，即执行主体必须清楚；③目标要有时间期限，因为有确定的截止日期更有助于目标实现。表 6–4 是一份模拟的员工 OKR 管理报表。

表 6–4 ××公司 OKR 与关键结果管理报表（模拟）

<table>
<tr><td colspan="8">××公司 OKR 与关键结果管理报表</td></tr>
<tr><td colspan="8">姓名：____________ 岗位：____________</td></tr>
<tr><td colspan="8">愿景、使命、战略目标</td></tr>
<tr><td colspan="3">部门</td><td colspan="5"></td></tr>
<tr><td colspan="3">愿景</td><td colspan="5"></td></tr>
<tr><td colspan="3">使命</td><td colspan="5"></td></tr>
<tr><td colspan="3" rowspan="4">战略目标
（年度）</td><td colspan="5">1</td></tr>
<tr><td colspan="5">2</td></tr>
<tr><td colspan="5">⋮</td></tr>
<tr><td colspan="5">N</td></tr>
<tr><td colspan="5">计划表</td><td colspan="3">考评表</td></tr>
<tr><td>序号</td><td>目标
（O）</td><td>关键成果
（KRs）</td><td>KRs 权重</td><td>O 分值</td><td>KRs 完成度</td><td>KRs 得分</td><td>O 得分</td></tr>
<tr><td rowspan="4">1</td><td rowspan="4"></td><td></td><td></td><td rowspan="4"></td><td></td><td></td><td rowspan="4"></td></tr>
<tr><td></td><td></td><td></td><td></td></tr>
<tr><td></td><td></td><td></td><td></td></tr>
<tr><td></td><td></td><td></td><td></td></tr>
<tr><td rowspan="4">2</td><td rowspan="4"></td><td></td><td></td><td rowspan="4"></td><td></td><td></td><td rowspan="4"></td></tr>
<tr><td></td><td></td><td></td><td></td></tr>
<tr><td></td><td></td><td></td><td></td></tr>
<tr><td></td><td></td><td></td><td></td></tr>
</table>

续　表

××公司 OKR 与关键结果管理报表							
⋮							
N							

目标与关键成果法和关键绩效指标法有以下四点区别：①实质不同。OKR 是一种管理方法，用于时刻提醒每一个人当前任务是什么；KPI 是一种绩效考核工具，旨在建立目标考核指标，推动业务前进，考核结果与薪酬等后续奖惩挂钩。②假设不同。OKR 假设员工具有强烈意愿去实现个人目标；KPI 假设员工需要外部力量推动去实现目标。③指标制定不同。OKR 是员工知悉和思考企业和部门战略目标的前提下，个人制定指标，由上（下）级动态修正，更能发挥员工的积极性；而 KPI 是自上而下地分解目标。④结果要求不同。OKR 最终完成度为 60%~70%是正常的，数字本身不重要；KPI 要求基本完成绩效目标。二者的区别如表 6-5 所示。需要说明的是，OKR 和 KPI 是可以结合使用的：KPI 负责考核，OKR 负责过程。

表 6-5　OKR 和 KPI 的区别

区别	目标与关键成果法（OKR）	关键绩效指标法（KPI）
实质	一种管理方法，用于时刻提醒每一个人当前的任务是什么	一种绩效考核工具，旨在建立目标考核指标，推动业务前进，考核结果与薪酬等后续奖惩挂钩
假设	员工具有强烈意愿去实现个人目标	员工需要外部力量推动去实现目标
指标制定	员工知悉和思考企业和部门战略目标的前提下，个人制定指标，由上（下）级动态修正，会更大地发挥员工的积极性	自上而下地分解目标

续 表

区别	目标与关键成果法（OKR）	关键绩效指标法（KPI）
结果要求	最终完成度为 60%～70% 是正常的，数字本身不重要	要求基本完成绩效目标

以上是目前主要使用的四种方法。目标管理法（MBO）奠定了企业目标层层分解的基础思路，关键绩效指标法（KPI）提供了分解目标的方法，平衡计分卡（BSC）为 KPI 提供了分解方向，但 KPI 和 BSC 都是企业要求员工如此做；目标与关键成果法（OKR）是员工自己有很强的意愿去实现企业战略目标和个人目标。图 6-8 是四种方法的联系和区别。

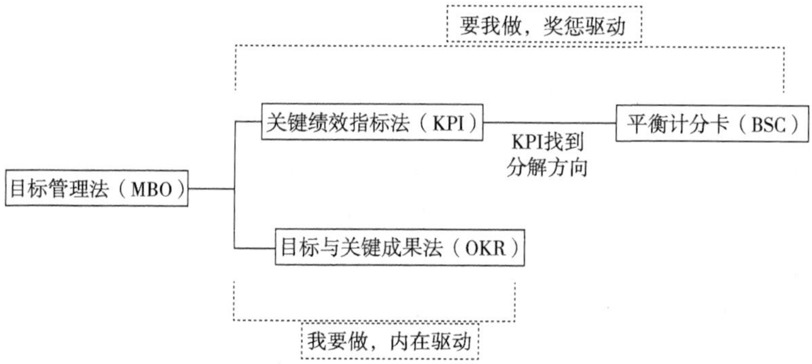

图 6-8　四种绩效管理方法的联系和区别

5. 其他方法

在设定企业目标时，还有两种方法：①标杆基准法；②趋势外推法。

标杆基准法是企业以行业标杆企业为参照标准，对其优势做法进行认真解读、分析和判断，再结合自身特点设置绩效指标目标值。在绩效指标的进一步提取上仍可以借鉴标杆企业的考核指标、目标和考核办法。这一方法的优点是目标值的设置符合市场情况，目标具有一定的挑战性，同时简便易行、见效快；其缺点是不能完全把握标杆公司设置该指标的详细背景，可能会“东施效颦”，也可能因目标值的标准过高造成员工的抵触情绪或者信心不足。标杆基准法比较恰当的应用思路是：充分发挥标杆管理查漏补缺、启发灵感的作用，与其他方法配套使用。

趋势外推法适用于企业经营环境较平稳、经营战略没有变化的情况，此时公司可以根据企业经营的历史数据进行趋势分析，得出相关绩效指标的目标值。趋势外推法的优点是符合企业的实际情况，成本较低，易于让员工接受；其缺点是由于企业的发展是动态的过程，有时候历史数据是否值得参考需要仔细评估。例如，在新冠疫情的冲击下，对于主营业务是外贸的企业，其历史销售数据极可能不再成为制订计划的主要参考。因此，当使用趋势外推法时，需要结合环境变化、企业战略变化等进行动态调整。表 6-6 是对标杆基准法和趋势外推法两种方法的比较。

表 6-6　标杆基准法与趋势外推法的比较

方法	趋势外推法	标杆基准法
定义	根据企业经营的历史数据进行趋势分析，得出相关绩效指标的目标值	以行业标杆企业为参照标准，对其优势做法进行认真解读、分析和判断，再结合自身特点设置绩效指标目标值
优点	符合企业的实际情况，成本较低，易于让员工接受	目标值的设置符合市场情况，目标具有一定的挑战性，简便易行、见效快
缺点	由于企业的发展是动态的过程，有时候历史数据是否值得参考需要仔细评估	不能完全把握标杆公司设置该指标的详细背景情况，可能会“东施效颦”，也可能目标值的标准过高，造成员工的抵触情绪或者信心不足
应用思路	结合环境变化、企业战略变化等动态调整	发挥标杆企业查漏补缺、启发灵感的作用，与其他方法配套使用

（二）指标权重设定

绩效指标确定后，接下来则需要完成各个指标的权重设定。权重设定的方法较多，本节主要讨论直接判断法、三维确定法和因子比较分析法这三种方法。

1. 直接判断法

直接判断法是指从自身经验和对指标重要程度的了解出发，或者从引导方向出发，由指标设定者直接对各项指标分配权重。只有当指标设定者对考核对象的工作和职责十分了解时，直接判断法才比较有效。直接判断法简单易行、成本较低、效率较高，但是该方法主观性强，容易招致员工的不满和质疑。为了减弱个人色彩，可以邀请专家团进行直接判断，专家团可以包括人力资源专家、部门直接领导、有经验的员工等。具体做法是专家团中的专家作为评委，独立对当前所有的绩效指标分配权重，根据专家评价的结果取平均值得出最终的绩效指标权重。

2. 三维确定法

三维确定法是指综合现有资源条件下该指标的可实现程度、紧急程度和重要程度三个方面，得出指标的权重系数。三维确定法的操作步骤如下：第一步，采用“五点打分法”，按可实现程度、紧急程度和重要程度对指标分别打分；第二步，将每个指标的可实现程度分数、紧急程度分数和重要程度分数相乘，得到该指标的综合分数；第三步，将每个指标的综合分数相加，继而确定每个指标分数在总综合分数中所占的比例，最终得出每个指标的权重值。①

3. 因子比较分析法

因子比较分析法是指绩效指标两两之间进行比较。因子比较分析法的具体做法是：第一，指标之间进行两两比较赋分，纵向指标相对于横向指标而言，5 代表纵向指标相对于横向指标非常重要，1 代表纵向指标相对于横向指标非常不重要，3 是相同重要，4 和 2 分别是比较重要和比较不重要；第二，加总每一个纵向指标的分数；第三，汇总各个指标的分数，从而得到指标总分数，继而确定每个指标分数所占比例以及权重。因子比较分析法的优点是：①允许多个指标设定者各自做出判断，在一定程度上消除了个人主观性；②综合定量处理每个指标设定者对指标重要性的判断结果；③简单易行，成本较低。这种方法的缺点在于其仍然在较大程度上受主观倾向影响，结果的客观性、准确性仍存欠缺，但可以通过多位指标设定者共同确定来减缓此劣势。

---

① 林新奇、蒋瑞：《绩效管理》，中国人民大学出版社 2020 年版，第 121 页。

案例示范

因子比较分析法

某部门有六个关键绩效指标，采用因子比较分析法确定每个指标权重，具体如表 6–7 所示。

表 6–7　因子比较分析法示例

绩效指标	指标甲	指标乙	指标丙	指标丁	指标戊	指标己
指标甲	/	5	2	3	3	1
指标乙	1	/	2	2	3	5
指标丙	4	4	/	3	3	1
指标丁	3	4	3	/	1	2
指标戊	3	3	3	5	/	3
指标己	5	1	5	4	3	/
指标分数	16	17	15	17	13	12
指标权重	18%	19%	17%	19%	14%	13%

注：表中 5 代表纵向指标相对于横向指标非常重要，1 代表纵向指标相对于横向指标非常不重要，3 代表相同重要，4 和 2 分别是比较重要和比较不重要。

（三）指标体系注意事项

之前谈及绩效指标设定时，我们并没有根据职级、岗位等的不同做特殊分析。实践中，高层、中层和基层人员的职级特点不同，其对企业业绩的贡献也不同，因此，绩效指标设定会有一定区别。具体而言，越往高层，越要注意结合长期绩效和短期绩效，注重结果而非行为；越往基层，越应当强调行为过程。具体如图 6–9 所示。除此以外，对于不同的岗位类型，如技术类和行政类岗位，绩效指标的设计同样应有不同的特点和侧重。

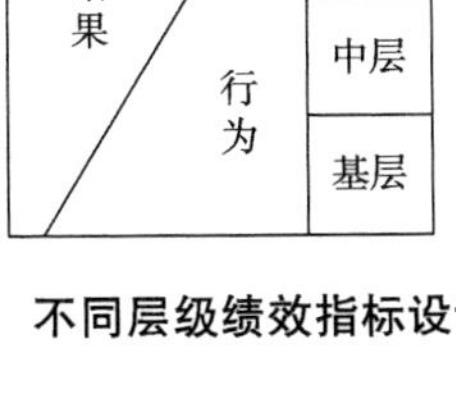

图 6–9　不同层级绩效指标设计特点

在设定指标权重时，除了要保证所有指标权重之和是100%，还需要考虑：①单个指标权重一般不高于50%，权重过高容易导致员工“抓大头扔小头”；②单个指标权重最小不能小于5%，否则该指标可能没有考核意义；③各指标权重应呈现明显差异，避免平均分配权重。

案例示范

表6-8 ××公司大客户经理个人绩效计划书①

员工姓名：张某　　　　岗位：大客户经理

汇报人：市场部总经理　　　　绩效周期：20××.1.1—20××.12.31

工作目标	主要产出	衡量标准	交付时间	评估主体/数据来源	指标权重
销售目标	大客户数量、销售额和客户保持率	1. 大客户数量45个 2. 销售额3亿元 3. 客户保持率高于80%（含）	20××年12月底	销售记录	45%
修订《大客户管理规范》	完善后的《大客户管理规范》	大客户管理流程清晰、职责明确	20××年1月底	主管评估	25%
更新大客户数据库	大客户数据库	大客户信息全面准确，并且动态更新、周期盘点回顾	每月进行一次	主管抽查（不少于15%）	15%
优化本部门的组织结构	团队业务能力以及工作协同性	团队成员优势互补，能以小组面对大客户	20××年3月15日	主管评估 下属评估	15%

第四节 绩效辅导

绩效辅导是绩效管理的核心环节。绩效辅导是指在绩效管理周期内管理者对员工进行跟踪和阶段性检查的过程，并且要进行有目的、有计

① 周施恩：《人力资源管理高级教程》，清华大学出版社2017年版，第177页。

划、有步骤的帮辅。绩效辅导的目的是及时发现并解决阻碍员工绩效提升的因素，使得员工的知识技能、工作方法、工作态度和价值观念等都得到系统性改善和提高，不仅可以把管理者和员工有效地联结在一起，而且可以提高个人和组织的绩效。

一、绩效辅导角色

绩效辅导不应该只落在绩效管理的开始或者结尾，而应该贯穿于绩效管理的整个过程。为了提升绩效辅导效率，最大限度地发挥被考核者的潜能，考核者应积极主动地告诉被考核者的具体表现。当外部环境、企业战略目标等发生变化时，考核者要及时与被考核者沟通，使之始终明确企业和部门的目标和计划；同时，被考核者面临问题时也应主动找上级沟通，双方都积极主动方能使绩效辅导成为可持续的、向上发展的沟通过程。

当对下级进行绩效辅导时，辅导角色通常分为工作教练、合作伙伴和资源支持等三类。当被考核人出现目标偏差时，考核人扮演着工作教练的角色，对其进行以启发为主、培训为辅的纠偏，即启发思路、教授知识、锻炼技能；当被考核人能有条不紊地履行岗位职责时，考核人扮演着合作伙伴角色，即让被考核人进行自我管理，如果被考核人遇到了问题，合作伙伴应当与被考核人一起解决难题；当被考核者遇到工作必需但是自己获取不了的资源时，考核人则扮演着资源支持者的角色，即帮助其获得必需的资源，完成工作任务。需要说明的是，无论角色是什么，考核人都需要对被考核者做好绩效监控，充分了解相关情况。

绩效辅导不仅需要考核人的积极帮助，还需要被考核人的共同努力。例如，为了完成绩效目标，被考核者应主动与上级沟通，汇报目前进展、请求对绩效结果的反馈以及汇报面临的问题，除此以外，个人状态变化等可能影响绩效目标实现的重要信息也需要与考核者积极交流。

二、绩效辅导的形式

绩效辅导的常见形式包括正式沟通和非正式沟通两大类。

（一）正式沟通方式

正式沟通方式常常包括书面报告、会议沟通和面谈沟通三种。[①]

1. 书面报告绩效辅导

书面报告指的是考核人与被考核人之间通过书面报告的形式传递绩效辅导信息，其适用情况往往是：①企业文化或者团队文化习惯用文书报告；②考核人和被考核人之间有时间或空间距离。

书面报告绩效辅导的优势有：①有利于培养员工及时收集信息、做好工作记录的习惯，还可以锻炼员工的逻辑思维能力和书面表达能力；②报告内容严谨、准确，同时报告便于保存，也能在较短的时间内收集大量被考核人的工作信息；③绩效沟通突破了时间、空间的限制。书面报告绩效辅导可能存在以下缺点：①信息是单向传递的，缺乏双向交流，因此，被考核者在收到书面报告时要及时反馈，可以和会议沟通、面谈沟通等方式结合使用，反馈信息要对被考核者起到真正的帮助作用；②书面报告中大量信息的收集与整理以及呈现可能会占用被考核人较多的时间，因此，书面报告的设计要尽可能简单、实用，细节等可以采用截图等方式；③不方便实现团队层面的信息共享，因此，为了减少团队内信息的不对称，考核者可以通过定期的团队工作会议将重要信息传达给相关人员。表 6–9 是书面报告示例。

表 6–9 书面报告示例

被考核人姓名： 部门： 岗位：

绩效期间： 汇报人/考核人姓名：

绩效自述
目标与完成进展： 目前面临的问题： 目前所需的资源与支持： 其他需要说明的情况：
下一步工作计划

① 任康磊：《绩效管理量化考核——从入门到精通》，人民邮电出版社 2019 年版，第 126 页。

续　表

汇报人/考核人评价意见	
被考核人意见	
考核人签字/日期	被考核人签字/日期
××××年××月××日	××××年××月××日

2. 会议沟通绩效辅导

会议沟通是指一位考核人与多位被考核人召开会议，会议主题是绩效回顾和绩效辅导，双方在会议上共同探讨绩效情况，共同提升绩效能力，其适用情况往往是：①考核人需要辅导的被考核人人数比较多；②被考核人之间绩效有一定的协同性和相关性，绩效信息共享能够有效提升管理效率。

会议沟通绩效辅导的优势有：①可以满足团队绩效信息交流的需要，一定程度上避免了团队内信息不对称；②方便管理者向员工传达与解释企业发展战略或企业文化、企业和部门工作重点变化等信息，帮助员工了解组织目标并找到更好的工作方式；③考核人和所有被考核人之间可以面对面直接交流，弥补了书面报告或者一对一面谈的不足。会议沟通可能存在的缺点包括：①有些敏感或者私密问题不便在会议上公开讨论，因此，如果有不便讨论的情况，可以在会议之前或之后采用一对一面谈的方式交流辅导；②人员过多可能会让绩效辅导会议走形式，而不是需要会议辅导，考核人一定要避免为了开会而开会，在开会之前要思考开会原因、会议主题、拟邀请的相关人员和需要提前做好的准备，在会议上解决实际、具体的绩效问题才是关键；③会议中的绩效辅导可能并不能针对每一位在场的被考核人，有可能影响部分被考核人的正常工作，管理者要保证在同一个会议上，参会人员讨论的主题要具有一定的共同点或协同性，同时注意提高会议效率，减少会议时间。

会议沟通绩效辅导的整个过程要形成详细的会议纪要，并由参会人签字；有条件或者有必要的，还可以录音存档。表 6-10 是会议沟通纪要示例。

表 6-10　会议沟通纪要示例

会议时间	会议地点	主持人	参会成员与岗位
考核人姓名	考核人部门	考核人岗位	
会议主题			
会议议程			
会议内容			
会议确定的行动计划			
参会人员签字			

3. 一对一面谈沟通绩效辅导

一对一面谈绩效辅导的适用情况往往是：①企业或者团队管理文化比较强调隐私；②考核人需要辅导的被考核人数量相对较少，考核人时间相对充裕；③被考核人的问题比较多或比较严重。

一对一面谈的优势有：①可以使考核人与被考核人之间深入沟通，

有利于拉进双方心理距离，便于管理者日常管理；②双方可以谈论不宜公开的观点或者想法，并且考核人还可以根据被考核人处境，因人制宜地对其存在的困难给予指导或帮助。一对一面谈可能存在的缺点有：①被考核人可能会有较大的心理压力，特别是当被考核人在该绩效周期内工作结果不如意或者出现错误时，考核人在绩效辅导前要给予一定的鼓励，做好面谈开场，避免被考核人过分紧张、不主动分享信息的情况；②考核人易带有个人感情色彩评价被考核人，因此，考核人要掌握一定的面谈交流技巧，尽量客观公正；③若没有充分的准备，可能会浪费双方时间，双方都应当提前做好面谈的各项准备。表 6-11 是面谈沟通记录样表。

表 6-11　面谈沟通记录样表

被考核人姓名：　　部门：　　岗位：

面谈时间：　　绩效期间：　　汇报人/考核人姓名：

工作目标 工作进展或结果	被考核人工作现状
绩效现状沟通结果	
改进方向及措施	
需要的资源和支持	
被考核人意见	
考核人签字/日期	被考核人签字/日期
××××年××月××日	××××年××月××日

表6-12为三种正式沟通方式的优缺点及改进方法。

表6-12 三种正式沟通方式的优缺点及改进方法

沟通方式	优点	缺点	改进方法
书面报告	①有利于培养员工及时收集信息、做好工作记录的习惯，还可以锻炼员工的逻辑思维能力和书面表达能力。 ②报告内容严谨、准确，同时报告便于保存，也能在较短的时间内收集大量被考核人的工作信息。 ③绩效沟通突破了时间、空间的限制	①信息是单向传递的，缺乏双向交流。 ②书面报告中大量信息的收集、整理及呈现可能会占用被考核人较多的时间。 ③不方便实现团队层面的信息共享	①被考核者在收到书面报告时要及时反馈，可以和会议沟通、面谈沟通等方式结合使用。 ②书面报告设计要尽可能简单、实用，细节等可以采用截图等方式。 ③考核者可以通过定期的团队工作会议将重要信息传达给相关人员
会议沟通	①可满足团队绩效信息交流的需要，一定程度上避免了团队内信息不对称。 ②方便管理者向员工传达与解释企业发展战略或企业文化、企业和部门工作重点变化等信息，帮助员工了解组织目标并找到更好的工作方式。 ③考核人和所有被考核人之间可以面对面直接交流，弥补了书面报告或者一对一面谈的不足	①有些敏感或者私密问题不便在会议上公开讨论。 ②人员过多可能会让绩效辅导会议变成走形式，而不是需要会议辅导。 ③可能影响部分被考核人的正常工作	①不便讨论的情况可以在会议之前或之后采用一对一面谈的方式交流辅导。 ②考核人一定要避免为了开会而开会，在会议上解决实际、具体的绩效问题才是关键。 ③要保证在同一个会议上，参会人员讨论的主题要具有一定共同点或协同性，同时注意提高会议效率、减少会议时间
面谈沟通	①可以使考核人与被考核人之间深入沟通，有利于拉进双方心理距离，便于管理者日常管理。 ②双方可以谈论不宜公开的观点或者想法，并且考核人还可以根据被考核人的处境，因人制宜地对其存在的困难给予指导或帮助	①可能会给被考核人带来比较大的心理压力。 ②考核人易带有个人感情色彩评价被考核人。 ③没有充分的提前准备可能会浪费双方时间	①考核人在绩效辅导前要给予一定鼓励，做好面谈的开场。 ②考核人要掌握一定面谈交流技巧，尽量客观公正。 ③双方都应当提前做好面谈的各项准备

（二）非正式沟通方式

非正式沟通方式主要有走动式管理、开放式办公和非正式会议等。①

1. 走动式管理

走动式管理是指管理者经常到员工工位附近走动，与员工进行交流，及时对员工的工作进行反馈或者解决困难。此方式的优点是管理者的问候和关心可以减少员工的压力，使员工受到更多鼓舞和激励；缺点是如果管理者走动频率太高或者走动方式不太好，会让员工感觉管理者在监视其工作行为，容易使员工产生心理压力或者逆反情绪。

2. 开放式办公

开放式办公是指管理者的办公室向员工开放，员工可以随时进入并与其讨论问题。此方式的优点是管理者将员工置于比较主动的地位，员工可以自己选择与管理者进行沟通的时间、频率和主题；缺点是会占用管理者大量时间，导致管理者的管理效率降低。

3. 非正式会议

非正式会议是指团队聚餐、联欢会等各种形式的非正式团队活动。非正式会议使管理者能够在比较轻松和谐的氛围中掌握员工的工作情况以及需要帮助解决的问题等。

表 6-13 是三种非正式沟通方式的含义及优缺点。

表 6-13　非正式沟通方式的含义及优缺点

沟通方式	含义	优点	缺点
走动式管理	管理者经常到员工工位附近走动，与员工进行交流问候，及时对员工工作进行反馈或者解决困难	管理者的问候和关心可以减少员工压力，使员工受到更多的鼓舞和激励	如果管理者有太高的走动频率或者不太好的走动方式，会让员工感觉管理者在监视其工作行为，容易使员工产生心理压力或者逆反情绪

① 林新奇、蒋瑞：《绩效管理》，中国人民大学出版社 2020 年版，第 223 页。

续 表

沟通方式	含义	优点	缺点
开放式办公	管理者的办公室向员工开放，员工可以随时进入并与其讨论问题	管理者将员工置于比较主动的地位，员工可以自己选择与管理者进行沟通的时间、主题和频率	占用管理者大量时间，导致管理者管理效率降低
非正式会议	团队聚餐、联欢会等各种形式的非正式团队活动	使管理者能够在比较轻松和谐的氛围中掌握员工的工作情况以及需要帮助解决的问题等	

三、绩效辅导技巧

在绩效辅导过程中，考核人和被考核人之间交流沟通、考核人给被考核人传授技能是两个重要环节，下面我们着重讨论这两个环节中的一些技巧。

（一）建设性沟通的技巧

为了让考核双方的沟通更具有建设性，本节总结了平时下功夫、营造交流氛围和高效沟通方面的技巧。

1. 平时下功夫

绩效辅导过程中的交流氛围主要取决于考核双方平时的关系。如果管理者平时对员工不闻不问或者呼来喝去，那么，无论其在绩效辅导过程中如何假装，员工都会保持警惕、不轻易相信。因此，管理者平时要下功夫营造良好形象，与员工坦诚相待、真诚帮助，将其视为合作伙伴，同时要注意对每一位下属公平公正、不偏袒。

2. 营造交流氛围

交流氛围对绩效辅导至关重要，良好的交流氛围会引发更多的信息分享和接纳，不好的交流氛围会让员工感到压力，不利于双方信息的传递。绩效辅导谈话最好是在安静、明亮的房间，没有访客、噪音和电话等的干扰，双方位置紧挨着而不是相对，这样更有利于双方沟通。

3. 高效沟通

在沟通过程中可采用三明治法，即开头和结尾都是一些较轻松、积极和有动力的内容，中间要快速高效地解决问题。沟通开始时，双方可以聊一些与绩效无关或者与工作无关的内容，但由于其主要是营造交流气氛，所以时间不宜过长。正式进行绩效辅导时，双方应该快速聚焦问题，针对问题进行高效讨论，形成方案。在沟通快要结束的时候，管理者应总结此次绩效辅导的内容，表达对员工的期望和信任。同时，在绩效沟通过程中，管理者特别需要注意三点：①认真倾听。绩效辅导是管理者和员工之间的双向沟通，如果管理者不能认真倾听，绩效辅导就会变成管理者单向的指示或命令。倾听过程中要让对方把话说完，同时积极用“对”“嗯”等简单的语言或者点头等行为给予反馈，认真分析对方可能存在的话外之音，简要概括对方表达的内容并获得对方的认可。②注意肢体语言。管理者需要注意摇头等一些无意义甚至对沟通有破坏性的肢体语言，这可能会分散对方的注意力，影响沟通效果。③对待不同性格、能力以及态度的员工，管理者应采用不同的沟通策略。例如，对于能力强的员工，沟通内容可以更多是激发其责任心和主动性，甚至与其一起讨论职业规划；对于能力一般的员工，沟通内容更多可以是辅导，提升其工作能力；对于能力较低且态度较差的员工，管理者可以适的态度当严厉。

在绩效辅导过程中，管理者一定要学会克制自己，避免矛盾激化。矛盾未被激化，就还存在解决矛盾的可能性；矛盾一旦被激化，就有可能出现无法回旋甚至两败俱伤的局面。

（二）传授技能的技巧

有些管理者自己能非常出色地完成工作，但当给员工传授技能时效果却不理想，这时就需要管理者提高传授技能的技巧。

第一步，管理者告诉员工某项工作或某项技能的具体操作流程、方法以及其中的注意事项等，简言之，就是把如何做好这项工作的一切信息都传达给员工。

第二步，管理者按照流程实际操作演练一遍，还可以在关键环节或者步骤提醒员工注意，让员工学习与记录，期间员工可以针对管理者的操作提出自己的疑问或想法。

第三步，管理者要求员工根据目前已经学到的相关知识进行模拟操作。在此过程中，管理者要观察员工的操作是否正确，对存在的问题及时纠正和指导。必要时，管理者可以重复第一步和第二步，并且让员工重新模拟操作一遍，持续重复这三个环节，直到员工能独立达到管理者要求为止。

第四步，员工在工作中不断按照管理者传授的知识持续练习，直到将这种方法变成自己不需要思考的操作习惯。在这个过程中，管理者仍需要持续进行指导以及纠偏。

第五步，管理者与员工一起探讨现在的方法或流程是否有可能进一步创新与改进，进而提高效率或者效益，降低成本或风险。

第五节　绩效评估与反馈

一、绩效评估

绩效评估又称为绩效考核或绩效考评，是指对照工作目标或绩效标准，采用科学方法公平评估员工在绩效期间的工作任务完成状况以及其他工作表现的过程。在进行绩效评估之前，需要收集员工的绩效信息。在绩效评估中，较重要的是评估方法和评估主体。

（一）评估方法

绩效评估方法包括比较法、量表法和描述法三大类。

1. 比较法

依据比较对象和比较结果的不同，比较法又被细分为强制排序法、配对比较法和强制分布法等。

（1）强制排序法。强制排序法是指考评人对被考评人的工作表现按照优劣顺序从第一名排到最后一名（在实际操作中，可以直接从高到低排序，也可以按照先排第一名、再排最后一名、然后排第二名和倒数第二名等交替顺序）。有时候为了提高排序的精准度，会将工作内容分解成各个指标，按照指标再进行排序，最后得出平均排序数。

强制排序法的优点包括：①操作简单、容易执行；②可以有效避免趋中倾向；③能强制分辨出优劣等级。强制排序法的缺点包括：①对于跨部门或职级的人员而言，该方法不适用；②很难对绩效情况相近的员工进行排序；③不同名次之间无法辨别出差距大小；④较难对员工进行行为反馈；⑤有时具有一定的主观性，缺乏科学性和公正性。

强制排序法往往适用于组织结构稳定、人员规模较小的企业或者大公司人员的选拔。

(2) 配对比较法。配对比较法是指基于所有评价要素，把某员工与其他员工一一比较。每一次比较后，给表现好的员工记“+”，另一名员工则记为“-”，例如，A 比 B 好，在评估 A 时，A 与 B 相比则有一个“+”，当评估 B 时，B 与 A 相比则有一个“-”。在所有员工都比较完后，汇总每位员工“+”的个数，“+”号多的员工的名次排在前面。

表 6-14 是采用配对比较法的示例，在这个例子中，评价要素有“工作质量”和“工作数量”，评价人员包括 A、B、C、D 和 E 五位，具体如表 6-14 所示。

表 6-14 配对比较法示例

工作质量						工作数量					
对比对象	被评估员工					对比对象	被评估员工				
	甲	乙	丙	丁	戊		甲	乙	丙	丁	戊
甲	/	-	-	-	+	甲	/	-	+	-	+
乙	+	/	+	-	+	乙	+	/	-	+	+
丙	+	-	/	-	+	丙	-	+	/	+	-
丁	+	+	+	/	+	丁	+	-	-	/	-
戊	-	-	-	-	/	戊	-	-	+	+	/
小计	3	1	2	0	4	小计	2	1	2	3	2

(3) 强制分布法。强制分布法是指依据正态分布，首先确定各等级在总体中的比例，然后根据员工的绩效结果将其强制列入其中的一个等级。强制分布法需要事先确定被考评者的等级以及各等级分布比例，通常将其作为绩效评估结果处理，而不作为单独的绩效评估方法使用。强制分布法可修正评估标准过于宽松或过于严苛带来的不公平现象。

强制分布法的优点包括：①操作简单，执行严格，等级清晰；②各个等级可能有不同的奖惩措施，刺激性强。同时，强制分布法有一定缺点：①当员工业绩不符合正态分布规律时，该方法的准确度会大打折扣，例如，当团队90%的员工的绩效都非常优秀时，若强制将团队员工分成若干等级，则会受到员工排斥，打击员工的积极性，甚至导致人员流失等；②在同一等级中，不能比较出员工之间的具体差异。

强制分布法适用于大企业，由于员工数量较多，所以能在一定程度上减少强制正态分布带来的误差，采用“末位淘汰制”的企业往往也采用强制分布法。

2. 量表法

量表法更多的是观察员工行为。实践中，由于管理者经常关注员工行为的实操性不强，这部分我们简要介绍行为等级锚定法和行为观察量表法。

（1）行为等级锚定法。行为等级锚定法是指将工作中可能发生的各种关键行为进行甄选、分析和分级之后，建立一个该岗位的行为锚定评分表，然后以此表为依据，对员工工作行为进行分级考评的绩效评价方法，该方法适用于强调员工行为表现的工作岗位。

建立行为锚定评分表的步骤是：第一，基于岗位说明书、实际从事该岗位的表现优秀的人员的调研结果，了解以及确定该岗位的关键行为事件。第二，根据最好和最差行为的客观详细描述，将关键行为事件划分成若干个绩效行为等级。第三，验证评价标准。将初步完成的行为锚定评分表与对该工作理解较深刻的人员沟通，验证评分表的合理性，还可以进行预测试，根据测试结果调整该表。第四，建立最终的工作绩效评价体系。

行为等级锚定法的优点包括：绩效标准明确，相对客观，能够指导员工实施企业期望的行为，具有良好的行为反馈功能。但是，行为等级锚定法的设计耗时耗力，使用时有些烦琐，同时也不能涵盖实际工作中的全部工作行为。

表6-15是客户服务的行为等级示例。①

① 任康磊：《绩效管理量化考核——从入门到精通》，人民邮电出版社2019年版，第164页。

表 6-15　客户服务的行为等级示例

等级	关键行为
第 4 级	关注客户潜在需求，基于企业盈利，与客户形成长期伙伴关系
第 3 级	积极承担责任，为客户主动提供超常规服务
第 2 级	与客户搭建紧密且清晰的沟通渠道，有问必答
第 1 级	被动接待客户，含糊或者拖延回答客户的问题

（2）行为观察量表法。行为观察量表法是指对各项评价指标列出一系列相关有效行为，将员工每一项工作行为都同评价标准进行比较，看该行为出现的次数、频率的一种评估方法。行为观察法不是确定员工的工作行为处于哪一种绩效水平，而是确定该员工某种行为出现的频率，评价人根据频率来对被考评人打分。

行为观察量表法的优点包括：①关键行为以及等级标准非常明确，有利于员工理解和运用，同时也可以给员工明确反馈；②允许员工参与，提升了员工的认同感和理解力；③工具本身可以区分公司想看到的以及不想看到的行为。行为观察量表法的缺点包括：①应用前和应用时都需要花费较多时间和成本；②过分强调行为表现，可能会忽略行为的结果；③在组织日趋扁平化、管理者管理人数越来越多的今天，让考评人来观察员工的工作表现，成本太高且不太高效、合理。

3. 描述法

描述法是指考核人用叙述性文字描述员工在工作成绩、能力和态度方面的表现以及需要指导的事项等，基于此得到对员工的综合考核指标。这种方法一般不单独使用，是其他考核方法的一种辅助方法，因为此方法只提供了员工考核和反馈的事实依据。依据记录事实的不同，描述法可以分为业绩记录法、态度记录法、能力记录法以及综合记录法。关键事件法是综合记录法中最具代表性的一种方法。

关键事件法的操作步骤如下：①通过调查采访、专家小组讨论等识别工作中的关键事件，这些关键事件与工作成败有关，关键事件的识别要求相关人员对这份工作有较深的理解；②将关键事件按照 STAR 原则，即情境（situation，关键事件的具体背景）、任务（task，行为的具体的目标）、行动（action，为了实现目标采取的具体行动）、结果（result，关键事件发生之后的结果）进行日常观察和记录；③在绩效评估时将这些记录呈现出来，用于对员工某些指标的评估和打分。

关键事件法的优点包括：①员工的参与性较强，该方法容易被员工接受，并且还能帮助员工改善不良绩效；②能够为考评人提供客观事实依据。关键事件法的缺点包括：①观察记录关键事件费时费力，成本较高；②无法区分工作行为的重要程度，也无法做定量分析。

当岗位职责较难量化，但是工作流程和工作行为标准较明确时，关键事件法比较适用。表 6-16 是员工关键事件评估示例表。

表 6-16　员工关键事件评估示例表

员工姓名：________　　部门：________　　岗位：________

序号	关键事件描述					打分	评估日期	评估人签字
	情景	任务	行动	结果	其他补充			
1								
2								
⋮								
N								

（二）评估主体

1. 评估主体选项

与员工工作进行直接对接的主体都有理由评估员工的部分绩效。员工工作中主要接触的人包括上下级、客户、同事、专家以及其他，当然，员工也可以对自己的绩效进行自评。具体如图 6-10 所示。

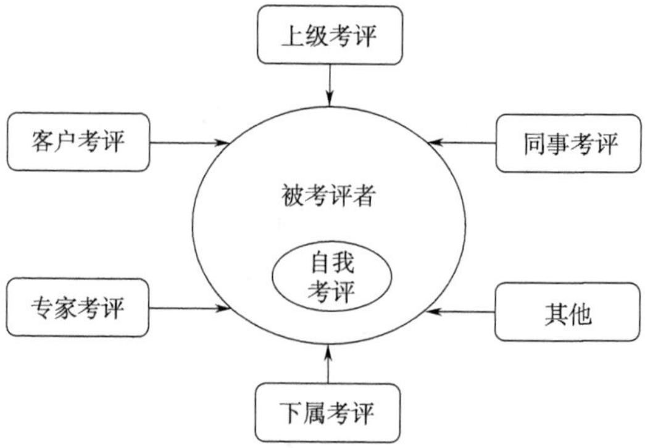

图 6-10　评估主体选项

（1）上级考评。这是最常见的考评方式，即直线上级对员工进行绩效评估。直接上级通常对下属的工作情况了解得最全面，同时还可以实现一定的管理和开发目的。

（2）下属考评。下属考评体现了管理者的管理风格，有利于找出组织中潜在的管理问题，但过于强调下属评估可能会导致管理者有意讨好下属，在工作中放不开手脚。

（3）客户考评。客户是员工的服务对象，客户考评有利于引导员工重视客户需求，同时，客户考评也反映了外部成员感知的绩效情况，如销售人员的敬业精神。

（4）同事考评。由于同事与被考核人朝夕相处，能知道该员工更加真实的一面，且同事是从平级的眼光看待被考核者，因此，同事考评结果是对上级考评的补充，但由于存在一定程度的利益相关性，同事考评可能会相互标榜或相互压制。

（5）自我考评。自我考评有利于员工进行自我反思与总结，有利于上级对其展开绩效辅导，从而提高个人绩效，除此之外，当面临同事等不公正考评后，自我考评可以进行辩解。

（6）专家考评。专家一般掌握了科学系统的绩效评价方法，并且准确了解企业业务、人员情况以及绩效要求。深入企业的咨询专家的评价反馈具有较强的客观性、科学性、公正性和时效性。

综上所述，各个绩效评估主体的优缺点见表 6-17。①②

表 6-17 评估主体的主要优缺点

评估主体	优 点	缺 点
上级评估	明白企业战略、规划、业务流程等，了解被考核者的工作重点以及绩效要求，掌握全面信息且目标导向	考核者的判断能力与管理水平对结果影响大，主观性较强
下属评估	促进被考核者了解下属的业务要求、下属建议，有利于提升其领导能力	下属顾虑从属关系，从而不敢或者不愿意反映真实信息，甚至故意贬低或曲意逢迎；下属评估权重较大时，可能导致管理者讨好下属，在管理中放不开手脚

① 林新奇、蒋瑞：《绩效管理》，中国人民大学出版社 2020 年版，第 145 页。

② 周施恩：《人力资源管理高级教程》，清华大学出版社 2017 年版，第 188 页。

续 表

评估主体	优　点	缺　点
客户评估	客户是员工的服务对象，也是企业的利润来源，其反馈意见具有重要意义，同时具有很强的公正性和外部性	客户分布比较散，不易收集其评价反馈信息，时间成本较高
同事评估	了解被考核者的工作过程，评价反馈意见针对性较强，有利于绩效改进以及团队协作	考评结果受组织文化、公司政治影响大，同事间可能会相互压制或相互标榜，客观性、公正性难以保障
本人评估	本人最了解自己的工作情况和绩效结果，有利于及时改进；还可以从自我视角对部分可能影响绩效评估的情况进行解释	有较强的主观性和封闭性，可能总是偏向于自我表扬
专家评估	专家掌握了科学系统的绩效评价方法，并且准确了解企业业务、人员情况以及绩效要求，具有较强的客观性、科学性、公正性和时效性	外部专家和深入企业的内部专家的反馈意见价值可能完全不同，需要慎重选择

2. 评估主体的选择依据

当上述评估主体全部参与评估时，这种评估形式就是360度评估考核。360度评估考核能够全方位、多角度地对员工绩效进行评估，有利于引导员工以客户为导向，注重员工的管理与发展，增强自我发展意识。由于全方位评估需要调研较多的对象，范围广、成本高。除此以外，评价对象均是以回忆作为评估基础，可能并不能真实反映被考核者的工作行为，还可能影响组织成员的士气，因此，实践中常常是选择部分主体参与被考评者的考核。

在日常的绩效评估中，对评估主体的选择一般应坚持以下三个原则：第一，知情原则，即绩效评估主体对所评估的内容具有较全面深入的了解；第二，重点涵盖原则，即评估主体的评估内容只要涵盖被评估者的重要侧面即可，无须面面俱到；第三，管理促进原则，即评估内容和评估主体的选择要能实现一定的管理目的。

（三）常见问题

绩效评估过程中常见的问题主要包括标准不清、晕轮效应、近因效应、趋中效应、类我效应和自我比较。表 6-18 是绩效评估常见的问题及其避免方法。

表 6-18　绩效评估常见问题及其避免方法

常见问题	含　义	案　例	避免办法
标准不清	考核人根据自己对工作职责、工作行为和结果的理解，基于主观判断标准对被考核人进行评判。没有统一标准，容易造成不公平性	对同一位员工打分，领导甲性格严谨认真，对其评价较低；领导乙性格爽朗大方，认为员工已经很不错了，因此对其评价较高	修改标准；加强结果的可比性
晕轮效应	“一白遮百丑”，如果某个优点或者缺点突出，人们很容易认为其在其他方面也有类似优点或者缺点	销售员小王经常早早来办公室打扫卫生，大家对其印象都非常好，即便其销售业绩垫底，考评人也认为其工作能力较强	以要素为单位考核，而不要以人为单位
近因效应	由于对近期发生的事情更有印象，因此以偏概全地认为员工近期的工作表现就是其一贯的表现	绩效考核周期是一年，在年末的时候，平时上班经常迟到、下班最快离开的员工小马突然变得积极，每天都最晚离开办公室，绩效考核时领导给了较高分，但之后小马继续迟到早退	一直进行考核记录，以此做最终考核参考
趋中效应	因为不了解实际情况或者不想承担责任，考核人对所有被考核人都给了差不多的成绩，这导致难以区分被考核人成绩的好坏优劣	上任一个月的赵经理由于不熟悉下属的工作情况，也担心分数可能影响自己与下属的融入问题，因此给所有员工都打了 95 分	培训考核人员，为其提供更多相关信息
类我效应	由于被考核人与自己有某种相似性或者差异性，从而在情感上达成共鸣或者抵触，最后给予过高或者过低的评价	领导觉得新来的员工小张与自己年轻时的脾气秉性类似，即便小张绩效较低，也给其打高分	采取小组考核，同时考核者要自我提醒

续 表

常见问题	问题含义	问题案例	避免办法
自我比较	考核人拿被考核人与自己比较，尤其是做过相似工作时，用自己的经验对其进行评估。但很有可能工作环境截然不同，结果之间无法比较	李总看到小李销售了100万件单品，这是自己曾经完成不了的销售业绩，因此给了其最高的绩效。但由于李总之前是线下运营销售，小李是线上运营销售，对于线上而言，100万件只是中间水平，不足以得最高绩效	明确考核的内容以及标准，并要求考核人严格按照考核要求和标准进行考核

二、绩效反馈

绩效反馈是绩效管理的末尾环节，考核人向被考核人反馈绩效评价结果，并且双向交流被考核人在绩效期内取得的成绩、存在的问题以及未来绩效提升计划的过程。

（一）反馈目的

上级和员工本人对员工的个人能力、潜质和绩效等可能有不同的认识，具体如表6-19所示。①

表6-19 员工及其上司的不同认识组合

认识		员工对自己的认识	
		自己知道	自己不知道
上司对员工的认识	上司知道	原野地带（区域Ⅱ）	自己的盲点（区域Ⅰ）
	上司不知道	保护地带（区域Ⅲ）	黑暗地带（区域Ⅳ）

区域Ⅰ是员工自己不知道但上司知道的盲点，区域Ⅱ是员工自己知道、上司也知道的原野地带，区域Ⅲ是员工自己知道、上司不知道的保护地带，区域Ⅳ是员工不知道、上司也不知道的黑暗地带。

坦诚有效的绩效反馈有利于被考核人更加客观地评价自己的业绩，

① 周施恩：《人力资源管理高级教程》，清华大学出版社2017年版，第189页。

同时有利于被考核人和考核人就绩效评价结果达成一致，促进绩效管理的公平透明，还有利于下一步计划的制订、对自身不足的弥补和自身优势的放大，进而提高员工和部门绩效。

（二）反馈前的准备

为确保绩效反馈的质量和水平，上级须提前告知员工面谈的时间和地点，建议安排在明亮、安静且没有人打扰的会议室，以便员工做好相应的准备。同时，上级还需备好员工绩效考核成绩、行为表现记录等材料，提前明晰被考核人的工作目标和目标完成情况。除此以外，上级还可拟定与员工面谈的问题及措辞，预先准备如何回应可能出现的“尖锐”问题或尴尬局面。

绩效反馈是上级与员工共同沟通的过程，员工也需要重新审视自己的职位说明书、绩效计划书等，认真撰写述职报告、仔细填写自我评估表等，还可整理绩效期间上级对自己的指导记录、沟通纲要等资料，对自己的绩效有一定了解和预判，确保有的放矢。

（三）反馈环节

绩效反馈是一个管理过程，而不是一个单向通知的事件。当上级与员工进行绩效反馈时，需要注意四个环节：

1. 倾听记录

由员工做简要的述职报告，陈述自己的自我评估结果；上级认真倾听，并做简要记录，尽量不要打断员工的思路，要让员工把“区域Ⅱ——原野地带”充分展示出来。

2. 重点反馈

与员工认识一致的部分（区域Ⅱ）可一带而过，但要让员工知道上级已经知道了这部分，重点陈述区域Ⅰ（员工的盲点）和从其他员工那里了解到的区域Ⅳ（黑暗地带）。这部分可以追问不清楚的地方，同时不要吝啬赞美和肯定。

3. 沟通评估

上级对员工表现进行客观评估，双方就不一致的认识进行沟通，尽量达成共识（形成更大面积的区域Ⅱ——原野地带）。

4. 改进方案

综合员工的素质和潜能，上级就员工的绩效表现与绩效标准之间的差距对员工提出期望和要求，同时，上级要与员工共同商定下一绩效期间的行动方案。

三、绩效申诉

绩效管理过程中可能出现被考核人认为自己的绩效考核结果不公平、不科学，或者认为企业的绩效管理流程或者体系存在问题，从而提出绩效申诉，此时就需要企业建立一套绩效申诉机制。绩效申诉应先看能否在部门或者团队内解决，如果部门或者团队不能解决或者尝试解决之后依然达不成共识，则需要向人力资源部门提出绩效申诉；人力资源部门也不能解决时，则向绩效管理团队提出申诉，由绩效管理团队根据岗位说明书、绩效计划、工作成果、绩效反馈等处理绩效申诉。表 6-20 是员工绩效申诉表的示例。

表 6-20　员工绩效申诉表

姓名	部门	岗位	直接上级	申诉时间
申诉事件				
申诉理由				
本部门或团队处理意见与签字				
人力资源部处理意见与签字				
绩效管理团队处理意见与签字				
申诉人最终意见与签字				

案例展示

××食品公司绩效评估

罗芸是××食品公司的地区经理，拥有名牌大学MBA学位并且在总部做过4年多的职能管理工作。罗芸负责10家供应站，每站都有一位主任，主任的主要职责是向客户销售和提供服务（例如，根据客户要求采购原料、烹制食品），还要负责计划预算、管理销售服务员团队等。

新上任地区经理一年内，罗芸积极巡视各个供应站，了解了每个供应站的业务情况，熟悉站里的员工。老马是供应站主任里资历最老的一位，大专学历，从厨房代班长开始做起，一直到三年前当上供应站主任。老马非常善于和他重视的人（如客户、员工等）搞好关系，客户都是铁杆儿，三年来从未更换过老马的服务，员工中好几位也是在老马的培养下去其他地区担任地区经理了。但由于饮食习惯不好，老马肥胖、有心血管疾病和胆囊结石，一年内请了三个月病假，除此以外，老马特别喜欢向罗芸汇报自己做出的成绩，一点小事都要向罗芸打电话汇报。老马的电话次数超过了其他9位供应站主任的电话总数。

由于经营拓展需要，公司总部要给罗芸配备一名副手。老马自认为自己资历老、和客户及部下的关系都非常好，虽然他知道罗芸不喜欢他事无巨细地汇报，但他也担心罗芸不知道自己做了什么，所以经常汇报。综合比较自己与其他9位供应站主任，老马觉得自己一定是未来的地区副经理。罗芸知道老马这一年的工作干得不错，但也非常担心由于自己与老马的管理风格悬殊，与老马共事自己会受不了，老马的行为还极有可能激怒公司和地区的其他工作人员。今年的绩效评估是10级制，10分最优，7~9分是良，5~6分是合格和中等，3~4分是较差，1~2分是最差。罗芸担心如果给老马的绩效分较高，老马更认为自己该得到提拔了，最后考虑再三，罗芸给老马评了6分。罗芸认为老马的三个月病假是绩效得6分的充分理由，她也知道这低于老马的预期，因此正准备跟老马面谈，向他传达考评结果。

案例讨论

罗芸给老马的绩效分数合理吗？忠诚是否要与最终业绩挂上钩？老马会有何反应？罗芸该怎样应对？罗芸该如何改进其绩效考评方法？

第六节 绩效结果的运用

绩效管理是人力资源管理流程的中间环节，其结果对人力资源其他部分都将产生影响。在招聘方面，人力资源部门可分析目前绩效结果较好的员工有什么特征，招聘时可以专门寻找具备这些特征的候选人；在培训方面，如果员工的绩效结果不好是由于自身能力问题导致的，人力资源部门可以通过对其培训，从而提高其绩效，并且绩效结果也是对培训效果的检验；在绩效管理方面，绩效结果也会用于绩效改进，开启下一个绩效循环；在薪酬管理方面，绩效结果是薪酬分配的重要依据；在员工发展方面，可以根据员工绩效水平和 能力水平等为其规划个人发展计划等；在人力资源规划方面，绩效结果有利于人力资源部门进行人才盘点等。综上所述，绩效结果可以运用于人力资源管理的各个环节，但是绩效结果通常都会被用于员工的薪酬福利调整和职位职级调整，本节接下来将重点分析这两个部分。

一、薪酬福利调整

在薪酬福利方面，绩效结果常用于以下方面：①绩效工资。绩效工资属于激励性收入，常以企业绩效考核结果为基础。②薪酬调整。企业一般会基于员工的绩效结果调整其薪酬，具体而言，员工绩效结果越高，调薪比例也越高，绩效结果越低，调薪比例越低或不提薪。年终奖也往往与员工的绩效相关，员工绩效较高则年终奖较多。③企业福利。企业福利是企业根据自身情况设定的福利，一般带有激励性的特点，如果员工绩效较高或者企业整体绩效较高，员工的福利往往也会提高，例如，允许员工带薪培训、为员工及其家人购买商业保险等。④其他激励方式，如股权激励、发放荣誉证书等，这些激励方式都是希望员工能获得更好的绩效，也会根据员工绩效进行激励。

二、职位职级调整

绩效结果是公司对员工进行职级调整或者岗位调配的重要依据，在职级调整或者岗位调配中，它不仅包含纵向上职位晋升或者降职，还包含横向上岗位调整或者工作轮换。

图 6–11 是能力绩效九宫格[①]，主要从能力水平和绩效水平两个维度考察员工，每个维度又分为低、中、高三个等级。对于每一个九宫格中的员工，“能力绩效九宫格”都给出了有针对性的岗级调配策略。例如，对于能力强、绩效高的明星职工，建议尽快提拔晋升；对于高能力、中绩效或者中能力、高绩效的带头人，可以考虑晋升；对于低能力的员工，建议职位不动，更多注重提高其能力，如果企业中低能力且高绩效的员工较多，这可能是企业的绩效指标体系出现了问题；对于低绩效的员工，建议职位不动甚至降级，并提供绩效指导，此时需要考虑员工绩效水平不高的原因，如果是培训解决不了的问题，则不建议培训，同时，当员工是高能力、低绩效时，如果态度良好但员工的能力和绩效

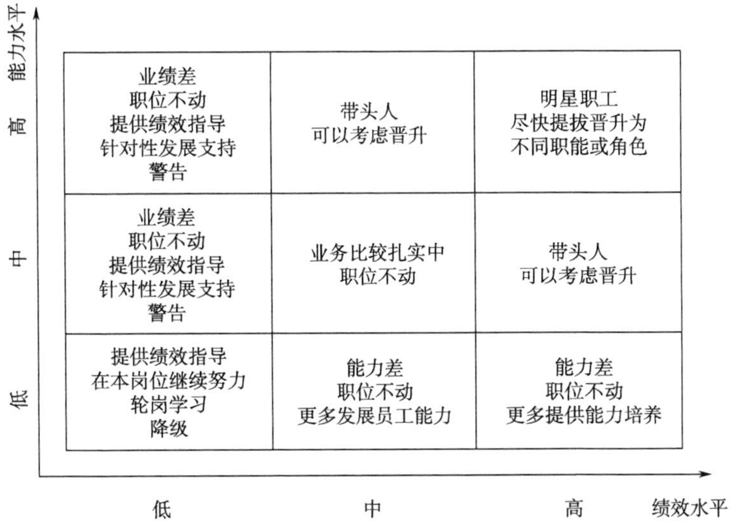

图 6–11　能力绩效九宫格

① 任康磊：《绩效管理量化考核——从入门到精通》，人民邮电出版社 2019 年版，第 262 页。

不匹配，可以对其调岗，如果是有能力而不愿意发挥的员工，需要与其沟通，进行制度上的改革或者给予警告。需要说明的是，很多新员工可能在刚开始工作时处在低能力、低绩效部分，这个时候应该考察新员工的态度问题，如果能力低但态度好，建议提高员工能力；如果能力低且态度不好，建议降级。

第七节　基于 OKR 的绩效考核

一、OKR 的定义

OKR 是 objectives and key results 的缩写，即目标和关键成果法。1954 年，管理学大师彼得德鲁克在《管理与实践》一书中提出目标管理（management by objectives，MBO）① 的概念与想法，强调组织目标的分解与员工个人目标的结合，为组织管理提供了可量化、可确定管理方法。1974 年，在此基础上，时任英特尔首席运营官（COO）的安迪格鲁夫提出了 HOM（high output management）②，并率先在 IBM 实施 OKR 管理方法。1999 年，OKR 被约翰·杜尔带到刚成立不久的谷歌，并在谷歌，不断更新完善发展，最终盛行世界。目前，微软、甲骨文、领英以及百度、腾讯等也开始使用 OKR 管理模式。OKR 主要是用来明确公司和团队的“目标”以及明确每个目标达成的可衡量的“关键结果”。

二、OKR 绩效管理流程

（一）目标确定

目标确定是组织基于战略确定年度目标、季度目标等。目标确定是战略实施的基础，是 OKR 绩效管理中最重要的环节。目标确定既是 OKR 的开端，又影响着接下来每一个环节的展开。

第一步，成立目标确定的专题小组。一般小组人数设置在 5 ~ 10 人，以企业的所有者作为组长，其构成包含各直属科室、部门和机构等。另外，设立一位常务管理负责人作为实际的组织者，对小组的日常

---

① 彼得·德鲁克：《管理的实践》，齐若兰译，机械工业出版社 2009 年版，第 13 页。

② 安迪·格鲁夫：《格鲁夫给经理人的第一课》，巫宗融译，中信出版社 2007 年版，第 26 页。

工作进行组织管理。

第二步，前期准备。前期准备包括两个方面：第一是针对企业情况的了解，从内部审计着手开始，了解企业的各项财务指标、产品构成、员工薪酬福利等。第二是对于 OKR 管理方法的了解，雇请外部专家对小组成员进行培训，帮助学习相关知识。

第三步，确定基本模式。根据企业的基本状况和特质，包括企业主营业务构成、产品与人员组成，分析企业管理人员的性格、素质等，最终确定适合公司实际情况的目标管理模式。

第四步，确定目标方案。首先，结合企业内外部情况，确立合适的目标方案。其中，可以利用 IFE、EFE 或者 SWOT 模型，对企业的优势、劣势、机会、威胁进行分析。其次，目标方案的确立要考虑不同部门职责的异同。方案确定要与各部门做好沟通协商，做好分级目标的设立。最后，确定可量化的考核体系，可以利用财务指标对目标进行可量化的转变，如利润指标、费用指标、投资指标、财务指标等。

（二）明确目标的关键结果指标

明确目标的关键结果指标是对组织各个目标的分解，从年度目标、季度指标归到关键结果指标。在确定目标之后，对目标进行自上而下、由总体到个体的横向、纵向的分解，从而形成系统的组织目标体系。关键结果指标的明确是实现组织总体目标的基本条件。

1. 分解目标

分解目标要与组织总体目标保持一致，要注意上下目标的协调一致与合理布局，做到同步发展、共同实现。可以适当运用简单的系统图对组织目标进行分解描绘，帮助管理者厘清目标分解的思路。其次，应注意关键目标的选取要简明扼要，同时注意时间、条件等限制因素。

2. 明确责任

分解目标后，要及时把分解的目标与各级机构、部门相连接，明确各级机构和部门应该负责的部分，由管理层到基层将责任落实。

3. 做好目标展开图的绘制工作

绘制目标展开图可以帮助各级机构、部门与员工明确自身的基本责任。同时，可以在关系图上标出各个目标之间的相互关系，提高沟通的效率。

（三）行动计划的制订

行动计划的制订从与员工、部门、各级机构签订目标管理档案卡开始，通过这样的方式将目标与责任层层下放。在目标管理档案卡中要明确员工的各项责任与义务、目标实现的时间与条件等。利用目标管理档案将目标以员工可以明确了解的量化考察指标呈现出来。

之后需注重目标的检查。一方面是员工、部门、各级机构在实现目标的过程中要积极主动地发现设定的目标有可能存在的现实中执行的问题，并及时对这些问题进行反馈，以便于组织及时对目标进行修改。另一方面则是在实现目标的过程中，组织要及时对目标的实现进度、质量等进行检查，并做出反馈，适时对员工、部门、各级机构予以奖赏与惩罚。

（四）定期回顾

定期回顾是对前一段工作的总结。回顾之前 OKR 的结果，总结其中的不足和切实发挥作用的部分，并据此制定下一阶段的工作目标，开始新一轮的工作。

OKR 绩效管理流程如图 6-12 所示。

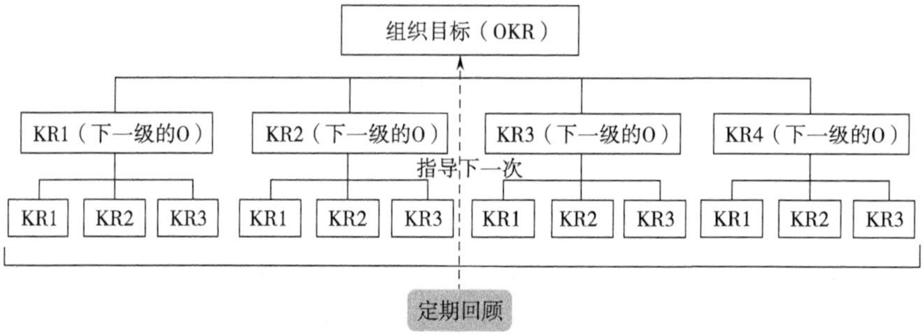

图 6-12 OKR 流程图

三、OKR 设定原则——SMART 原则

（一）具体的目标（specific）

目标要具体明确，使考核者与被考核者都能准确地理解目标的含义，这样既易于明确被考核者工作的方向与范围，又方便考核者针对目标进行检查与考核。

（二）可量化的目标（measurable）

目标要尽量量化，最好是可以进行数字比较的目标。如果不能量化，就要尽量将目标细化，即不断分解和细化实施目标的过程，力求把目标落实在实际操作的每一个细节，如产品应该达到什么标准、由谁负责等。实在无法细化的目标，则要将其流程化，根据目标流程和环节做出有弹性的限度，而不仅局限于个人的职责限定与目标要求。

（三）可实现的目标（attainable）

要设置合适的 OKR，使之既具有一定的挑战性，又是可以实现的。在设置目标时，既要考虑企业的资源、人员和管理程度，又要对未来有所展望，以制定可以达成的目标。设置难以实现或者无法实现的目标，不但是对员工工作积极性的打击，也不利于管理层领导力的培养，不利于组织的发展。

（四）相关的目标（relevant）

制定的目标应该是适当且相关的，组织目标要同个人目标相关联，充分发挥员工的主观能动性，同时，目标的制定还应与工作相关，且不能与员工的职位要求相矛盾。

（五）有时限的目标（time-based）

在 OKR 实施过程中，要根据不同工作任务的权重、紧急程度以及任务的异常情况来设定不同的时限，设置具有时限性的目标。既要保证时间的限制不会影响工作完成的质量，同时也要尽可能起到督促工作及时高效完成的作用。

四、OKR 的意义

首先，OKR 从组织战略出发，针对不同层级设置不同的目标和关键结果，用目标实现结果来衡量团队乃至个人的业绩，继而确保组织战略的实现。

其次，OKR 从组织目标出发，将目标分解为不同的关键结果指标，并进行目标的量化和工作流程的细化，使员工的工作可以切实地用数据进行考核衡量，并可以此评估组织战略与总体目标的实现情况。

最后，OKR 可以有效地激励员工。由于设置每个细化的目标都有员工的参与，在实现目标的过程中更容易发挥员工的主观能动性，提高工作效率。

第八节 基于KPI的绩效考核

一、KPI的定义

KPI（关键绩效指标）是将帕累托法则应用到企业管理中的结果，即在创造一个企业的价值时，80%的工作任务是由20%的关键行为完成的。所以，将重点放在分析和衡量20%的关键行为上就抓住了业绩评价的重心。基于“二八定律”的KPI理念为组织绩效考核指明了方向，即将考核工作的主要精力放在关键结果和关键过程上，考核工作要围绕关键绩效指标展开。①

同时，KPI理念要求对关键绩效指标做进一步细化，即通过对组织内部某一流程的输入、采样、计算、分析、输出，测量其过程中的绩效管理指标，把企业的战略目标分解为可操作的具体目标，从而实现更为精确的管理和考核。

二、KPI的制定原则及方法

（一）KPI的制定原则

1. 科学性原则

科学性原则可以保证选取指标、设置权重、指标确定等KPI实施程序的科学性。科学性是绩效计划开始的基础和计划有效性的保证。

2. 公平性原则

公平性原则，即保证绩效考核的公平，保证一致地对待所有员工。它要体现在绩效设计的方方面面，体现在绩效考核体系的公开、考核过程评判、考核结果的输出中。只有遵循公平性原则，才能使设定的考核体系对员工有充分的鼓励和奖惩作用。

3. 可行性原则

可行性是对指标实现的保证，要做到指标可以用数字计量并且切实可行。如果找到的指标无法量化，无法作为员工考核绩效评级的依据，

---

① 田五星、王海凤：“大数据时代的公共部门绩效管理模式创新——基于KPI与OKR比较的启示与借鉴”，《经济体制改革》，2017年第3期。

就失去了绩效体系的意义。

4. 全员参与原则

在绩效考核方案形成的过程中，应当让所有员工都有机会参与其中，对绩效考核方案提出补充意见。而且在形成绩效考核草案时，应当以公示的方式，让广大员工了解并提出建议，让制定方案的过程接受全体员工的监督。

5. SMART 原则

SMART 原则是 KPI 绩效评价指标的重要指导原则，即要求 KPI 的设置必须是具体的（specific）、可量化的（measurable）、可实现的（attainable）、可观察和证明的（realistic）、具有时效性的（time-bound）。

（二）KPI 的设置方法

1. 外部导向法

外部导向法是以行业中的代表性企业为标准，不断向其看齐，以此提高公司的经营绩效。外部导向法的关键在于寻找到的企业的确存在借鉴的价值，这样才能依据情况对本企业进行分析，制定合适的 KPI 绩效系统。找到适合的对象后，就要以它作为参考，设立指标并以其为基准，借以对比自身，及时弥补不足，缩小差距。

2. 成功关键分析方法

成功关键分析方法是根据公司多年的经营经验，对相关重点内容进行分析，以此优化现有指标。该方法的关键在于公司的经营经验，一定程度上讲，目标的可靠性取决于公司经验的可靠性。一般而言，公司的经验是具有一定的参考价值的，但有的时候公司旧有的经验也会是制约公司发展的原因。

下面进行 KPI 的关键分析介绍：

第一步，利用不同的分析方法，如鱼骨图等，明确组织成功的关键要素，并对实现这些要素需要的条件进行探究。

第二步，进一步分解各项指标。针对公司的具体情况，对提出的各项指标进行进一步的分解和细化，继而确定细化后的可以实施的各项指标。

第三步，确定 KPI 要素。按照“二八定律”，企业需要重点关注的是对整体有较大影响的 20%的指标。因此，首先，从繁多的指标中选出具有重大影响的关键指标。其次，在选取关键指标的同时，要注意同几项原则的结合，选取符合原则的指标。

三、KPI 绩效管理流程

（一）明确战略目标

利用工具，如 PEST、SWOT 等模型，对公司的内外部环境进行分析，明确公司发展的战略目标，确定公司发展的大方向，掌握与之休戚相关的发展趋势。需要注意的是，战略目标的制定一定要符合实际情况，必须是切实可行的。

（二）确定关键领域

确定关键领域是指依据战略目标分析筛选出战略目标所涉及的关键领域，将工作重心转移到关键领域。依据“二八定律”，对实现企业战略有重大影响的关键领域仅为 20%，因此，可以只关注确定那些具有重大影响的关键领域。

（三）解读岗位说明书

首先从岗位说明书入手，查看、确认每个职位的岗位说明书是否存在错漏，研究和分析公司被考核对象的岗位的工作内容及性质，以及完成这些工作所具备的条件；其次，根据岗位说明书对于岗位职位的描述，查看员工的职责，对于其工作的内容、性质及需要具备的条件予以记录。对员工工作职责的了解是科学制定指标的前提。

（四）提炼 KPI，确定指标体系

依据上述内容，可以提取出战略相关领域的关键绩效指标。从这些关键领域的绩效指标入手，结合岗位实际情况进行调查，建立合适、恰当的指标体系。

（五）设置评估标准

设置已提取关键绩效指标的评估标准。这里要遵循简明扼要、突出特点、先进合理以及定量准确的要求。评估标准的建立既可以依据公司本身的管理经验来确定标准值的大小，也可以借鉴同行业龙头企业，考察研究它的各项指标，继而将其设置为自身指标的评估标准。此外，还可以从公司的总体目标出发（可以量化），不断将其分解到部门、小组、个人身上，并确定评估标准。

（六）权重赋值，明确重点

绩效指标确定以后，要根据指标的重要性对其进行相应的权重赋

值，明确绩效评估的重点。权重赋予方法主要有两种：经验法和权值因子判断表法。

1. 经验法

经验法是依据公司历年的数据进行专家打分判断对权重进行赋值。专家赋予权重以后要进行相应的讨论，确定最终的权重结果。该方法容易受到主观想法因素的影响，并且很难脱离公司以往的发展思路，有一定的局限性。

2. 权值因子判断表法

设置权值因子判断表，成立小组，成员包括公司中高层管理者、人力资源部门的管理人员与专家，各自赋予不同的权重；之后分别对不同的指标进行权值因子评分，按照权值的重要程度分为五个不同的等级，并设置 0~5 分的值，最终通过综合计算得出指标的权重。

四、KPI 的意义

KPI 法可以帮助组织从烦琐的指标中依据“二八定律”找出最关键的部分并进行量化。它的优点是明确并突出关键指标的作用，将其设置为绩效考核的内容，帮助组织更方便地进行绩效考核，提高组织效率。相对而言，用 KPI 法对简单的工作制定标准难度较大，缺乏定量性；绩效指标只是一些关键指标，对其他内容缺少评估，应适当的注意。

第九节 基于 BSC 的绩效考核

一、BSC 的定义

BSC，即平衡计分卡（balanced score card）作为一种绩效管理工具，同时也充当着战略管理工具的角色。从绩效管理的角度来看，它摆脱了以往绩效考察只侧重财务指标的误区，充分结合了企业战略与绩效管理两个要素，依据企业的战略目标对指标的制定进行工作部署，从而实现高效的绩效管理和企业未来发展战略计划的结合，实现了长期与短期的均衡。此外，BSC 注重平衡，除了短期和长期指标的平衡，还包括定量目标和定性目标的结合，两者优势互补，使评价指标更具有实际应用价值。

具体而言，平衡计分卡包含以下四个维度：

1. 财务维度

财务维度的战略核心主要包括控制财务风险、提高营运效率以及增加财务收入。指标反映的是企业过去的业绩情况，提高该维度的业绩也是企业的最终目的。其他几个维度主要服务于财务维度，财务维度也反映了其他几个维度的变化对公司盈利状况的影响。企业战略目标的实施及完成情况均可通过财务维度反映出来，例如，通过销售及利润额等具体指标考核公司目标的完成情况，并在此基础上及时提出改善办法。

2. 客户维度

客户是企业的消费者和服务对象，企业的生产、销售、服务最终都是流向客户群体。客户维度指标是从客户的角度来制定指标，包括客户的满意度以及忠诚度。市场增长率一定程度上也可以反映企业客户维度的指标，这一维度的指标是为了更好地结合客户与企业之间的关系，提高顾客满意度和回头率。

3. 内部流程维度

内部流程是从经营管理的角度出发，对企业内部组织运营的各个流程加以控制，包括研究和开发、销售以及售后服务三个阶段。研究和开发阶段是指企业要从消费者的角度出发，进行产品的研发与创新，以期开发新市场，扩大市场份额；销售阶段则是指在销售这一环节做出控制与改进，给消费者更舒适的消费体验；最后一个阶段是售后服务阶段，包括帮助消费者掌握产品的正确使用方法、处理产品可能存在的问题等。内部流程维度主要从消费者的体验出发，从上述三个角度来实现消费者满意度的提高。这一维度不但包括短期指标，也包括长期指标，如产品的创新与发展，涉及企业内部多个部门，体现了 BSC 与传统业绩评价的区别。

4. 学习成长维度

学习成长维度是企业发展最主要的动力，是对员工成长和企业建设的长期考虑，它包括员工对企业的满意度和职工的离职率，企业内部组织结构的优化和组织系统的更新。这一维度更多的是对未来的考量，是企业发展战略在绩效方面的落实。虽然短期内学习成长维度的建设可能会导致企业财务支出的增加，但对企业未来的规划而言是必要的投资。这一维度的考察也有若干方面，如新服务收入所占比例、员工满意度、改善提高效率指数、关键技能的发展、继任计划等。

二、BSC 绩效管理流程

（一）明确企业使命、愿景和战略

平衡计分卡是战略实现的绩效工具，是以战略目标为起点，因此，企业要使用平衡计分卡这一方法，必须明确企业的使命、愿景以及战略目标。首先，应该对企业的内外部环境进行分析。其次，根据企业所面临的内外部环境，利用战略分析工具确定企业的发展战略。最后，依据以上内容，企业提出自己的使命、愿景和战略目标。

（二）目标联系

确立目标联系要做的就是目标的传达、分解与结合。传达是指将企业总体的战略目标通过各级经理、各级管理人员传达到每一个员工，让所有员工都对企业的未来发展方向有所了解；分解是对企业的总体战略进行分解，将它分解为具化的部门目标与员工个人目标；结合则是指要恰当地将各部门的目标、员工的个人目标与企业的战略相结合。这里的目标不单单指企业的盈利计划等，还包括除去财务指标之外的指标，如员工的发展、部门运营系统的改善等。

（三）业务规划

业务规划要基于战略进行，这一步是为了更好地使绩效与企业战略相结合，充分发挥平衡计分卡的作用。企业形成自己的战略目标，业务规划就要紧密地结合企业的战略意图，使未来规划符合企业战略的制定与实施。

（四）建立反馈机制

反馈机制的建立一方面可以检验战略的落实情况与绩效的实现程度，另一方面也可以及时得到各方对新机制的反应与反馈，继而依据反馈意见与建议进行机制的修正与改进。在企业、部门和个人等不同层次建立有效、及时的反馈机制，为员工、各部门与各级机构提供完善的反馈渠道。

（五）建立浮动薪酬机制

浮动薪酬机制是保障绩效体系有效落实的基础。脱离了薪酬的绩效考核并不能充分调动员工工作的积极性，建立浮动薪酬的绩效激励系统，可以使绩效结果在薪酬上反映出来，使绩效薪酬与企业、部门和个人层面挂钩，使员工与企业紧紧结合在一起，充分发挥员工的主观能动性，更好地服务于企业。

三、BSC 的评价

（一）优点

第一，区别于大多数企业绩效评价体系几乎只关注财务指标的特点，平衡计分卡评价指标涵盖了四个维度，能为企业提供更为直观和全面的数据，有利于企业短期目标和长期战略的实现。

第二，平衡计分卡各项指标是根据企业战略分解后的各维度要素制定，保证了各部门的行动不偏离企业发展方向，能更有效地将企业目标细分解为各部门直至员工个人的具体指标，便于企业管理。

第三，平衡计分卡各项指标能进一步提高员工个人的学习及成长能力。员工个人以及组织可以在后两个维度内同时发展，这两个维度也能更直观地反映企业内部和外部的问题，以便于完善和改进。

平衡计分卡的各项指标并非独立运行的，它结合业绩指标以及结果指标中的各影响因素，从整体上反映企业在经营当中的具体状况，进一步促进公司整体的协调发展。

（二）缺点

1. 设计难度较大

BSC 绩效评价体系中，不同维度的目标不一样，即便目标相同，衡量的方式也不一样，每一个公司在不同的发展阶段所定制的战略也不相同，因此，BSC 绩效评价体系不能借鉴别的公司的经验。企业实行该绩效评价体系时只能根据本企业的特点设计，不能盲目照搬，这对管理者的要求相对较高。

2. 实施成本较高

因为平衡计分卡的绩效评价体系对全员配合度的需求很高，这就使得企业管理信息质量方面的要求也相应提高，包括战略的分析以及指标的确定，大量的信息及人力资源会被耗费在考核上。此外，该绩效评价体系从开头到结尾跨越整个企业管理体系，各部分内容不断被实践和修正，战略的变动也会导致指标的重新设定，这同样对管理者的能力提出了更高的要求。

3. 指标选择难度较大

不合理的指标会给企业发展带来极大损失。在企业实际运行过程中，每个维度都包含大量的指标，一般人很难确定这些指标的重要性。同时，在该绩效评价体系中，有些指标不能很好地进行量化。而且，由于平衡计分卡没有统一的权重标准，容易被确定指标人员的主观情绪所影响，从而影响该评价系统的客观可靠性。

第十节　基于标杆管理的绩效考核

一、标杆管理概述

（一）定义

标杆管理最早是由美国施乐公司于 1979 年发展并使用的。在与日本企业的竞争中，一开始落于下风的施乐公司通过与日本企业的对比学习，最终赶超了日本企业，形成了标杆管理的绩效管理方法。标杆管理强调以优秀的公司作为学习对象，通过与它进行衡量、比较来改善本身的竞争优势。标杆管理的实质是模仿和创新，是一个有目的、有目标的学习过程。通过学习，企业重新思考和设计经营模式，借鉴先进的模式和理念，再进行本土化改造，创造出适合自己的全新经营模式。

（二）分类

标杆管理可以分为内部（对比同一企业不同部门或团队的表现）和外部（对比特定行业或多个行业的多家公司的表现）两种类型。在这两种宽泛的类别中，有三种标杆管理类型尤为重要：流程标杆管理、绩效标杆管理和战略标杆管理。针对这三种类型进一步细分，还可以将标杆管理划分为以下几种应用较为广泛的类型：

1. 流程标杆管理

流程标管理即发起标杆管理的企业通过针对某个商业流程进行观察和调研，致力于从一个或多个目标企业发现和学习最佳运作实践。如果标杆管理目标为对标成本和运作效能，通常还需要聘请专业的生产活动分析师。

2. 财务标杆管理

财务标杆管理即企业对自身开展财务分析并对比结果，以便对企业的整体竞争力和生产效能进行全面评估。选取财务标杆的优势在于财务指标容易转化为定量指标，比较时更容易进行客观评价。

3. 投资人标杆管理

投资人标杆管理是将标杆管理操作拓展到投资分析领域，以投资人的眼光对比可作为投资选择的同行业公司。尽管投资人标杆受到一定的主观因素的影响，但投资人标杆可以从一个更加综合的视角对公司进行比较。

4. 公共行业标杆管理

作为提升和创新公共管理效能的一项工具，公共行业标杆管理是帮助政府机构在投入人力与资源不变情况下，提升所提供的公共服务的质量、效率和效能。

5. 绩效标杆管理

通过与目标企业对比产品和服务，企业可评估自身在市场中所处的竞争位置。绩效的比较直接且关键，既有利于企业了解自身情况，也有利于企业了解市场的总体情况。

6. 产品标杆管理

作为设计新产品或升级现有产品的一种操作方式，这项操作有时候包括后向工程，即将竞争对手的产品进行拆解以寻找其优点及劣势。比起其他的标杆管理，产品标杆管理是针对企业发展潜力的比较。同时，产品是企业获利的依据，加强产品的创造研发是企业发展的重要基础。

7. 战略标杆管理

战略标杆管理包括观测其他公司如何竞争。这种类型的标杆管理通常并不限定于某个行业，并且最好将视野拓展至其他行业。战略标杆不容易转化为可以直接进行比较的定量因素，但战略的比较是企业学习龙头企业发展布局的重要办法。

8. 职能性标杆管理

职能性标杆管理是企业将标杆管理操作集中于某项公司职能并致力于提升该特定职能的运作效能。复杂的职能如人力资源、财务、会计等一般不会直接通过成本和效率等指标来对比，而是需要分解为更多子流程，以便进行更有操作意义的比较。

9. 行业最佳标杆管理

行业最佳标杆包括研究领先的竞争对手或最为出色的公司。同最为出色的公司进行比较可以察觉自身与行业龙头的差距，从而弥补缺漏，奋起直追。

10. 运营标杆管理

运营标杆包括人员调配、生产效能、办公流程和流程分析等运营相关的方方面面。

11. 能源标杆管理

收集、分析和关联可对比的活动的能源使用数据，目的是评估和对比个体之间或内部的能源使用表现。这里的个体包括流程、建筑物或公司。

二、标杆管理流程

标杆管理理念的巨大吸引力及其在业界广受欢迎，导致一系列标杆管理方法论的兴起。从标杆管理的流程来看，主要包括以下方面：

（一）了解自身情况，确定标杆管理内容

标杆管理首先要从自身出发，充分了解自身的情况，明白自身哪些方面存在不足，才可以与选取的标杆进行比较，继而取得成功。其次，对中小企业而言，由于资本的限制，在标杆管理过程中可以适当注重相对重要的方面。通过了解自身，找到关键的、需要改进的地方，继而进行比较，用最小的代价换取绩效的最大改进。

（二）选择标杆管理对象

标杆管理的实质是选择一个标杆管理的对象并与之比较，最终取得进步。对于标杆管理对象的选择应该谨慎，合适标杆对象选择可以让组织从各个方面都有所受益，获得成长，更好地实现标杆管理的目的。

一般来讲，标杆管理的对象可以分为以下几大类：

1. 企业内部

企业内部标杆管理的对象是从组织内部出发，选择组织内部某一部门作为标杆，对本组织进行标杆管理。由于是在同一组织内，这类标杆对象的信息更易收集，可以更简便、全面地得到各方面的数据。而且从内部选择就不必考虑其他因素，如外部环境、组织各项条件等的影响。内部标杆管理的缺点是，企业很难跳出组织本身的视角，从另一个角度来思考企业的发展目标和战略，管理的内容多局限于操作层和管理层，因此很多时候内部标杆管理并不能够满足企业发展的需要。

2. 竞争对手

竞争对手一般可以分为以下几类：

(1) 直接竞争对手。直接竞争对手可以理解为同企业有直接业务竞争的对手。比如，对华为而言，其直接竞争对手就是三星、苹果、小米等其他拥有较大重合业务的公司。

(2) 平行竞争对手。平行竞争对手是指虽然拥有共同业务，但是由于空间因素或者其他因素的影响，并不构成直接竞争关系的公司。例如，北京的面馆与广州的面馆，它们之间并不构成竞争关系，但由于业务的相似性，所以可以带来一定的参考意义。

(3) 潜在竞争对手。潜在的竞争对手即虽然此刻没有形成竞争关系，但是有可能形成竞争的公司。以潜在竞争对手作为标杆可以进行企业的管理升级，并对之后的竞争提前布局。以华为为例，虽然华为在5G领域并不存在直接竞争与平行竞争对手，但随着技术的发展，苹果、三星等公司也必然会发展出相应的技术。因此，华为公司可以以苹果或者三星公司作为标杆，研究其关于5G技术的管理模式，以期为后续的战略做准备。

3. 行业内部

选择行业内部的企业作为标杆管理的对象，首先，这有利于公司更好地学习更新自身制度。因为行业内部的企业大多面临相同的行业状况，所以制度的比较和借鉴就具有很大的意义。其次，行业内部标杆的选取更有利于公司跨越自身管理的局限，学习借鉴行业龙头企业的成功经验，更好地发展自己。

4. 行业外部

选择行业外部的企业作为标杆，一方面可以扩充企业的视角，帮助企业做出多层次的战略布局；另一方面，管理经验一定程度上具有共通性，选取学习行业外部的成功企业也会为企业带来进步。需要注意的是，行业外部公司由于行业的不同特质，并不完全具有借鉴价值，在学习追赶时应当注意标杆的选取。

企业在选择标杆目标时，应该从自身的目的出发。不同的战略目的决定不同标杆目标的选取。此外，标杆目标的选取也应该具有一定的可实现性，是企业可以达成的目标。

（三）数据收集处理

数据收集是标杆管理中最重要的环节，包括自身数据的收集与标杆企业数据的收集，在此基础上才可以运用标杆管理。下面介绍两种不同的数据收集和分析方法。

1. 倒序制造法

倒序制造法是从产品出发，比较竞争对手产品与自身产品的差距，通过详细的分析，在每个项目上进行对比，从而得出产品的不同数据。倒序制造法是直接从产品入手，由企业的输出结果到生产、科研、管理等的改进。不同于通常的自上而下，而是从流程的下游倒推流程上游进行改变。倒序制造法是标杆管理常用的方法之一。

2. 竞争对手购买性分析法

这一方法是从服务的角度出发，更适用于以服务为主的企业。通过购买对手的服务，感受对手与自身的差距，继而对自身进行改善。针对产品导向型的企业，购买的服务应当包括产品的使用感受、售后服务等。

（四）确定目标

确定目标是通过与标杆企业的对比，找出自身与标杆企业的差距，确定需要改进的目标，再根据本企业现阶段的具体情况形成可以实施的计划。

（五）实施及评价

标杆管理以主要竞争对手为目标对象，通过定位差距有针对性的改进，最终实现对竞争对手的超越和对其他行业成功发展经验的借鉴。因此，标杆管理措施的落实尤为重要，甚至可以说，凭借标杆管理方法改进企业绩效是以上所有步骤的终极目标，这也需要在标杆管理的实施过程中对每一步进行实时监控和评价反馈。其中，实时监控有利于积极响应变化的环境，做出动态调整，保证计划的顺利进行，而评价反馈则能够有效衡量标杆管理措施的执行效果。如果标杆管理绩效评价十分理想，就应总结成功经验，吸取教训，为日后标杆管理工作的开展提供借鉴。相反，如果评估结果显示较差，则需回溯之前所有环节进行复查，找出失败的原因，并进行标杆管理项目的再设计。

三、标杆管理评价

标杆管理能够帮助企业打破思维定式，拓展新的发展思路，学习超越自身的优秀发展经验。企业可以通过标杆管理与目标企业进行横向比较，发现彼此之间的差距，并进一步提高自身的管理效率。最终，经过自我调整与变革，企业可以形成独特优势，增强组织的核心竞争力。

案例分析

下面以F公司的绩效考核制度改革为例，对绩效管理加以介绍。

F公司是一家中日合资企业，主要业务是生产销售勘探和开采石油用的石油钻杆。2003年，F公司着手建立一系列的人力资源管理制度，依照德、能、勤、绩的思路制定了一套员工绩效考核制度，对员工进行每半年一次的绩效考核，考核结果作为分配奖金的依据。但是，在实际开展绩效考核的过程中逐渐出现了一些问题：考核者发现，由于公司制定的考核指标和评分标准过于模糊，很难给出合适的打分；而被考核者认为，考核者的打分根本不客观，也不具有信服力，于是感到不满。

针对F公司员工绩效考核制度中存在的问题，专家运用现代人力资源管理理念重新设计了一套完整的绩效管理制度，新的员工绩效管理制度在完善绩效管理循环的同时，建立了以关键绩效指标为核心的绩效评价指标体系。

1. 绩效计划和指标体系构建

首先，专家要求各部门、各岗位的考核人和被考核者一起讨论未来一个周期将要做什么、为什么要这么做、做到何种程度、什么时候完成、需要的资源和支持、员工的权限等分别是什么的问题，最终形成一份双方签字的契约，完成绩效计划的制订。

其次，专家针对F公司指标设计存在的问题征求员工的意见，从不同方面建立了以KPI为核心的绩效评价指标体系。

2. 绩效辅导：跟踪和检查，提供培训和帮扶

绩效辅导是绩效管理的核心，是指在绩效管理周期内，管理者对员工进行跟踪和阶段性检查的过程，并且伴有有计划、有目标、有步骤的培训和帮辅。在完成有效的绩效计划及指标体系构建后，专家要求管理者充当绩效辅导的角色，即F公司的管理者应当在绩效实现过程中察觉并发现员工在计划完成中遇到的困难，及时进行培训与帮扶，以保证目标的顺利完成。

3. 绩效评估及绩效反馈

绩效评估又称为绩效考核或绩效考评，是指对照工作目标或绩效标准，采用科学方法评估员工在绩效期间的工作任务完成情况和其他工作表现的过程。F公司采取KPI绩效评价体系对员工工作绩效完成的表现做出有效的评估，并根据结果对绩效进行反馈。

4. 绩效结果应用

针对绩效结果，F公司在各方面进行了后续应用。在招聘方面，F公司的人力资源部门可以分析目前绩效结果较好的员工有什么特征，招聘时可以专门寻找具备这些特征的候选人；在培训方面，如果员工的绩效结果不好是由于自身能力问题导致的，人力资源部门可以通过对其进行培训，从而提高其绩效，并且绩效结果也是培训效果的成绩检验；在绩效管理方面，绩效结果也会用于绩效改进，开启下一个绩效循环；在薪酬管理方面，绩效结果是薪酬分配的重要依据；在员工发展计划中，F公司可以根据员工的绩效水平、能力水平等为其规划个人发展计划等；在人力资源规划中，绩效结果有利于人力资源部门进行人才盘点等。

经过专家的帮助，F公司重新制定了人力资源管理制度，设置了更符合公司发展的绩效考核体系，最终回归正轨。

思考题

1. 什么是绩效和绩效管理？
2. 绩效管理的目的是什么？
3. MBO、KPI、BSC、OKR等绩效目标分解的方法有什么区别？
4. 绩效管理的全流程包括哪些环节？
5. OKR设定的原则具体是什么？
6. 运用KPI方法的具体步骤有哪些？
7. 平衡计分卡有哪四个维度？
8. 标杆管理应该如何设定标杆企业？

第七章　薪酬管理

本章学习要点：

1. 了解什么是薪酬及薪酬管理，了解薪酬是如何发挥作用的
2. 掌握制定薪酬战略的基本流程
3. 掌握职位评价技术在薪酬管理中的应用
4. 掌握薪酬水平决策类型
5. 了解并掌握怎样确定薪酬结构
6. 掌握技能及能力薪酬体系的设计流程及注意事项
7. 了解绩效薪酬及其优缺点
8. 了解法定社会保险包含哪些内容以及如何计算住房公积金
9. 掌握如何针对不同类型员工制定不同的薪酬方案
10. 掌握薪酬预算的目标和方法、薪酬控制的途径，以及薪酬沟通的步骤

案例导入

谷歌——总报酬模型的力量

据全球著名的雇主品牌管理公司优兴咨询于2007年发布的调查报告，谷歌（Google）取代麦肯锡跻身年度全美最受商学院学生推崇的最佳雇主。

能够挤下雄踞最佳雇主榜首长达12年之久的麦肯锡，谷歌在吸引和激励优秀人才方面必然有其独到之处。具体而言，谷歌公司不仅为员工提供传统意义上的现金报酬和各项法定福利，员工还可以享受诸如免费美食、全天开放的健身房、游泳池、私教课程、营养咨询、医疗服务、随时预约的按摩服务、温泉水疗（SPA）、以生物柴油为燃料的班车等附加福利，跳槽时也能被允许说“我曾在谷歌工作”。

正是这些丰富且具有吸引力的内容，让更多的人义无反顾地选择为谷歌工作。

无独有偶，在中国，由翰威特发布的2007年最佳雇主评选结果表明：职业发展机会已成为驱动中国企业员工敬业度的首要因素，薪酬位列其次，而绩效管理则排在第三。职业发展机会取代薪酬成为中国企业员工敬业度的首要驱动因素，表明人们已经不再将工资的增长作为工作的唯一目标，而是开始以一种更长远的战略眼光侧重自身的持续发展；同时，对于绩效管理的价值认同则表明，员工越来越希望通过良好的绩效表现在组织中获得尊重与认可。

如前所述，随着时代的发展，员工在选择雇主单位时开始更多地关注工资和福利以外的东西：企业提供的培训与职业发展机会、良好的工作环境、广获认可的企业文化、弹性灵活的工作安排等，都已经成为员工在选择工作时所要考虑的重要内容。正因为如此，关注员工需要，整合一系列员工认为有价值的要素作为组织的激励资源，通过总报酬设计来吸引、激励和保留有价值的员工，已成为当前薪酬管理的趋势。

第一节　薪酬理论与薪酬管理基础

一、薪酬概述

（一）薪酬的含义

“薪酬”一词，英文可以表达为wage、compensation、salary、reward，在我国古代指的就是俸禄（薪俸、俸钱、俸饷、俸金）、工钱等。而在现代，薪酬指的是收入、工资、待遇或者报酬。

薪酬有广义和狭义之分。狭义的薪酬是指雇员在劳动后雇主给予的经济回报，包括货币形式和实物形式；广义的薪酬则代表所有经济性和非经济性的回报。在通常的语境中，如没有特别说明，我们说的薪酬都指的是其狭义的概念，也就是雇员作为雇佣关系的一方，依凭劳动从雇主处获得的各种货币收入以及一系列特定的、可以转化成货币的实物与服务的总和。

（二）薪酬的类型

薪酬可分为基本薪酬、激励性薪酬、津补贴和福利四种。①

1. 基本薪酬

基本薪酬又称基本工资、固定工资（fixed pay）、底薪（base pay）等，是根据员工的工作、技能或资历支付的稳定性报酬。在我国，基本薪酬一般按月发放，其主要作用是保障雇员的基本生活。基本工资按照工资支付依据的不同，又可分为三种不同的类型（见表 7-1），即岗位工资、能力工资以及资历或工龄工资。

表 7-1 基本工资的三种类型

类 型	描述定义
岗位工资	依据岗位价值进行支付，遵循“以岗定薪、岗变薪变”的原则，不同的岗位评分不同，对于评分高的岗位，其任职者的基本薪酬也相应较高
能力工资	把员工所具备的知识、技能或能力作为支付薪酬的依据，与岗位评分相似，能力工资的发放依据的是员工能力等级评分，评定等级越高，其基本薪酬越高
资历或工龄工资	根据员工在组织中的资历或工龄来支付基本薪酬

2. 激励性薪酬

激励性薪酬也称变动工资（variable pay）或者绩效工资（performance pay）、奖金（bonus）等，是雇主根据绩效支付给雇员基本工资以外的起到激励作用的薪酬。员工和组织的绩效越高，则员工所得到的激励性薪酬越高，这体现了薪酬对员工的激励和正向引导作用。按照绩效目标的设定，可以将激励性薪酬分为短期激励性薪酬和长期激励性薪酬。短期激励性薪酬是针对短期的绩效目标（一般指 1 年以内）的激励性薪酬，如月度、季度、半年和年终奖；长期激励性薪酬是指对长期绩效目标（1 年以上）的激励性薪酬，目的在于促进组织的长期发展，更注重组织的长期发展目标，激励雇员与组织共同奋斗，具体形式包括股票期权、限制性股票、递延奖金、股票增值计划、绩效分享计划等。

3. 津补贴

津贴（allowance）和补贴（subsidy）这两个名词在薪酬管理实践

---

① 苏中兴：《薪酬管理》，中国人民大学出版社 2019 年版，第 3 页。

中经常不加以严格区分，统称为津补贴。津贴和补贴是一种固定收入，性质和基本工资类似，但二者仍存在一定的区别。津贴是指补偿劳动者在特殊条件下的劳动消耗的一种工资补充形式，强调的是工作对劳动者的身心健康造成一定损害的补偿，如高温津贴、夜班津贴、矿山下井津贴、野外矿工津贴等。补贴是保障员工不因物价等其他因素的变动而影响工资水平，如副食品补贴、粮价补贴、煤价补贴、住房补贴等。

4. 福利

福利（benefits）是雇主为雇员提供的以非货币支付或延期支付形式为主的各种补充性的报酬和服务，是员工因劳动而获得的各种间接性的经济回报。福利主要包括法定福利和企业福利（如图 7-1 所示）。

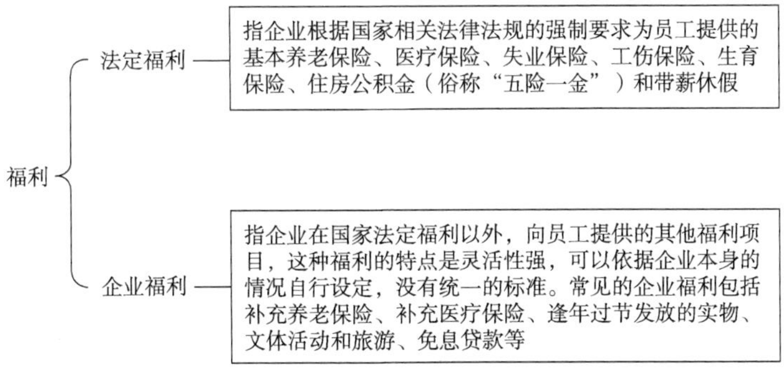

图 7-1　福利的内容

二、总报酬概述

（一）总报酬的含义

总报酬指的是雇主因为员工工作而回报给员工的所有有价值的东西，也可以说是员工在雇佣关系中获得的所有有价值的东西。总报酬包括两部分内容：外在报酬和内在报酬。外在报酬是那些可以货币化的报酬，也就是狭义的薪酬。内在报酬是那些和工作本身相关的报酬，包括工作的挑战性、趣味性，对工作的兴趣，良好的工作环境、学习机会，对员工的认可和鼓励等。二者需要合理地组合搭配，缺一不可。单纯依靠内在报酬不足以驱动员工努力认真完成工作，仅提供外在报酬而忽略内在报酬激励则会降低人们对工作的内在兴趣，削弱工作的内在动机。考虑到薪酬设计的综合性、全面性与结构性，美国薪酬协会提出了一个由五大要素组成的总报酬模型（如图 7-2 所示），这五大要素分别是货币薪酬、福利、工作与生活平衡、绩效与认可、能力开发与职业机会。①

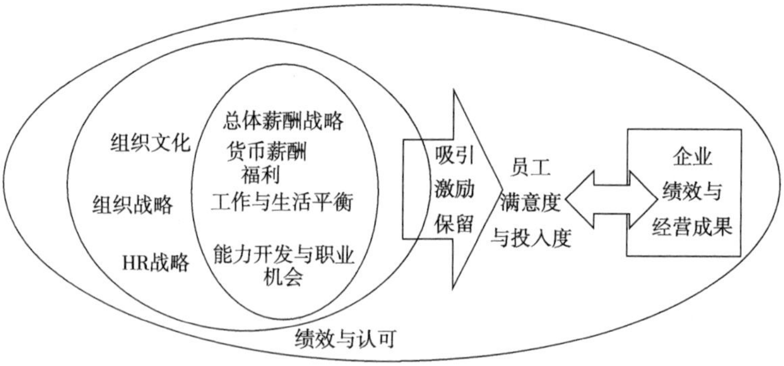

图 7-2 总报酬模型

（二）外在报酬和内在报酬

外在报酬主要是货币薪酬、福利，其具体内容上文已介绍。下文着重介绍内在报酬的组成部分。

内在报酬主要包括：工作与生活平衡，绩效与认可，能力开发与职业机会。

工作与生活平衡是指企业为帮助员工找到工作与家庭之间的平衡点，为处理好两者关系而制定的相关政策以及理念。内在报酬常见的形式包括企业提供灵活的工作时间、宽松的工作环境、重视对员工个人健康的照顾及其家人的照顾等。

绩效与认可包括两个维度的内容。绩效管理强调的是组织通过有效引导、指导来实现组织绩效、团队绩效和个人绩效三者的统一，从而能更好地实现组织目标；而认可（雇员认可）指的是对雇员的贡献及能力上的赞赏、表扬和鼓励，它是绩效激励的一种方式，通过对员工个人的肯定，提高员工的满足感、成就动机等心理需求。②

能力开发是通过对员工的一系列培训，强化其工作技能和能力。能力开发能够使员工满足工作上的需要，在处理工作事务时更得心应手。

① 苏中兴：《薪酬管理》，中国人民大学出版社 2019 年版，第 7 页。
② 苏中兴：《薪酬管理》，中国人民大学出版社 2019 年版，第 7 页。

职业发展通道设计为员工提供职业发展规划和发展机会，在组织内部为其提供包括工作轮换、晋升的空间，从而确保员工能够发挥所长，在适合自己的岗位上发挥自身的优势，给组织带来更大的价值。

三、薪酬管理

（一）薪酬管理的含义

薪酬管理是企业在组织发展战略的指导下进行的与员工薪酬策略、薪酬体系、薪酬水平、薪酬结构、薪酬支付原则等有关的决策和调整过程，其根本目的在于通过科学完善的薪酬制度流程，提升个体和组织的工作效率，促进企业的稳定发展。

（二）薪酬管理的意义及其功能

作为企业吸引、激励和保留人才的重要手段，科学合理的薪酬管理能够帮助企业对员工产生正向引导，以更好地实现组织目标。其主要功能有：帮助企业合理控制人工成本，改善企业经营绩效，促进企业员工工作绩效及工作积极性的提高；形成综合的激励闭环，激励企业员工不断积累知识、提升自身技能，增强自我价值；帮助企业构建和谐的组织氛围，创造良好的工作环境，促进员工个人目标与组织目标的统一；激励员工更好地为组织发展做贡献，同时，吸引、激励和保留优秀人才，增强员工队伍的稳定性，减少人员流失。

（三）薪酬管理的原则

科学的薪酬管理要遵循公平性原则、竞争性原则、激励性原则、成本控制原则、合法性原则。

1. 竞争性原则

薪酬管理中的竞争性主要针对的是外部薪酬市场水平。企业只需要支付符合劳动力市场水平的薪酬，确保企业的薪酬水平与相似的行业、公司、岗位的薪酬水平相当，减少人员流失。

2. 激励性原则

激励性原则是说薪酬具有一定的激励效果，这就要将薪酬与员工绩效挂钩，二者应该直接相关。同时，不同能力、不同职位的员工之间的薪酬也应有所差距，从而提高员工的工作积极性，让薪酬发挥激励作用。

3. 成本控制原则

薪酬水平是不是越高越好？不可否认的是，薪酬越高，对员工的激励效果越大，人才流失现象可能越少，但是人力资源成本作为企业成本中重要的开支，需要考虑企业自身的承受能力，合理地对人力资源成本进行控制，以保证企业的可持续发展。

4. 合法性原则

企业在制定薪酬管理制度时必须充分考虑国家相关的政策和法律法规，符合相关规定。例如，国家对最低工资标准的规定，对劳动者工作时间的要求，延长劳动者工作时间的劳动报酬支付标准，社会保障以及住房公积金的缴纳标准，经济补偿金和最低工资指导线要求等。

（四）薪酬管理的基本流程

企业薪酬管理流程是否有效、科学，会直接影响企业薪酬管理制度能否发挥其应有的功能。不同企业的薪酬管理过程会受到各种因素的影响，如企业性质、企业规模、企业战略、员工能力和技术水平等，我们可以用图 7-3 来描述企业薪酬管理的决策过程。在市场经济条件下，企业薪酬管理是一个市场化、个性化的过程。企业薪酬管理基于企业战略和人力资源战略，考虑员工对自身的价值定位以及所要求的资质，同时要考虑团队和个人的绩效考核和评价，最终形成企业薪酬管理体系。

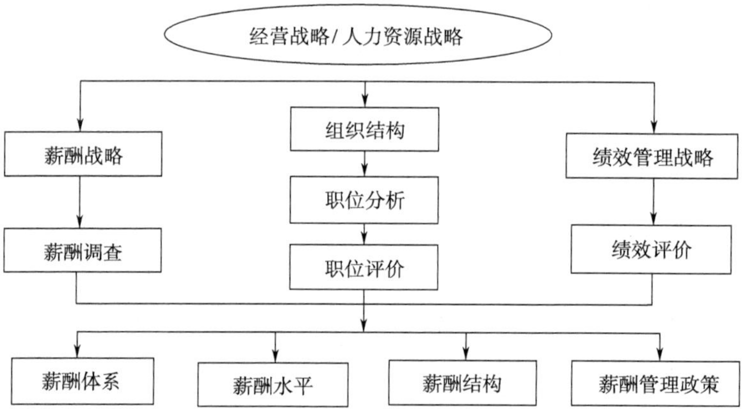

图 7-3 市场经济体制下企业薪酬管理流程

四、薪酬的理论基础

对于薪酬理论的研究，可以从经济学和管理学两个方面来进行分析。经济学的薪酬（工资）理论的研究重点在于工资，而管理学的薪酬理论的研究重点在于薪酬与其他报酬形式的配合。

（一）经济学的工资理论

经济学中的工资理论的主要观点及代表人物如表 7-2 所示。

表 7-2　经济学的工资理论

理　论	代表人物	主要观点
生存工资理论	［法］安·罗伯特·雅克·杜尔哥	如果有很多可供选择的工人，买家可以首先选择薪酬要得最低的工人。在这样的环境下，工人不得不降低自身劳动的价格，不断地降低价格会导致工人的工资只限于维持最基本的生活需要。同时他还提出，如果工资高于这一水平，就会出现人口及劳动力供给的增长，从而造成工资不得不又下降到原先仅维持基本生存的水平，反之，如果工资低于这一维持基本生存的水平，就会造成人口减少和劳动力供给下降
工资基金理论	［英］约翰·穆勒	第一，工资不是由生存资料决定，而是由资本决定的。他认为工资是资本家全部资本中的一个部分，是资本家的资本用于补偿社保消耗、购买原材料等生产资料的剩余部分。将资本的这部分认定为固定不变的，构成了一个社会的工资基金（或称为劳动基金），工资的高低首先取决于工资基金的高低； 第二，在工资基金确定之后，工人人数的多少决定了工人的工资水平，即工资的总量是固定不变的，如果工人人数多，每个工人的工资就少，反过来，如果工人的人数少，每个工人的工资就相应会有所提高。因此，该理论认为工资实际上取决于工人和资本的比例
边际生产力工资理论	［美］约翰·贝茨·克拉克	工资取决于劳动的边际生产力，即厂商雇佣的最后一个工人所增加的产量——劳动的边际产品，所以说工人的工资水平实际上是由最后一个被雇佣的工人生产的产量所决定的
集体谈判工资理论	［英］莫里斯·多布、兹古 ［美］厄尔曼、约翰·贝茨·克拉克	从短期来看，劳动力市场上劳资双方力量的对比某种程度上决定了工资水平，工资水平的多少是劳资双方在工资谈判中进行交涉以及交涉力量相抗衡的最终结果

续 表

理 论	代表人物	主要观点
均衡价格工资理论	[英] 阿尔弗雷德·马歇尔	在其著名的《经济学原理》中以供求均衡价格论为基础，建立了该理论。马歇尔从劳动供需两方面来阐明工资的决定，他提出工资水平是由劳动要素的均衡价格决定的
人力资本理论	[美] 西奥多·舒尔茨、加里·贝克尔	该理论认为资本有两种形式：一个是物质资本；另一个是人力资本，指的是劳动者的知识、技能、体能、经验等，同时也强调了人力资本的重要性，通过增加人力资本投资，可以刺激经济的增长。那么，人力资本投资包括什么呢？一般包括医疗和保健投资、在职培训投资、职前教育投资、社会教育投资以及个人和家庭为适应变换就业机会的迁移投资
分享工资理论	[美] 马丁·魏茨曼	他抨击了传统的资本主义经济，认为其根本问题不在于生产，而是分配。该理论特别提及了雇员工资制度，表示在传统的工资制度中，工人的工资与厂商的经济活动是无关的。由于工资和劳动成本都是固定的，厂商会按照自身利益最大化原则，面对市场总需求的变化，厂商总是会在产品数量上进行调整，而非在价格上进行调整。分享工资理论提出要把工资经济转变为分享经济，把固定工资转变为分享工资，要将工人的工资与企业的经济效益指标相关联，建立起随着企业经济效益水平同比例增减的劳动报酬制度
锦标赛理论	[美] 舍温·罗森、爱德华·拉齐尔	与晋升相关联的工资增长幅度会对这个工作等级以下的员工的积极性产生影响，只要晋升结果尚未清晰，员工就有动力为获得晋升而努力，所以该理论提倡拉开不同层次的岗位间的薪酬差距，这样下一个层次的员工就会展开工作上的竞赛

（二）管理学的激励理论

管理学中的激励理论的主要观点及其代表人物见表 7-3。

表 7-3 管理学的激励理论

理 论	代表人物	主要观点
需要层次理论	[美] 亚伯拉罕·马斯洛	马斯洛提出每个人的内心都存在五个需要层次：生理上，比如吃、穿、住、用等一切生理上最基本的需要；安全，是指保护自己免受生理以及心理伤害的需要；归属需要，因为人是社会中的一员，需要群体上的归属感；尊重，是自己需要受到别人的尊重以及本身具有的内在自尊心；自我实现，指的是个体成为他希望成为的人的内驱力。这五种需要有高级和低级之分，生理和安全需要属于较低的层级，另外三种则属于较高层级的需要。马斯洛认为，只有当低级需要得到满足后，才能实现更高层级的需要
双因素理论	[美] 弗雷德里·赫茨伯格	该理论涉及保健因素和激励因素。他将一些外部因素概括为保健因素，主要包括管理质量、薪金水平、公司政策、工作环境和工作稳定性，这些保健因素与工作不满意有关；而与工作满意相关的是激励因素，包括晋升机会、个体成长机会、奖励认可和成就等内部因素。与传统观点不同的是，他认为满意的对立面是没有满意，而不是不满意；不满意的对立面是没有不满意，而不是满意。保健因素仅仅只能避免人产生不满，不能激励员工长期努力工作，激励因素却可以对人产生满意的效果，因此，可以说两者是相互独立的
ERG 理论	[美] 克雷顿·奥尔德弗	该理论诞生于 20 世纪 70 年代。奥尔德弗认为人有三种基本需要，即生存需要、关系需要以及成长需要，其重要观点是：第一，在同一层次上，少量需要满足后，会产生更强烈的需要；第二，较低层次的需要满足的越是充分，对较高层次需要越强；第三，较高层次需要满足得越少，低层次需要则更加强烈
成就动机理论	[美] 戴维·麦克利兰	该理论认为，人在较高层次上或产生三种需要：成就需要、权利需要和归属需要。他认为，不同的需要反映的是人们不同的偏好，所以说有不同需要的人实际上都是有价值的，为了更好地服务于组织，使其不断发展，需要对组织内有不同需要的个体进行合理的搭配

续 表

理 论	代表人物	主要观点
公平理论	[美] 约翰·斯塔希·亚当斯	该理论为认为，员工的积极性取决于他感受到的分配上的公平感，而公平感取决于社会比较或历史比较。社会比较是员工将所获报酬与工作的收入比值和他人的该比值进行比较；历史比较是员工将所获得的报酬与自己工作投入的比值同自己在历史上某一时期的这个比值进行比较。当社会比较或历史比较的结果表明收支比例相等时，员工便会感受到公平的待遇，因而心理平衡，工作努力；当自己认为这个比例过低时，员工就会心理不平衡，产生挫败感
强化理论	[美] 斯金纳、赫西、布兰查德等人	该理论提出，人或动物为了达到某种目的，会采取一定的行为作用于环境，当该行为的后果对其有利时，这种行为就会在以后再次出现甚至重复出现；不利时，该行为就会减弱甚至消失，因此，人们可以利用这种正强化或负强化的方式去影响其行为的后果，从而修正自身的行为
目标设置理论	[美] 洛克	该理论认为人类的活动是有目的的，受到有意识的目标的引导。个体的工作表现、行为不同，是由于不同的个体为自己设置了不同的绩效目标
委托代理理论	[美] 伯利、米恩斯	该理论认为，由于现代企业所有权和经营权是分离的，企业所有者和经营者形成了委托代理关系，二者各自追求利益最大化，代理人为了满足个人需求，可能产生机会主义行为，从而危害委托人的利益。企业所有者及委托人为了维护自身利益，会加强对代理人的监督，为此付出监督成本，然而委托人、代理人之间存在信息不对称的问题会带来高昂的监督成本，因此，代理人的激励成为委托代理理论要解决的一个问题

薪酬如何发挥它的作用（激励效果）？人为什么要工作？在何种情况下员工才能积极工作？以下两个案例将通过管理学的激励理论对这几

个问题进行解答。

案例一

该不该给她加薪？①

水路工业公司的首席执行官赛斯勒·马赫担心会失去销售明星李·卡蒂。新来的市场总监精力充沛，工作努力。她接到了这么多订单，甚至马赫都觉得这是不可能的。然而，现在一家公司正试图以包括股票期权在内的慷慨出价挖走她。

水路是马赫创办的一家小型专业体育用品公司，最初是一家赛艇公司，在过去几十年里稳步发展。大多数员工都是户外运动爱好者。在天气特别好的时候，下午4点办公室里几乎空无一人。但是马赫说员工们都很喜欢他们的工作，工作总是按时完成，对现有的设计流程提出新的想法和建议时，大家都直言不讳、毫无保留，同事之间感情真挚深厚。

自从水路公司进入皮划艇新领域以来，业务发展迅速，甚至不得不外包一些制造业务来满足订单，这在很大程度上要归功于卡蒂。马赫知道卡蒂非常成功地开拓了新的销售渠道，在过去两年中占公司销售额的40%。在卡蒂到来之前，大多数的销售都是通过独立的销售代表和经销商完成的，网络也没有正式发展起来。马赫从未真正跟踪销售进度，从未认真考虑过建立一支销售队伍或制定一个正式的渠道计划。这些是他想让卡蒂作为营销总监专注的领域，但目前她非常忙，因为生意太好了。

卡蒂出差太多，以至于她甚至没有时间去了解她的同事。她在周末完成了所有的文案工作；她还错过了水路公司的年度野餐；她的两个直接下属正在出差，以完成一个大订单。

马赫不禁想到了公司的其他员工。公司共有45名员工，流动率很低，很少有人抱怨。最近，两位设计师分别找他要求加薪，他们都盼望能持有这家公司的股份。马赫拒绝了，但给他们提供了适度的加薪、奖金和假期。他们似乎对此很满意。但当首席财务官的股票要求被马赫拒

① 罗伯特·尼克森："该不该给她加薪？"，《哈佛商业评论》，2005年第5期。

绝后，首席财务官离开了公司。

马赫向自己的朋友和银行家寻求意见，终于意识到企业文化已经改变了。他是否应该为卡蒂重新设计薪酬组合？新的贷款会不会让他背上太多包袱？他付给卡蒂更多的佣金也许会令她放弃其他公司正向她招手的那些工作机会。但是，当皮划艇的繁荣最终走到尽头，她还是会离开——除非那时水路开始进军下一个热门产品市场。然而，此时此刻，马赫还不知道这种产品是什么。追赶风行一时的潮流从来就没被列入他的计划，虽然目前做皮划艇生意的尝试收效甚佳。

马赫应该给他的得力干将卡蒂支付丰厚的报酬，还是冒着让她离职的风险让一切照旧呢？

【讨论题】

1. 该公司在薪酬管理上存在哪些问题？

2. 你认为是否需要给卡蒂加薪？能否给卡蒂设计一个适合她的薪酬方案？

案例二

谷歌的薪酬管理制度[①]

非物质激励是谷歌薪酬制度的重要组成部分。如果一味强调物质奖励而忽视对员工非物质需求的追求，员工的流失就会增加。企业不能仅仅关注员工的物质需求，员工在非物质领域的需求同样重要，也应该引起重视。非物质激励是基于许多因素并经过长时间的尝试建立起来的，不能生搬硬套，要根据企业自身的文化环境、员工关系、员工素质等不断尝试修改，最后制定出最适合企业的非物质激励制度。

一、谷歌的“自由式”管理优势

谷歌具有独特鲜明的“自由式”管理方式，每位员工都拥有免费的午餐、可装修自己的私有办公区域、公司配备全套娱乐设施。谷歌员工去世后，其家人在接下来的 10 年里可以从谷歌公司得到其生前一半

① 洪香琪、王磊：“谷歌公司薪酬福利管理的借鉴意义”，《人才资源开发》，2021 年第 2 期。

的薪水。谷歌除了在员工上班期间为其提供多种多样的福利配套设施，让员工放松，从而有效促进员工潜能开发外，更为员工解除后顾之忧，提升其工作效率与积极性，减少人员流动。这些福利待遇能够吸引优秀人才主动加盟谷歌，保证了谷歌新鲜、优质的人才血液流动。

二、充分发挥薪酬管理对员工的激励作用

谷歌公司薪资结构中，工资占比最大，远超股票红利或股权奖励的比例，以最大限度满足员工的需求，达到激励效果。谷歌在 2018 年宣布向所有的员工发放 1 000 美元的假日津贴，同时将全员工资水平提高 10%以上；谷歌还按照每名员工的年度奖金为下一年度调薪，并根据个人表现发放绩效奖励，以降低股票红利等在员工总收入中所占的比例。

谷歌的薪酬制度将工资调整为薪酬最重要的一部分，保证了谷歌内部薪酬的公平性。科学有效的绩效薪酬管理制度应该是把公司的战略目标与员工的利益相结合，绩效薪酬可以把公司的利益与员工的利益相统一，员工在为自己的利益奋斗的同时也给公司创造了价值，达到了互利共赢的效果。具有激励作用的薪酬制度必须与员工绩效、工资奖金等结合起来。为了给 Chrome12 查找存在的漏洞，2018 年，谷歌鼓励员工对 Chrome 进行挑错，找出错误可获得奖金，最后谷歌共向 Chrome12 查找漏洞的员工支付了近 1 万美元作为奖励。最终，面向消费者的 Chrome12 浏览器在安全、隐私和图形功能方面有多处改进，得到了消费者的喜爱。

第二节 战略性薪酬管理

一、战略与薪酬战略

（一）战略的含义及特征

“战略”原本是一个军事术语，本意是通过分析和研究军事、政治和经济战争中双方的信息，确定、安排总体战争和军队在不同阶段的准备工作，使自己在战争中获得主动。

战略的特点可以概括为图 7-4 所述的几个方面。[①]

① 刘银花：《薪酬管理》，东北财经大学出版社 2012 年版，第 58 页。

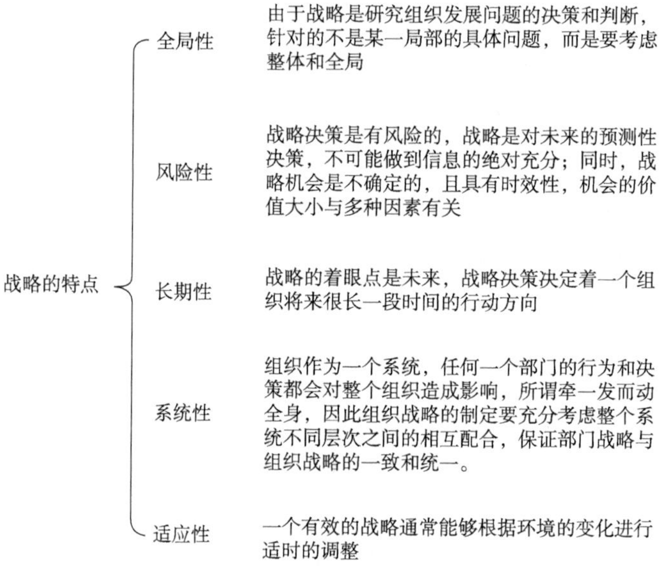

图 7-4　战略的特点

（二）薪酬战略概述

1. 薪酬战略的含义

薪酬战略是管理者以组织的战略为指导，通过整合组织资源，动态地对组织价值分配进行计划、设计、实施和控制，以提高员工的积极性和创造性，实现战略目标，从而帮助企业赢得并保持竞争优势的决策框架。

2. 薪酬战略所要解决的基本问题

第一，薪酬支付的依据是什么？企业应该按照什么依据来决定薪酬？

第二，薪酬水平的定位是什么？即与竞争企业或市场平均水平相比，如何定位本企业的整体薪酬水平？

第三，薪酬组合方式是怎样的？即薪酬的各个部分如何构成？比重又是多少？

第四，薪酬结构是怎样的？怎么考虑薪酬等级的个数、不同等级之间的薪酬差距，以及用来确定差距的标准？

第五，薪酬管理的模式是什么？能否做到开放与透明？由谁来参与薪酬体系的设计和管理？

3. 薪酬战略的特征

薪酬战略的特征主要有战略性、激励性、灵活性、创新性以及沟通性（见图7–5）。

薪酬战略的特征
- 战略性：战略薪酬管理的关键是根据组织的业务战略和组织文化制定全面的薪酬战略。它关注可能影响企业绩效和薪酬的所有方面，努力使薪酬对组织战略支持效果最大化
- 激励性：战略薪酬管理关注企业的经营，它将奖励与组织目标一致的结果和行为。奖励必须是直接和及时的。直接给予奖励，而不是稍后；奖励要及时，达成目标就兑现承诺
- 灵活性：企业应该能够根据不同的要求设计不同的薪酬解决方案，充分满足组织对灵活性的要求，从而帮助组织更好地适应不断变化的环境和不同的需求。没有最优的薪酬策略，只有最适合企业自身的薪酬策略
- 创新性：薪酬体系的设计必须依赖于组织的战略和目标，充分发挥良好的指导作用，而不是机械地照抄原有的做法，或简单地照抄其他企业的薪酬计划
- 沟通性：战略薪酬管理强调将组织的价值观、使命、战略、规划和未来前景传递给员工，并定义员工在上述每一个要素中所扮演的角色，以实现组织与员工之间的价值共享和目标认同

图7–5　薪酬战略的特征

二、战略性薪酬管理

（一）战略性薪酬体系的作用

战略性薪酬是企业薪酬战略的一种形式，对企业以及员工各有独特的作用，具体表现在以下四个方面：

1. 有助于提高企业员工的工作积极性，提升员工个人的能力

在保证企业经营目标实现的前提下，薪酬战略的制定将员工的个人收入和发展与企业的经营状况有机地结合起来，并有效地促进员工的积极性和对企业长远发展的忠诚度。

2. 有助于促进员工的努力与企业目标、理念和文化相一致

战略性薪酬将员工的个人目标与组织目标有机地结合起来，保证了个人努力的结果与企业经营目标的一致性和统一性。

3. 有助于提高企业的外部竞争力

外部竞争力对企业来说十分重要，要想适应外部市场环境的不断变化并及时做出反应，需要企业制定较为灵活的薪酬措施，以适应外部挑

战，提高自身的竞争力。

4. 能够适应市场经济不断发展进步的需要

市场经济在不断地发展进步，企业必须进行改革，以适应不断变化发展的市场经济，这是一个必然趋势。薪酬制度是企业改革的重要部分，其改革是利益关系的重组，关乎每个员工的个人利益。

（二）战略性薪酬体系的内容

企业在发展过程中会根据不同发展阶段的特点和所采取的经营战略，选择并制定相应的薪酬战略。通常包括以下几个方面：

1. 薪酬水平的确定

确定市场领先型薪酬水平、市场跟随型薪酬水平，以及市场落后型薪酬水平。

2. 薪酬结构的确定

确定薪酬等级数量以及薪酬带宽。

3. 薪酬组合的确定

确定薪酬各组成部分及其相应比例。

4. 付酬方式的确定

确定主导的薪酬体系。

5. 行政管理制度

确定决策与沟通的方式。

（三）基于不同战略的薪酬管理

不同企业发展战略下应该用何种薪酬管理模式一直是薪酬管理的重要问题，可以从总体战略、业务战略以及生命周期三个维度来考虑。①

1. 总体战略维度

从总体战略维度来看，可以分为基于增长战略、稳定战略、紧缩战略的薪酬管理。

基于增长战略的薪酬方案通常包括奖金或股票期权，短期内提供较低的固定工资，但员工在较长时间内会收获较高的工资。

基于稳定战略的薪酬管理通常不强调企业与员工之间的风险分担，较为稳定的基本薪酬和福利的成分比较大。在薪酬水平上，这类企业一般会选择与市场水平相当或略高于市场水平的薪酬。但从长远来看，由

---

① 王少东、吴能全、余鑫：《薪酬管理》，清华大学出版社 2009 年版，第 60 页。

于增长速度较慢，这类企业的薪酬水平不会有太大的提高。

基于紧缩战略的薪酬管理经常被那些面临严重经济困难并且想要缩减一部分业务的公司所采用。这一策略通常与裁员、资产剥离和清算有关。这类企业有强烈的愿望将员工的收入与企业的经营业绩联系起来。许多企业除了降低稳定的薪酬在薪酬中所占的比例外，还往往尝试实施员工持股计划，鼓励员工与企业共同承担风险。

2. 业务战略维度

从业务战略维度看，可以分为基于成本领先战略、差异化战略、集中化战略的薪酬管理，如表 7-4 所示。

表 7-4 业务战略维度

业务战略维度	主要内容
基于成本领先战略的薪酬管理	这是指企业采用批量生产的方式，基于经验曲线，也就是经常地执行一项任务，每次所需的时间就越少，降低产品的平均生产成本，从中获取利润。执行这一战略需要尽量减少行政管理费用，严格控制研究、发展、测试、服务和广告等活动
基于差异化战略的薪酬管理	这是指利用特定的技术和方法，使公司的产品或服务在质量、设计、服务等方面具有独特性。想要该战略获得成功，关键在于企业的新产品开发能力和技术创新能力。实施差异化战略的重要手段是发展和培养优秀、成熟的项目开发、产品设计和服务团队。在此背景下，通过团队薪酬制度，完善工作用品补贴和额外津贴制度已成为企业薪酬制度设计的重点
基于集中战略的薪酬管理	集中战略指的是单一产品或服务的生产和运营，或者产品或服务指向特定的地理区域和特定的客户群体。为了吸引更多技术人才，企业通常会支付超过市场平均水平的技术人员工资，从而提高技术人员对企业的忠诚度，减少因人员流失而造成的招聘成本和培训成本的损失。这类企业一般采用基于技术等级的薪酬决策体系，广泛采用股权激励、期权激励等长期薪酬激励方案

3. 基于生命周期的薪酬管理

企业的发展阶段可以分为初创期、快速成长期、成熟稳定期、衰退期以及再造期，在企业所处的不同阶段，要采取不同的薪酬管理方式，这叫作基于生命周期的薪酬管理，具体内容如表 7-5 所示。

表 7-5 企业不同发展阶段的薪酬管理

企业发展阶段		初创期	快速成长期	成熟稳定期	衰退期	再造期
薪酬竞争性		强	较强	一般	较强	较强
薪酬刚性		小	较大	大	较大	小
薪酬构成	基本工资	低	较高	高	较高	较低
	绩效工资	较高	高	较高	低	较高
	福利	低	较高	高	高	低
	长期薪酬	高	较高	高	低	较高

（四）建立战略性薪酬管理体系的基本流程

1. 环境分析

环境分析是建立战略性薪酬管理体系的第一步。有必要全面分析企业所面临的内外部环境以及各方面对薪酬的影响。企业薪酬管理应基于组织战略目标。一个组织的战略和经营目标以及薪酬本身会受到许多因素的影响，包括社会、政治、经济体制、全球经济压力、企业文化和价值观、员工需求、工会压力等。在进行薪酬决策之前，环境分析是一个不可忽视的环节。通过全面细致的分析，可以对组织的经营环境有全面的了解。只有通过这种方式制订的薪酬计划，才能帮助企业获得竞争优势。

2. 制定战略性薪酬决策

战略性薪酬决策的主要内容有薪酬体系决策、薪酬水平决策、薪酬结构决策、薪酬管理过程决策等。薪酬决策的关键是使薪酬体系能够帮助组织实现整体战略目标，对外具有竞争力，对内公平合理。这就需要组织合理的认可员工为组织做出的贡献，同时提高薪酬决策在管理过程中的有效性。因为不同类型的薪酬决策支持不同的组织战略，这就需要组织根据自身所处的经营环境和已制定的战略做出合理的薪酬决策，并确立与组织战略和经营环境相匹配的薪酬战略。

3. 战略转化为实践

一般来说，薪酬策略是为组织的薪酬设计提供一种指导，组织应通过一系列薪酬制度或薪酬组合来体现这种导向和原则。将薪酬战略转化为薪酬实践，实际上是一个从概念和原则到操作层面的飞跃。

4. 阶段性评估

薪酬体系设计完成后，在实施过程中需要不断地测试、调试和评估。

在受到社会经济环境、经济制度等因素影响的情况下，薪酬制度应及时调整，以适应客观环境的变化，确保薪酬制度始终与组织目标相一致。

第三节 职位评价技术在薪酬管理中的应用

一、职位评价技术与薪酬管理的关系

为了明确各类岗位职责及岗位之间的关系，必须进行职位评价。职位评价是薪酬管理的基础和前提，具体体现在以下几个方面：

第一，通过职位评价确定职位级别，能够为薪酬设计提供基础数据。职位评价技术通过不同的评价方法确定职位等级，进而能够确定各个岗位的薪酬等级，为进一步构建薪酬结构提供了基础数据。

第二，实现薪酬内部的公平性。职位评价确定了组织内各岗位之间的相对价值，通过系统、严谨、透明的流程，确定了岗位序列，这种结果使员工容易理解，为解释各岗位薪酬差异提供了重要基础，增强了员工对薪酬分配公平性的感知，实现了薪酬管理的内部公平。

第三，平衡跨部门岗位，保证薪酬的横向公平性。一般情况下，同一部门内部的纵向岗位差异容易确定，但不同部门、不同地区之间横向岗位的价值往往难以衡量，这也是薪酬设计的难点。通过工作评价来衡量组织中所有职位的“规模”，不仅可以减少岗位比较的主观性，而且可以根据岗位明确地区分不同的职位。因此，工作评价解决了以往难以进行横向比较的问题。工作评价在薪酬管理中引入了定量、科学的统计和数学方法，消除了不同岗位价值比较的困难，提高了薪酬的合理性。

二、职位评价技术在薪酬管理中的应用[①]

第一，职位评价的最终结果可以是以分值的形式出现，也可以是以等级的形式或者排序的形式出现。

第二，它们的对应关系可以为线性关系或者非线性关系，都是可能出现的。

第三，薪酬等级实际上是在职位评价结果的基础上建立起来的，将

---

① 赵曙明、赵宜萱：《薪酬管理：理论、方法、工具》，人民邮电出版社 2019 年版，第 67 页。

职位价值相接近的岗位归入同一个管理等级，对同一个等级的薪酬问题采取的管理方法是一致的。

第四，在划分薪酬等级时，需要考虑的要素包括组织文化、所属的行业、员工总人数、发展阶段、组织架构。

第五，薪酬的等级越多，对薪酬管理制度的要求就需要更加明确、清晰，但这也容易造成管理的机械化；薪酬等级越少，相应的灵活性也越高，容易使得薪酬管理失控。

同时，职位评价是岗位等级的基础和前提，薪酬等级的划分需要建立在岗位等级的基础上。职位评价技术在薪酬管理中的应用之一是在薪酬等级中体现出来的。

（一）职位评价和以岗定薪的关系

如果要实施按劳、公平的分配，充分发挥薪酬所具有的激励员工的作用，就必须通过对各岗位的价值进行评估和以岗定薪来实现。

由于薪酬管理体系需要适应现代企业制度，同时满足市场竞争的要求，内部要体现公平，外部又要具有竞争力，职位评价和以岗定薪都是薪酬管理体系建立过程中不可缺少的一环。职位评价和以岗定薪能够帮助组织建立与员工的能力、对组织的贡献相对等的薪酬分配机制，有助于薪酬的激励和约束作用更好地发挥出来；职位评价是以岗定薪工作的前提，以岗定薪是建立在职位评价工作的基础之上的，而不是简单地以岗位的等级确定薪酬水平。

需要注意的是，岗位等级仅仅是以岗定薪的一个因素，不是全面的因素，要确定岗位薪酬，必须进行严谨科学的职位评价。因此，职位评价和以岗定薪是现代企业实现科学有效的人力资源管理的重要手段，二者不可分离。

（二）职位评价和以岗定薪的步骤

职位评价和以岗定薪的步骤可以简单地概括为图 7-6 中所显示的几个阶段。

企业进行职位评价和以岗定薪是为了发挥薪酬本身的激励及约束作用，能够最大限度地调动本企业员工的工作积极性、主动性以及创造性。要想实现这一目的，就应该把薪酬与员工绩效相联系，与员工为企业做出的贡献相联系，与员工个人能力素质相联系。所以，需要建立科学、有效、简单易操作的绩效考核体系对员工的绩效进行评定，全面了解员工的工作完成状况，及时发现问题、解决问题，这样才有助于企业的可持续发展和进步。

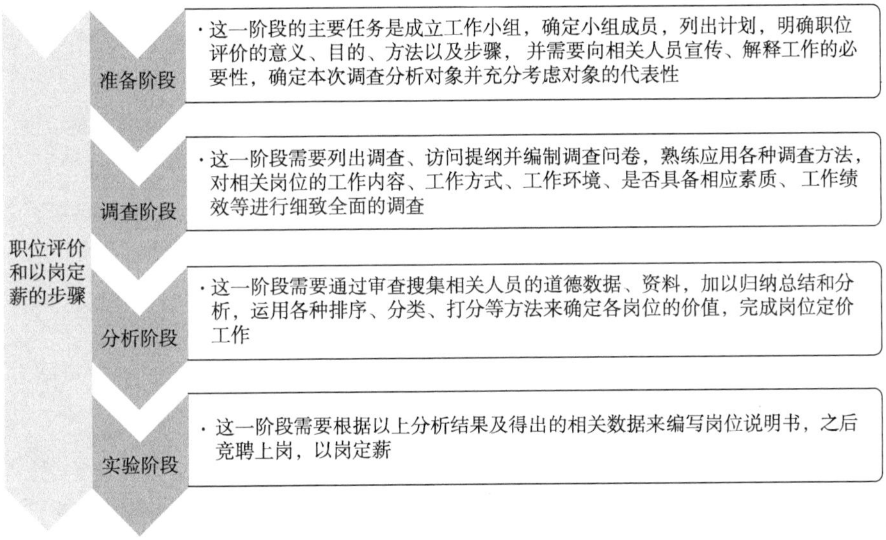

图 7-6　职位评价和以岗定薪的步骤

（三）职位评价在以岗定薪中的应用

职位评价的具体内容我们在前面的章节已经进行了详细的介绍。职位评价虽然是一项基础性工作，但在薪酬管理中是不可或缺的，因为只有进行了职位评价，确定了职位的价值，才能进一步确定相应岗位的薪酬标准。

案　例

东方酒店的薪酬问题

东方酒店是大连开发区的一家四星级涉外商务酒店，1994 年 9 月开业。酒店凭借自身组建的管理团队，以优质的服务、良好的信誉赢得了国内外顾客的好评和信赖。

东方酒店在薪酬管理上实行的是职位等级工资制。职位工资由基本工资和浮动工资两部分组成，比例为 4∶6。由于职位众多，酒店并没有严格进行职位分析和评价，而是将各种职位简单地分为员工层、管理层两大类。

随着员工流动率和人员招聘难度的提高，各职位工资越来越混乱，原有的工资体系更加模糊。

【案例讨论】

1. 东方酒店现行的薪酬制度存在哪些问题？

2. 如何为不同员工设计合理的薪酬水平？

第四节 薪酬水平决策

一、薪酬水平概述

（一）薪酬水平的含义

薪酬水平是指从某一角度按照某种标志来考察员工薪酬的高低，它决定了企业薪酬的对外竞争力，也会在一定程度上影响员工的稳定性。一般来说，薪酬水平=薪酬总额/在岗的员工总人数。

（二）薪酬水平对企业的重要意义

薪酬水平对企业的重要意义通过以下几个方面来体现：

第一，薪酬水平的高低会影响企业对人才的吸引和保留能力。薪酬水平提升会扩大应聘者的规模，优化应聘者的质量。较高的薪酬水平能够提高员工工作的积极性和满意度，以及对组织的忠诚度，可以减少人员流失，更好地吸引和保留人才。

第二，薪酬水平直接影响企业的成本支出和产品竞争力。一方面，较高的薪酬水平意味着更高的劳动力成本，与其他竞争企业相比，难以获得竞争优势；另一方面，较高的薪酬水平可以更好地吸引和保留人才，减少人员流失，同时也减少了人员招聘、培训的成本。总体上看，薪酬成本是企业财政压力的主要来源。

第三，薪酬水平对维护雇主品牌形象有很大影响。企业对人力资源的态度会影响企业的社会形象，增强政府和公众对企业的信心。良好的企业形象和雇主品牌对企业的影响是积极而长远的。

二、薪酬水平决策的类型

（一）市场领先型策略

1. 含义

市场领先型策略指的是本企业的薪酬水平与市场平均的薪酬水平相比较高，在同行业中处于领先地位。采用市场领先型政策的企业往往是规模较大，投资回报率较高，薪酬成本在企业经营总成本中比重较低，市场上的竞争企业较少。

2. 特点

市场领先型策略的特点主要有：由于薪酬高，该策略能为企业吸引大量人才，企业的选择余地较大；减少企业在员工甄选时的费用；能够提高员工离职的机会成本，有助于改进员工的工作绩效；由于高薪，企业不需要跟随市场水平经常性地为员工加薪，这就减少了不必要的薪酬管理成本。

需要说明的是，采用该薪酬水平决策的企业往往面临很大的管理压力。

（二）市场匹配型策略

1. 含义

市场匹配型策略也可以称为市场跟随策略，指的是本企业的薪酬水平与市场平均薪酬水平相当，跟随着市场平均薪酬水平的变化而变化。这是一种通用的薪酬策略。

2. 特点

市场匹配型策略的特点主要有：能够确保组织的薪酬成本大体上与市场上的其他竞争企业相等，保证组织吸引人才的能力大体上与市场上的其他竞争企业相同。市场匹配型策略避免了组织在产品定价或者在维持高质量劳动力队伍方面处于不利地位。同时，由于企业是跟随市场的平均薪酬水平，所以该策略不能为企业在劳动力市场上提供竞争优势。

（三）市场滞后型策略

1. 含义

市场滞后型策略指的是企业的薪酬水平相较于市场平均薪酬水平较低。采用该薪酬策略的企业的特点往往是规模较小，处于竞争性的产品市场。市场滞后型薪酬策略一定程度上会削弱该企业吸引和保留人才的能力。

2. 特点

市场滞后型策略虽然能够通过降低薪酬成本减少企业短期成本支出，但是企业的薪酬外部竞争力不强，无法吸引和保留优秀的员工。长期来看，这种成本的节约可能会被较低的生产效率和创新能力抵消。人员的频繁流动会削弱企业及时向市场推广产品和服务，从而获得更高利润的能力，并且增加了企业的招聘与管理成本，这更像是一个恶性循环。然而，当低水平的工资与其他可能产生高回报的工作条件结合在一起时，情况则可能有所不同。有的企业采取滞后策略是以牺牲当前利益、提高未来收益回报当做补偿，这实际上有助于增强员工对组织的承诺，会有长期激励作用。此外，这种薪酬策略还可以通过诸如更具挑战性的工作、自由的工作时间、理想的工作环境、大量的培训和职业发展机会等来补偿。①

（四）混合薪酬策略

实践中，企业可能针对不同的职位采取不同的薪酬策略。换句话说，混合薪酬策略（也就是上述几种策略的组合）在实践中也是颇为常见的。

三、确定薪酬水平决策类型的方法

（一）通过工作分析和职位评价确定

通过工作分析和职位评价来确定薪酬水平，能够保证企业内部的薪酬公平。工作分析需要根据企业经营目标，在工作分析和人员分析的基础上明确各个部门相对应的职能和职位关系，然后编写职位说明书；需要针对职位本身所具有的特性，如对企业的影响、职责范围、任职条件、环境条件等进行评价，从而确定职位的相对价值。

（二）通过薪酬调查并结合企业发展战略确定

企业在确定薪酬水平时，要事先进行薪酬调查，了解市场的平均工资水平，确保企业薪酬水平是具有外部竞争性的。薪酬调查的方法很多，企业应结合自身的实际情况选择合适的调查方式。

---

① 朱勇国：《组织设计与职位管理》，首都经济贸易大学出版社 2010 年版，第 315 页。

（三）利用招聘面试信息确定

招聘面试时通过应聘者的简历信息可以了解竞争企业的信息，也可以通过这种方式来确定本企业的薪酬水平。

（四）依据法律法规或制度确定

在确定薪酬水平时，企业还应该以相关的法律法规或制度为依据。薪酬水平并不是由企业单方面决定的，而是在国家法律法规的基础上，由劳动关系双方经平等协商确定的。常见的有薪酬支付、工资集体协商、劳动关系双方洽谈制等法律法规或相关规定。

四、薪酬调查

（一）薪酬调查的含义与作用

薪酬调查指的是企业在薪酬体系确定之前，对外部市场相关行业、岗位的薪酬制度及水平进行预先的调查研究的过程。

市场薪酬调查可以给企业薪酬体系的制定提供参考，也有助于之后对薪酬水平进行适时的调整；有助于优化企业的薪酬组合；能够检验本企业职位评价结果以及职位等级结构是否科学合理；同时，还可以关注自身和竞争对手劳动力成本的变化。对企业来说，薪酬调查是薪酬体系建立过程中的重要环节。

（二）薪酬调查的类型

薪酬调查分为政府部门的非营利性薪酬调查、专业机构的营利性薪酬调查、网站媒体的营利性薪酬调查以及企业自主进行的市场薪酬调查。

（三）薪酬调查的实施步骤

1. 界定相关劳动力市场和调查对象

薪酬调查机构在选择相关劳动力市场时的步骤不尽相同，一般以产品市场范围和地理范围为主要划分依据。从统计学观点来看，样本量越大，越有可能消除各种影响因素，反映薪酬的真实水平。

2. 界定基准职位

界定调查对象后，企业需要确定调查的基准职位。基准职位主要有以下四个特征：职位内容众所周知；市场供求相对稳定；公司有相当数量的人担任这些职位；涵盖关键职能和层级，基本代表当前完整的职位结构。

3. 设计调查内容和调查问卷

在选定调查范围及调查职位后，必须明确应当将哪些信息纳入调查范围。薪酬调查至少需要收集两类基本信息：一是关于组织和职位的信息；二是关于薪酬的信息。

4. 确定调查方式

一般来说，薪酬调查方式包括电话调查、邮寄调查和个人访谈几种。

5. 分析市场薪酬信息

在得到信息后，依次采取以下步骤进行分析：

第一步：数据整理，即对每一份问卷进行逐项检查，剔除缺失值过多或存在明显异常的问卷，核实数据的真实性。

第二步：频度分析，即将调查后得到的与每一岗位相对应的薪酬数据由高到低排列，统计相应薪酬范围内的样本数量。根据大数定律，样本越多，表示越接近当前市场的真实薪酬水平。一般会选用直方图的方式来呈现（如图 7-7 所示）。

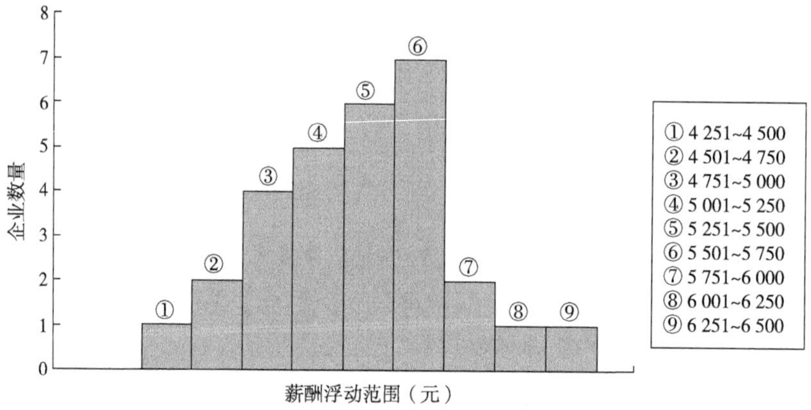

图 7-7 频度分析图

第三步：中心趋势分析，通过分析，明确市场薪酬中点。一般来说，可采取平均数以及中位数两种数据分析方法。

平均数包括简单算术平均数和加权平均数两种。如果薪酬调查是以员工个体为对象展开，得到的是个体数据，则只需将薪酬总额除以样本总数即可以得到平均薪酬水平。如果薪酬调查是以企业为对象展开的，则要注意不能按照上述简单的算术平均数来计算，因为它忽略了公司规模（反映了岗位任职者的数量）对薪酬水平的影响。

把所有数据按顺序排列，数据系列中间的数值即中位数；如果数据的数量为奇数，那么中间的数据就是中位数；如果所有数据的数量为偶数，那么中间两个数据的平均数即为中位数。在实际应用当中，企业更多参考的是中位数指标数值而不是平均数指标。

第四步：离散程度分析。在薪酬调查中，最常用的是四分位和百分位分析。四分位和百分位分析指的是通过小于某一个数值的数据百分比的形式来描述离散程度。以四分位为例，如果将某个岗位的所有薪酬调查数据由低到高依次排列，平均划分为四组（百分位分析为 10 组），则第一个四分位数指的就是在市场上有四分之一（25%）的企业的薪酬比其低，第二个四分位数意味着市场上有二分之一（50%）的企业薪酬比其低，依此类推。

6. 撰写薪酬调查报告

作为对市场薪酬调查成果的展示和说明，薪酬调查报告应该全面、客观、准确，以尽可能简洁的结构将薪酬调查内容和分析结果加以组织，并提供详细的指导，供薪酬管理者阅读参考。

第五节　薪酬结构设计

一、薪酬结构概述

薪酬结构是指企业中各职位的薪酬构成及其比例，也就是说每个职位的薪酬是由哪几个部分组成的，以及每个部分在整体中的重要程度。

薪酬结构设计是对企业组织中各项工作的相对价值及其实付的相应报酬之间保持何种关系的设计。薪酬结构设计是薪酬体系中的一个重要模块，良好的薪酬结构应结合本企业所在行业的性质、特点以及各岗位不同的工作特点来合理设定，对企业员工起着重要的激励和引导作用。

二、薪酬结构的类型

薪酬结构有高稳定型、高弹性型和折中型三个类型。[①]

---

① 赵曙明、赵宜萱：《薪酬管理：理论、方法、工具》，人民邮电出版社 2019 年版，第 23 页。

（一）高稳定型薪酬结构

高稳定型薪酬结构中，为了保证整体的稳健性，固定薪酬占有很大比重，浮动薪酬的占比则相对较少，此类结构应用如岗位工资制、技能工资制等。其优点是员工收入与业绩的直接关联性不强，受可变因素影响较小，波动较小，员工安全感较强；其缺陷是激励效果不佳。

（二）高弹性型薪酬结构

与高稳定型结构相反，在高弹性型薪酬结构中，浮动薪酬比重很高，固定薪酬的占比则相对较少，如绩效工资制。其优点是：与高稳定型薪酬结构相比，薪酬更多地与绩效直接挂钩，能够充分调动个体的工作积极性，激励效果很强，避免“吃大锅饭”“划水”等现象的出现；但它也有显著缺陷：员工收入的稳定性降低，造成员工心理上缺乏确定性和安全感。

（三）折中型薪酬结构

折中型薪酬结构有机融合了上述两种薪酬结构的优点，固定薪酬、浮动薪酬各占适当的比例，一方面保障了员工的稳定性需求，另一方面也可以发挥一定的激励作用。

三、薪酬结构的内容及相关概念

（一）薪酬结构的内容

薪酬结构应包含的内容见图 7-8。

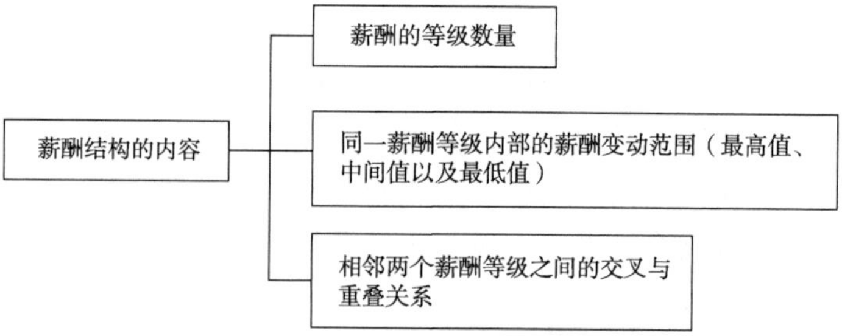

图 7-8 薪酬结构的内容

为了阐明几个变量之间的关系，我们用表 7-6 所示的薪酬表的方式来呈现。

表 7-6　月基本薪酬表

薪酬等级	月基本薪酬（元）		
	最低值	中间值	最高值
1	3 200	3 500	3 800
2	3 404	3 755	4 106
3	3 642	4 053	4 464
4	3 922	4 402	4 882
5	4 248	4 810	5 372
6	4 630	5 288	5 946
7	5 077	5 846	6 615
8	5 600	6 500	7 400

（二）相关概念[①]

1. 薪酬变动范围

薪酬变动范围又称薪酬区间，表示在某一薪酬等级内部允许薪酬变动的最大幅度。

2. 薪酬变动比率

薪酬变动比率表示同一薪酬等级内部最高值和最低值的差值与最低值之间的比率（如图 7-9 所示）。

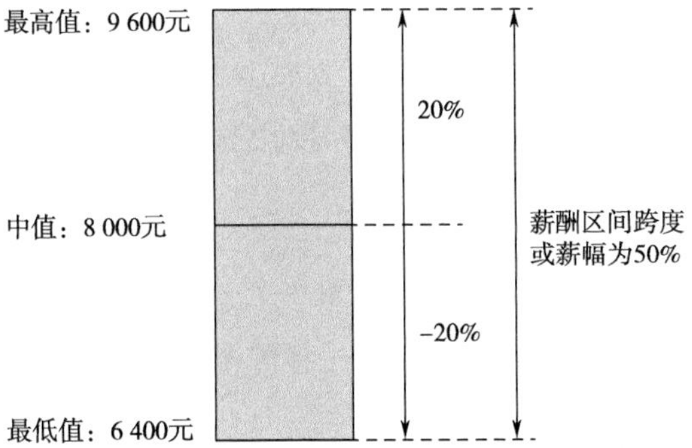

图 7-9　薪酬变动范围及变动比率示例

上半部分薪酬变动比率＝（9 600-8 000）÷8 000＝20%

下半部分薪酬变动比率＝（8 000-6 400）÷8 000＝20%

总体变动比率＝（9 600-6 400）÷6 400＝50%

---

① 刘昕：《薪酬管理》，中国人民大学出版社 2014 年版，第 182 页。

3. 薪酬区间中值

薪酬区间中值代表该薪酬等级中的职位在外部劳动力市场上能够获得的平均薪酬水平。

4. 薪酬比较比率

薪酬比较比率表示员工实际获得的基本薪酬与相应薪酬等级的中值，或者中值与市场平均薪酬水平之间的关系（如图 7-10 所示）。其中：

薪酬比较比率=员工实际获得的基本薪酬÷相应薪酬等级的中值
=本企业某薪酬等级中值÷市场平均薪酬水平

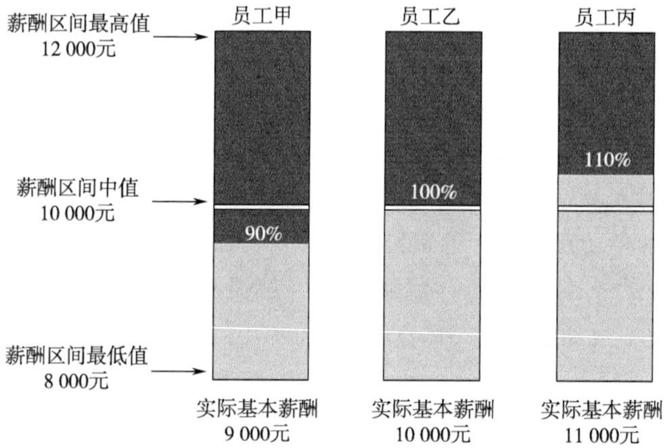

图 7-10 薪酬比较比率示例

（三）薪酬结构常用方案

在实际的薪酬管理实践中，有一些常见的体现企业不同薪酬结构的薪酬方案，如岗位工资制、绩效工资制、技能工资制、组合工资制等。[①]

1. 岗位工资制

岗位工资制的薪酬水平和结构针对的是职位而非个人，这种方法建立在工作分析的基础上。企业或 HR 部门需要通过职位评价、分析，综合考虑薪酬策略，以确定不同岗位的薪酬水平等级、级差的标准等。此种薪酬结构适用于权责相对明确的企业。

① 赵曙明、赵宜萱：《薪酬管理：理论、方法、工具》，人民邮电出版社 2019 年版，第 23 页。

2. 绩效工资制

绩效工资制是将员工个人绩效与组织绩效相关联，并据此表现来确定薪酬水平的方法。此种薪酬结构注重考察员工实际完成的业绩和为组织做出的贡献，并将其与组织设定的标准进行对标，以此来评定个人应获得的薪酬，如业绩提成、奖金等。绩效工资制适用于任务饱和度较高、有超额工作必要的企业。

3. 技能工资制

技能工资制是指以任职者技能水平和能力评估为基础对其薪酬水平和结构进行设计的方法，适用于技术需求较强、技术复杂性较高以及技术差别较大的企业。

4. 组合工资制

组合工资制是将总体薪酬拆解成几部分，分别确定各部分所占的比例和权重，如岗位工资制、技能工资制。这种薪酬结构能够反映各个要素之间的差别，各司其事，针对员工工作的不同方面分别计酬，进而从不同侧面和角度反映员工贡献的大小。组合工资制对于适用的企业类型没有过多要求。

（四）薪酬结构的设计步骤

1. 进行职位排序

这里需要观察被评价职位的点数情况，根据评价点数对相应职位进行排序。

首先，需要从整体上观察通过计点法得到的各职位的点数情况，对明显异常的点数予以调整。对于这一环节，需要注意的问题是：职位评价是否建立在对职位充分理解的基础上？岗位说明书的内容是否完备、准确？在对岗位进行比较时，所选择的参照对象是否合适？

在对评价点数完成初步检查之后，需要将点数以升序或降序进行排序，这样处理的好处是能够比较直观地看出排序后的岗位结构是否与预期判断相吻合。在排序过程中，还需要注意职位排序的结构是否反映了不同职位之间的功能差异，点数之间的差异能否反映职位之间的价值差异程度。

表 7-7 是一份根据点数进行职位排序的示例。

表 7-7 根据评价点数对职位进行排序

顺序	职位名称	点数
1	出纳	140
2	离退休事务主办	210
3	行政事务主办	260
4	工会财务主管	335
5	总经理秘书	345
6	行政事务主管	355
7	报销会计	355
8	招聘主管	405
9	会计主管	425
10	项目经理	470
11	总经办主任	545
12	财务总经理	550
13	市场部经理	565

2. 进行职位分组

这里要依据点数大小对职位进行初步分组。虽然不同职位所得到的点数不尽相同，但是可以看到，有些职位的评价点数大小非常接近，因此，可以初步认为点数相近的职位应当属于同一级别。

示例见表 7-8。

表 7-8 根据点数分布进行初步等级划分

职位等级	职位名称	点数
1	出纳	140
2	离退休事务主办 行政事务主办	210 260
3	工会财务主管 总经理秘书 行政事务主管 报销会计	335 345 355 355

续　表

职位等级	职位名称	点数
4	招聘主管 会计主管 项目经理	405 425 470
5	总经办主任 财务总经理 市场部经理	545 550 565

3. 确定职位等级及其点数波动范围

这是指根据职位的评价点数确定职位等级的数量及点数变动范围。在实际操作中，由于很难实现对组织内的所有职位都进行评价，在划分职位等级时，还要考虑其他未被评价的非关键职位的情况。这时我们就需要仔细考虑应当划分多少个薪酬等级比较合适，并确定每一个职位等级的最低点数和最高点数。显然，最终划定的等级数量有赖于组织中实际职位的数量以及职位之间的差异。

示例见表 7-9。

表 7-9　薪酬等级划分

职位（薪酬）等级	点数跨度	职位（薪酬）等级	点数跨度
1	137~175	7	371~409
2	176~214	8	410~448
3	215~253	9	449~487
4	254~292	10	488~526
5	293~331	11	527~565
6	332~370		

4. 计算区间中值

计算区间中值需要内部职位评价与外部市场薪酬调查相结合。假设我们通过外部市场薪酬调查得到了相应职位的市场薪酬水平，就可以在职位点数数值的基础上得到另一项与被评价职位有关的数据——薪酬水平数值（如表 7-10 所示），进而运用最小二乘法将两列数据拟合。设 X 为职位评价点数，Y 为来自薪酬调查的市场薪酬水平数据，计算后便可推出方程 $Y=a+bX$，并根据所得回归直线计算各等级的薪酬区间中值。

表 7-10 职位评价点数与市场薪酬水平

顺序	职位名称	点数	市场薪酬谢水平（元/月）
1	出纳	140	4 590
2	离退休事务主办	210	5 400
3	无	—	—
4	行政事务主办	260	6 090
5	无	—	—
6	工会财务主管 总经理秘书 行政事务主管 报销会计	335 345 355 355	6 900 6 900 7 290 7 680
7	招聘主管	405	8 760
8	会计主管	425	9 480
9	项目经理	470	10 800
10	无	—	—
11	总经办主任 财务总经理 市场部经理	545 550 565	14 700 15 900 17 100

5. 调整区间中值

这是指通过考察薪酬区间中值与市场薪酬水平的比率，对问题职位的区间中值进行调整。

在通过上述步骤得出每一职位等级的薪酬中值之后，之所以还需要对薪酬区间的中值与外部市场薪酬数据之间的比率（即比较比率）进行分析（见表 7-11），目的是识别可能存在问题的特定职位或薪酬等级。

表 7-11　各职位的比较比率分析

职位等级	点数跨度	职位名称	职位评价点数	市场薪酬水平（元/月）	薪酬区间中值（元/月）	比较比率（%）（薪酬区间中值/市场调查薪酬水平）
1	137~175	出纳	140	4 590	2 749	60%
2	176~214	离退休事务主办	210	5 400	3 891	72%
3	215~253	无	—	—	5 033	—
4	254~292	行政事务主办	260	6 090	6 175	101%
5	293~331	无	—	—	7 317	
6	332~370	工会财务主管 总经理秘书 行政事务主管 报销会计	335 345 355	6 900 6 900 7 290 7 680 8 459	123% 123% 116% 110%	
7	371~409	招聘主管	405	8 760	9 601	110%
8	410~448	会计主管	425	9 480	10 743	113%
9	449~487	项目经理	470	10 800	11 885	110%
10	488~526	无	—	—	13 027	—
11	527~565	总经办主任 财务部经理 市场部经理	545 550 565	14 700 15 900 17 100	14 169	96% 89% 83%

6. 确立薪酬结构

这是指根据职位等级或薪酬等级的区间中值确立薪酬结构。在充分考虑等级内部各职位价值差异以及外部市场薪酬水平的情况下，确定各薪酬区间的变化比率，便可以建立相应的薪酬关系结构。

案　例

国有建材公司薪酬体系再设计

G 公司是由国有企业转制而来的一家生产型企业，主要生产建筑材料。该公司规模较大，历史较长，专业技术人才和熟练工人较多，并拥有许多专业资质，获得过很多奖项，是华北地区同行业中规模最大的企业。公司成立的时间比较早，目前各项管理制度相对完善，但还有很多不完善的地方需要改进。基于行业特点和发展状况，公司管理层很少将精力放在人力资源方面，更多关注的是销售及生产方面，所以制定出来的很多制度难免会有不完善的地方，甚至有些制度得不到执行，最终造成企业资源的浪费。

目前，公司的薪酬主要包括基本工资、考核工资、提成佣金、工龄工资、员工福利待遇等。具体如下：

(1) 基本工资。全体员工都有基本工资。基本工资是员工基本生活的保障，根据员工岗位级别和岗位特征确定基本工资的标准。加班费和病事假以基本工资为计提基数确定员工的具体工资。

(2) 考核工资。考核工资也适用于全体员工。一般考核工资为基本工资的10%~20%，上限不超过500元。根据员工工作表现，最终确定当月考核工资数额，当月发放。

(3) 提成佣金。提成佣金以完成销售任务为前提，通过审核当月任务完成情况，对员工各方面表现等进行考核后，确定提成数额并按规定发放。具体考核办法如下：

第一，销售部经理销售奖金的考核方法。

销售经理的奖金分别在月底和年底发放。用公式表示为：

月销售奖金=300元（每单计提基数）×销售总数×任务完成率×70%

年终销售奖金=300元（每单计提基数）×销售总数×任务完成率×30%

第二，销售部销售人员销售奖金的考核方法。

销售部经理在每月月底确定销售员下月的销售任务。在确定销售任务时，应着重考虑销售员的能力、市场情况和库存情况等，并明确告知本月的促销产品和销售限价等情况，在月底对销售员进行考核。具体考核办法为：

单品销售奖金=基础奖金+（销售单价-最低限价）×8%

每月销售奖金=单品销售奖金总和×任务完成率×70%

年终销售奖金=单品销售奖金总和×任务完成率×30%

第三，其他非一线人员的考核办法。

这些员工的奖金以年终奖的方式发放。年终奖金一般为1~2个月的基本工资，也就是说，这些员工可以获得13~14个月工资。

第四，工龄工资的确定。

工龄从员工入职时间开始计算，工作满一年后，工龄工资为 50 元，以后每满一年工龄工资增加 50 元，上限不超过 750 元。

第五，福利制度。

公司不仅为员工缴纳社会保险，还提供交通补助、电话费补助、出差补助、带薪年假等福利。

第六节　技能及能力薪酬体系

一、技能薪酬体系

（一）技能薪酬体系的含义

技能薪酬体系指的是依据员工所掌握的技能为员工发放薪酬。技能薪酬体系适用于工作结构性水平高、专业性较强的工作岗位。

（二）技能薪酬体系的基本类型

根据技能的范围取向，在设计技能薪酬体系时，可以从深度和广度两个维度来考虑，详见表 7-12。

表 7-12　技能的深度和广度

基本类型	含义	解释
技能深度	员工所掌握技能的深度	深度是员工技能等级的高低，等级越高代表难度越大，技能深度存在一定的递进关系，因为员工在掌握低一级技能的基础上才能获得更高级的技能
技术广度	员工掌握技能的数量	要求员工需要学会应对不同工作任务时所需要的多种技能

（三）技能薪酬体系的设计流程①

1. 成立专门的技能薪酬体系设计小组

为了制定技能薪酬体系，可以建立指导委员会以及设计小组两个层

① 苏中兴：《薪酬管理》，中国人民大学出版社 2019 年版，第 123 页。

次的组织。

指导委员会的成员主要是企业的高层管理者。技能薪酬体系的设计小组包括未来适用技能薪酬体系的员工代表，以及人力资源管理部门、财务部门和信息管理部门的代表。主体专家一般包括少部分设计小组成员，还可以包括员工代表、上级、人力资源管理代表、薪酬设计专家以及熟悉工作流程的相关专家。

2. 确定技能薪酬的实施范围

在技能薪酬体系的实施过程中，要明确技能薪酬的实施范围，应该结合企业的经营、发展战略目标，通过对工作流程进行分析，找出其中对员工技能要求较高的工作环节，并对涉及的工作流程进行再设计，由此可以初步确定哪些工作岗位需要用到技能薪酬体系。

3. 进行分析，确定并评价要素

技能是员工为完成工作所需掌握的知识与方法，技能分析同样离不开对工作任务的分析。在工作任务分析及确定工作任务清单的基础上，将关注点由任务转向人，整合并明确技能要素的难度与重要性。

4. 技能模块的确定与分级分类

技能模块指的是从事某项具体工作任务所需要的知识技能，是技能要素的组合，是技能薪酬体系设计的基础。对技能模块分级分类，为下一环节技能的定价打下了基础。

具体而言，技能模块有四种分类方法，企业可根据企业自身的情况进行选择。

（1）阶梯式技能模块。阶梯式技能模块应用最广泛，它是将一个工作组中的工作任务进行划分，从入门级到复杂级分为几个阶梯，根据不同阶梯的工作任务所需要的技能深度来确定技能等级（如图7-11所示）。

（2）技术单元式技能模块。这一模块与阶梯式技能模块类似，但员工的晋升不是直线式上升，而是在达到入门技能水平之后，可以选择学习另外一个技能模块中任何一个职位所需要的技能。

（3）工作点累积式技能模块。假如说一个企业有大量职位，有大量技能需要员工进行学习和培训，那么就可以设置相应的技能积分。员工掌握的职位技能越多，相应的积分就越高，积分与收入相关联，从而增强员工对该项政策的主动性，有助于工作的推进和企业的更好发展。

（4）跨部门式技能模块。部分企业可能会需要员工在不同的部门之

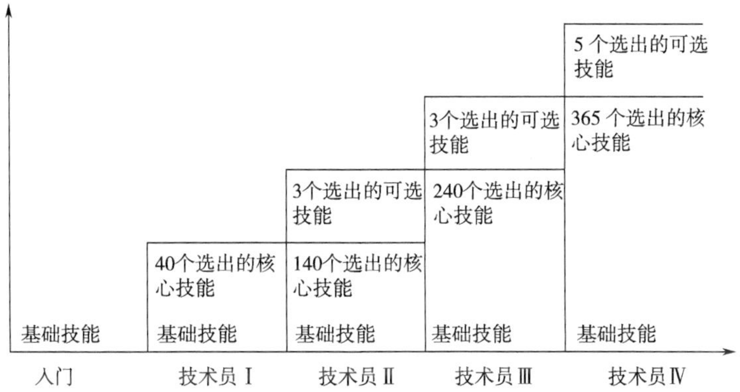

图 7-11 技能阶梯模块

间进行流动，因此，使用技能工资制度能够激励员工掌握跨部门的技能。

5. 技能定价

技能定价的主要内容包括：需要确定技能模块的相对价值，以及为了保证技能薪酬的外部竞争性，需要参考市场中所收集到的相关数据。

6. 技能认证

员工技能水平认证是技能薪酬体系实施过程的一个重要环节，通过准确、及时、有效的技能认证，能够保证员工薪酬的公平性。

7. 制定技能薪酬方案

技能薪酬方案包括：薪酬的等级数量和每一个薪酬等级的中点值与变动幅度；薪酬的等级数量由技能等级数量决定；薪酬水平由技能模块的定价确定。

8. 技能再认证与培训

随着技术的不断更新，技能等级模块以及技能组合模块的内容也会相应地发生变化，在这个过程中，需要对技能进行再认证。技能薪酬计划要想要取得成功，关键在于对员工的技能培训，培训实际上有三个阶段，即培训需求评估、员工选择培训方式、培训的制度化管理。

二、能力薪酬体系

（一）能力及能力模型

胜任能力又称为胜任力或胜任特征，指的是实现某种特定的绩效目标或者表现出某种有利于绩效目标实现的行为能力，是各种技能、知识以及其他个人特性的总称。

能力模型的类型可以分为表 7-13 所示的四种。

表 7-13　能力模型的类型

能力模型	内涵及适用范围
核心能力模型	适用于整个组织的能力模型，多数时候都与一个组织的愿景使命以及价值观相统一
职能能力模型	是一种围绕关键业务职能，比如财务管理、市场营销、信息技术、生产制造等，建立起来的能力模型
角色能力模型	该模型适用的不是员工所在的职能领域，而在于组织中的员工所扮演的特定角色，比如销售经理、技师等
职位能力模型	该模型是适用范围最窄的能力模型，仅适用于单一类型的职位

（二）能力薪酬体系的优缺点与适用范围

与其他薪酬体系相比，能力薪酬体系的优势在于：能激励员工不断学习，增进员工对业务的了解，化解职业晋升的压力，以及能够提升企业的核心竞争力。

但能力薪酬体系也存在一些不足之处，比如，管理过程较为复杂，企业成本增加，高能力不等于高效率以及缺乏市场参照等。

在适用范围上，能力薪酬体系适用于具备以下特征的企业：

第一，组织结构较为扁平，所处环境变动较大，对创新要求较高；

第二，高度参与的企业氛围；

第三，企业存在相当数量的知识型、技术型员工；

第四，处于成长期、技术更新或变革需求强烈的组织。

（三）能力薪酬体系设计流程

能力薪酬体系的设计流程通常包括以下五个环节（如图 7-12 所示）。

图 7-12　能力薪酬体系的设计流程

1. 能力分析与评价

对组织和岗位所需要的能力进行分类与分级，评估不同能力对组织贡献的差异。

2. 能力定价

按照一定的方法确定不同能力、不同等级所对应的薪酬水平，建立类似于职位薪酬的薪酬政策。

3. 员工能力鉴定

对组织中员工的能力类别及水平进行认定并划入相应的能力等级。能力薪酬体系下，员工的能力是不明确的，需要进行评估。

4. 能力与薪酬挂钩

在前述步骤的基础上，确定企业中不同能力及其等级与薪酬的挂钩方案。

5. 能力再认证与培训

为保证能力薪酬体系的正常运行，需要及时对员工的能力水平进行再认证，以调整员工薪酬。同时，能力薪酬体系的运行也离不开企业培训系统的支持，只有帮助员工不断地提升能力水平，薪酬的激励作用才能真正发挥出来。

案　例

印刷企业的生产岗位及技能等级①

目前，我国书刊印刷企业的用工方式十分灵活，人员的流动性很大，劳动争议发生的概率也较高。出现这种现象通常是因为薪酬，而决定薪酬的很大部分因素在于职位及技能等级。

1. 设置岗位及技能等级时需要考虑的因素

岗位设置技术的操作性较强，必须符合工作量的相关要求，并且在岗位设置之前就需要厘清专业、职业、工种、岗位四者的关系。

2. 岗位及技能等级设置的依据

岗位设置需要根据《中华人民共和国职业分类大典》和《中华人

① 罗能慧：“如何设置印刷企业的生产岗位及技能等级”，《印刷技术》，2010年第1期。

民共和国工种分类目录》进行工作分析。

3. 岗位及技能等级设置的实例分析

A企业是一家综合类印刷厂，提供图书、期刊、报纸、零配件、胶黏剂等产品的生产和服务，A企业所涉及的岗位数目较多。岗位主要可以划分为印前类岗位、印制岗位、印后岗位和其他岗位。

印前部分可以分为平版制版工、凸版制版工。印刷作业涉及的工种类型有平版印刷工、凸版印刷工和丝网印刷工。印后生产部分所涉及的工种有装订、印品整饰工。

通常印刷企业都会有一定数量的维修维护人员，包括电工、印刷机维修工、电焊工等；如果是有一定规模的印刷企业，还会配有汽车驾驶员、叉车司机等。

岗位和技能等级设置不是一成不变的。1992年，A企业设置的胶印技能等级分为初级、中级、高级，并细分为10级，再外加1个延伸等级，共11个等级。目前设置的胶印技能等级仅分为初级、中级、高级，算上可能增加的技师和高级技师，总共只有5个等级。

第七节　绩效薪酬

一、绩效薪酬概述

（一）绩效薪酬的含义

绩效薪酬是员工的薪酬随个人、团体或组织绩效的某些衡量指标的变化而变化的一种薪酬设计。[①] 包括短期奖励、长期奖励两种类别，以及个人绩效薪酬、团体绩效薪酬、组织绩效薪酬三种具体形式。

（二）绩效薪酬的优势

绩效薪酬的优势包括：首先，绩效薪酬有利于激励员工达成绩效目标，提高个体效率和组织经营效率；其次，绩效薪酬能体现个体差异，增加员工的公平感；最后，绩效薪酬设计能减轻企业固定成本的压力，使企业更好地适应经营环境的变化。

---

① 刘昕：《薪酬管理》，中国人民大学出版社2014年版，第216页。

（三）绩效薪酬的实施要点

第一，薪酬管理和绩效管理有效衔接；

第二，明确业绩和回报之间的联系；

第三，让员工了解企业的实际经营状况，注重员工参与；

第四，构建浓厚的绩效文化；

第五，重视以直线经理为核心的绩效沟通。

二、短期绩效激励计划

基于个人绩效的短期激励计划奖励短期内（一般不超过一年）的工作成果和绩效。常见的短期绩效激励计划包括计件工资、计时工资、一次性奖金、绩效加薪、收益分享、利润分享等。

（一）计件工资制

1. 直接计件制

直接计件制下，工人工资和产品数量直接挂钩，多劳多得。比如，工人每生产 1 件产品可以得到 10 元工资，生产 2 件产品便可得到 20 元工资。

2. 差别计件制

在差别计件制下，工人的工资不仅和产品数量挂钩，而且和工作效率相关。工作效率越高，计件工资率越高（如表 7-14 所示）。

表 7-14　差别计件制

产量（件/小时）	计件工资率（元/件）
5	3.0
6~10	3.5
10 及以上	4.5

3. 累进计件制

在累进计件制下，工人完成额定的部分按同一计件单位计算工资，超过定额的部分则按累进递增的单价计算工资（如表 7-15 所示）。

表 7-15 累进计件制

产量（件）	计件工资率
≤50（定额）	3 元/件
50~70	50 件以内的 3 元/件，超过 50 件的 4 元/件
≥70	50 件以内的 3 元/件，超过 50 件但不超过 70 件的 4 元/件，超过 70 件的 5 元/件

4. 带保底工资的计件工资制

上述工资计算方式在生产和销售人员中较为常见。管理实践中，为增强员工的稳定性，可设计一定的基本工资，即带保底工资的计件工资制（如表 7-16 所示）。

表 7-16 带保底工资的计件工资制

计件工资产量标准（由时间研究确定）	50 单位/小时	
工资保底额	20 元/小时	
激励工资率（超过 50 单位后的单位产量工资）	2 元/单位	
产量标准	支付奖金量	支付单位时间工资总额
≤50 单位/小时	0 元/小时	20 元/小时（只有保底工资，无奖金）
60 单位/小时	（60-50）×2=20（元/小时）	20+20=40（元/小时）
70 单位/小时	（70-50）×2=40（元/小时）	20+40=60（元/小时）

（二）绩效加薪

1. 内涵

绩效加薪（merit pay）是根据员工的年度绩效评价来确定其基本工资的增加幅度。

2. 基本薪酬增加的途径

基本薪酬增加的途径有普遍加薪、绩效加薪计划、生活成本加薪三种。

3. 优缺点

绩效加薪包含以下优点：①将员工基本薪酬的增加幅度与个人绩效

相关联，能够确保绩效优秀员工薪酬的增长速度比绩效一般或较差的员工的薪酬更快。②绩效加薪的幅度可依据组织整体的盈利状况、与市场薪酬水平或标杆企业之间的差距及物价成本的上涨幅度等多方面因素来确定，以便让组织对薪酬成本进行有效控制。

与此同时，绩效加薪还存在以下缺点：①外部经济条件的变化可能会导致加薪幅度较小，从而起不到明显的激励效果。②绩效加薪的累积效应和绩效评价中的宽松误差可能会迅速给组织带来高昂的成本。③绩效加薪还可能使员工过度关注个人绩效而忽视团队绩效。

4. 绩效加薪的实施步骤

第一步，需要确定绩效加薪预算。组织根据整体经营状况等因素，确定公司全部员工基本薪酬的增长幅度，即员工当前基本薪酬总额的百分比。例如，企业批准8%的绩效加薪预算，员工当前的基本薪酬总额为1 000万元，则8%的绩效加薪预算就是80万元。那么，每名员工基本薪酬增加的平均水平均不能超过绩效加薪预算，本例中即为8%。

第二步，将员工绩效评价结果进行汇总，统计处于各绩效等级中的员工的百分比。假设员工的绩效等级分布如表7-17所示：A（优秀）10%；B（良好）20%；C（合格）40%；D（较差）25%；E（不合格）5%。

表7-17　绩效评价等级与绩效加薪幅度对照表

绩效评价等级	优秀	良好	合格	较差	不合格
绩效加薪幅度	10%	20%	40%	25%	5%

第三步，确定员工在企业薪酬等级序列中的分布，统计企业薪酬体系范围内各四分位数的百分比。假设员工的薪酬分布为：第一四分位数15%；第二四分位数40%；第三四分位数25%；第四四分位数20%。

第四步，将员工绩效等级分布比例乘以员工在薪酬等级序列中各四分位数中的分布比例，以此得到绩效加薪表每个单元格中的员工百分比。

每格的比例=绩效等级分布比例×在各四分位数中的分布比例

例如，绩效等级为优秀、基本薪酬在第四四分位数范围内的员工比例为2%（10%×20%）。所有单元格的百分数的总和应为100%

（见表 7-18）。

表 7-18 根据绩效和薪酬水平确定各个单元格的员工百分比

薪酬水平	绩效等级				
	A	B	C	D	E
第四四分位数	10%×20%= 2%（A4）	20%×20%= 4%（B4）	40%×20%= 8%（C4）	25%×20%= 5%（D4）	5%×20%= 1%（E4）
第三四分位数	10%×25%= 2.5%（A3）	20%×25%= 5%（A3）	40%×25%= 10%（C3）	25%×25%= 6.25%（D3）	5%×25%= 1.25%（E3）
第二四分位数	10%×40%= 4%（A2）	20%×40%= 8%（B2）	40%×40%= 16%（C2）	25%×40%= 10%（D2）	5%×40%= 2%（E2）
第一四分位数	10%×15%= 1.5%（A1）	20%×15%= 3%（B1）	40%×15%= 6%（C1）	25%×15%= 3.75%（D1）	5%×15%= 0.75%（E1）

第五步，将员工的绩效加薪幅度汇总。表 7-19 中，处于 A1 单元格（绩效等级优秀，薪酬在第一四分位数范围内）中的员工的加薪幅度为 12%，处于 E4 单元格（绩效等级为不合格、薪酬在第四四分位数范围内）中的员工的加薪幅度为 0。

表 7-19 以绩效和内部相对薪酬水平为基础的绩效加薪表

薪酬水平	绩效等级				
	A	B	C	D	E
第四四分位数	5% （A4）	3% （B4）	1% （C4）	0 （D4）	0 （E4）
第三四分位数	7% （A3）	5% （B3）	3% （C3）	0% （D3）	0 （E3）
第二四分位数	9% （A2）	7% （B2）	6% （C2）	2% （D2）	0 （E2）
第一四分位数	12% （A1）	10% （B1）	8% （C1）	4% （D1）	0 （E1）

第六步，将各单元格中的加薪比例乘以员工分布在该单元格中的比

例，所有乘积之和应该等于总的工资增长比例。位于 B1 中的员工百分比为 3%，B1 的加薪幅度为 10%，两者相乘为 10%×3%＝0.3%。也就是说，在原基本薪酬 5%的总绩效加薪预算中，有 0.3%将奖励给绩效优秀、薪酬在第一四分位数范围内的员工。总绩效加薪预算为 50 万元，则 500 000×0.3%＝1 500（元）。以此类推，算出其他各单元格中的加薪金额。每个单元格中算出的这一金额的总和不应该高于总的绩效加薪预算，本例中是基本薪酬的 5%，也就是 50 万元。

第七步，根据计算情况，对各单元格中的加薪比例进行调整，知道加薪总额与预算加薪总额基本一致。当然，比例的确定要考虑绩效加薪预算能够产生的激励作用。

（三）一次性奖金

1. 内涵

一次性奖金也隶属于绩效加薪的范畴，但绩效加薪是在基本薪酬基础上的累积性增加，而一次性奖金则是一种一次性支付的绩效奖励。

2. 优势

第一，在保证薪酬与绩效挂钩的同时，有效减少了固定薪酬成本的增加。

第二，保障了组织中不同等级间薪酬范围的“神圣性”。

第三，可以根据企业经营情况等外部情况的变化随时更改，具有较高的灵活性。

（四）月度/季度浮动薪酬

浮动薪酬计算公式见表 7-20。

表 7-20　浮动薪酬计算公式

项目	公式
部门间季度绩效工资平均单价	公司季度绩效工资基准额/Σ（部门季度绩效工资基准额×部门季度绩效评价系数）
部门应得季度绩效工资总额	部门季度绩效工资基准额×本部门季度绩效评价系数×部门间季度绩效工资平均单价
部门内季度绩效工资平均单价	本部门应得季度绩效工资总额/Σ（员工个人季度绩效工资基准额×个人季度绩效评价系数）

续　表

项目	公式
员工实际应得季度绩效工资	员工个人季度绩效工资基准额×个人季度绩效评价系数×部门内季度绩效工资平均单价

（五）特殊绩效认可计划

特殊绩效认可计划（special performance recognizing plans）是向绩效远超预期的个人或团队给予必要的报酬，以鼓励其更好的工作。

三、基于团队和组织绩效的短期激励计划

（一）概述

群体绩效奖励计划（group incentive plans）是基于某群体的绩效结果，为其提供绩效奖励，通常可以划分为利润分享计划、收益分享计划、成功分享计划以及其他一些小型群体或团队奖励计划等。

（二）利润分享计划

1. 内涵

利润分享计划（profit sharing plans）以团队为单位，根据对团队绩效指标（通常为财务指标，如利润）的衡量结果来给予员工报酬的一种绩效奖励模式。

2. 实施步骤

实施利润分享计划一般遵从三个步骤（如图 7-13 所示）。

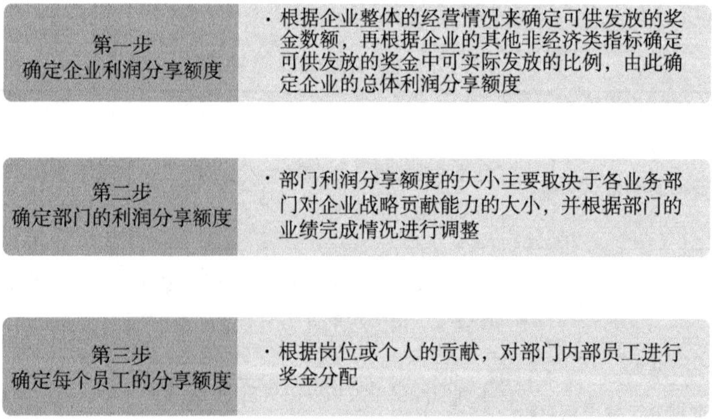

图 7-13　利润分享计划实施步骤

提取企业利润分享额度的方法有三，见表 7-21。

表 7-21 提取企业利润分享额度的方法

方法	具体操作
固定比例法	固定比例法是指按照某固定的比例，将企业实际目标达成情况与预先设定的目标进行对比，进而提取利润分享总额（如利润提取比例为当年净利润总额的 5%）。该方法操作方便简单，只要企业取得利润，便可提取相对固定比例的利润作为员工利润分享的基数，但如何确定合理的比例是一大难题
分段比例法	分段比例法是指将利润水平进行分段，并对不同利润水平配置不同的利润提取比例，此后将企业实际目标完成情况与预先设定的目标进行对比，根据实际对比情况选择相对应比例提取利润（如获得 300 万元以内的利润，则将利润的 3%用于利润分享；获得超过 400 万元的利润，则将利润的 6%用于利润分享）。数额设置上一般为超过目标值越多，提取比例越高，因此该方法能够有效激励员工为超额完成利润目标而努力。该方法的缺点是企业需要付出较高的人工成本
获利界限法	获利界限法是指预先规定企业目标最低标准，然后将企业实际目标完成情况与其对比，只有在公司实际利润超过事先定好的最低标准并且低于最高标准的时候才进行一定比例的利润分享。比如，企业规定的目标利润为 500 万元，则只有当企业的实际利润超过 500 万元时，员工才能参与利润分享，此时，员工分享利润的办法是超过 500 万元的部分按照 4∶6 的比例在组织和员工之间分享。因设定了最高标准，获利界限法更能够合理控制人工成本，但操作起来相对复杂

确定部门利润分享包的方法见表 7-22。

表 7-22 确定部门利润分享包的方法

部门奖金系数	部门战略贡献系数×部门人数
部门利润分享额度	企业利润分享总额×部门奖金系数÷所有部门奖金系数之和
实际部门利润分享包	部门利润分享包×部门业绩调节系数

个人奖金分配方法有表 7-23 中的所示的四种。

表 7-23 个人奖金分配方法

岗位贡献法	通过岗位价值测评判断岗位对企业的贡献，并确定其利润分享额度。 因个人的基本工资是由职位评价所得，故可根据个人的基本工资占团队或部门基本工资总额的比例来确定个人奖金系数
个人贡献法	通过个人贡献测评判断个人对企业的价值并确定其利润分享额度。 一般可将个人的绩效评价结果作为个人贡献的评判标准
综合贡献法	将岗位贡献法与个人贡献法相结合并根据企业实际情况赋予其不同权重，综合确定员工利润分享额度。一般参考以下公式： 个人奖金系数=个人基本工资×个人业绩贡献 个人所获奖金=部门利润分享包×（个人奖金系数÷部门内所有人奖金系数之和）
三级奖金分配法	综合考虑其所在岗位价值、个人绩效表现以及所在部门的绩效表现，员工个人的奖金分配系数为个人岗位系数、个人绩效系数、部门绩效系数的乘积。用企业利润分享包除以所有员工的分配系数之和即得到个人奖金的基准值，然后用奖金基准值乘以个人奖金分配系数，即得到个人的奖金数额。具体公式如下： 奖金基准值=总奖金包÷所有员工的分配系数之和 员工个人的奖金=基准值×个人岗位系数×个人绩效系数×部门绩效系数

（三）收益分享计划

收益分享计划（gain sharing plans）是指企业将因生产率提高（比如工时减少）、成本节约和质量提高而带来的收益与员工分享的一种绩效奖励模式。

（四）成功分享计划

成功分享计划（success sharing plans）又称为目标分享计划，其主要内容是运用平衡计分卡的思想为组织制定目标，对超越目标的情况进行衡量，并根据衡量结果对组织进行奖励。

（五）小群体奖励计划或团队奖励计划

小群体奖励计划或团队奖励计划是以规模较小的工作群体或团队的绩效而非整个部门、事业部或者工厂的绩效作为员工奖金来源的群体奖励计划。

四、长期绩效奖励计划

（一）概述

1. 长期激励

长期激励是指对绩效衡量周期在一年以上的既定绩效目标的达成提供奖励的计划。长期激励具有战略性特征。一项战略目标的实现往往需要 3 至 5 年甚至更久，长期激励将员工自身的利益与组织的长期绩效挂钩，以此激励员工为组织未来的长期发展考虑，能够有效避免员工的短期行为，并为企业吸引和保留更多优秀人才提供了保障。

2. 适用范围

传统的长期奖励计划多针对组织高管展开，目的是促进他们关注组织的长期经营结果。但针对组织中较低层次员工的长期激励计划也同样有效，尤其是对处于研发领域的员工而言。

（二）分类

长期绩效奖励计划可分为长期股权计划和长期现金计划。其中，长期股权激励计划又分为现股激励、期股激励和期权激励（见表 7-24 及表 7-25）；长期现金计划包括虚拟股票、长期奖金计划、递延支付三种形式。

表 7-24 长期股权激励计划的形式

现股激励	公司通过奖励的方式直接赠送或参照股权当前市场价值以较低的价格向激励对象出售股票的股权计划。员工能够及时获得股权，同时规定员工在一定时期内必须持有股票、不得出售，只有在满足规定的服务年限和业绩标准后才能出售。限制性股票是这一模式的典型代表
期股激励	公司预留一定数量的股票锁定于激励对象的个人账户中，享有股票的分红权，激励对象在达到预期业绩或预定时间后予以兑现；期股激励同样限制股票出售期限。业绩股票是该模式的典型代表
期权激励	公司给予激励对象在将来某一时期内以一定价格购买一定数量股票的权利，员工到期可以行使或放弃这个权利，这取决于行权时股票价格与市场价格的比较，若行权时行权价格高于股票的市场价格，则激励对象可以放弃行权；期权激励同样限制股票的出售期限

表 7-25 三种股权激励形式的权利和义务对比

	增值收益权	持有风险	股票表决权	分红、配股权	现期资金投入	贴息优惠
现股激励	√	√	√	√	√	×
期股激励	√	√	×	√	×	√
期权激励	√	×	×	×	×	√

（三）三种常见的股权激励方案

1. 股票期权

股票期权（stock option）是指公司给予激励对象在未来一定期限内以确定的价格购买一定数量公司股票的权利，获得奖励的员工在达到规定的期限并满足规定的相关条件后即可行使权力，购买一定数量本公司的股票。股票期权是一种购买权利而非义务，可以放弃但是不得用于转让、质押或偿还债务。

股票期权适用于初创型或高速成长型企业，这类企业对现金的需求量大，无法拿出大量现金进行及时激励。但企业具有良好的发展潜力和前景，通过股票期权计划将其重要激励对象的未来收益与企业股价波动相联系，能够在降低当前激励成本的同时发挥激励效果，起到吸引、激励和保留高层管理者和骨干员工的作用。

2. 限制性股票

限制性股票（restricted stock）是指上市公司按照预先确定的条件授予激励对象一定数量的本公司股票，要求股票持有者在出售股票之前为企业服务一定的年限或完成特定业绩效目标。

限制性股票适用于比较成熟的企业，尤其适用于上市公司的高级管理人员、董事以及对上市公司的持续发展有重要影响的管理骨干和核心技术人员。

3. 虚拟股票

虚拟股票（phantom stock）是指在不改变现有股权结构的前提下，公司以合同的形式授予激励对象一种虚拟的、类似于股票的收益权。被授予者在任期内若实现公司业绩目标，则可享有一定数量的分红，根据约定也可享有股价升值的收益，但没有所有权和表决权。虚拟股票不得转让和出售，在离开公司时自动失效。在虚拟股票持有人实现既定目标的条件下，公司给予持有人分红时，可以支付现金、等值股票或股票与现金相结合。虚拟股票不是真正意义上的股票，而是通过持有者对企业剩余索取权的分享。虚拟股票适用于现金流较充裕的非上市和上市公司。

（四）股权激励计划的选择与实施

1. 选择合适的股权激励方案

激励模式是股权激励方案的核心问题，直接决定了激励的效果。

2. 确定激励对象与股票来源

激励对象一般为企业的核心人才，包括公司董事、高级管理人员和技术骨干，以及部分优秀员工和对企业发展有特殊贡献的人。在确定员工名单时，可参考员工的历史贡献、岗位级别、岗位重要性、业绩表现等。用于激励的股票来源主要有公司向激励对象定向增发股票、公司在二级市场回购本公司股票、大股东转让三种方式。

3. 确定股权等授予数量

根据《国有控股上市公司（境内）实施股权激励试行办法》的规定，上市公司首次实施股权激励计划授予的股权数量原则上应控制在上市公司股本总额的1%以内，上市公司全部有效的股权激励计划所涉及的标的股票总数累计不得超过公司股本总额的10%。

4. 确定股权激励的业绩标准

股权激励的业绩标准主要包括个人业绩标准和公司业绩标准，以公司业绩为主。常见的考核标准包括两大类：一类是公司内部绩效指标，如主营业务收入增长率、净利润增长率、加权平均净资产增长率等；另一类是市场指标，如股息收益率、市盈率、整体股东投资回报率、派息率等。

5. 确定行权价格和行权时间

根据《上市公司股权激励管理办法》的规定，授予股票期权价格不得低于股票票面金额，且原则上不得低于下列价格较高者：（一）股权激励计划草案公布前1个工作日的公司股票交易均价的50%；（二）股权激励计划草案公布前20个交易日、60个交易日或120个交易日的公司股票交易均价之一的50%。

公司授予股票期权时必须规定具体的有效期和等待期。有效期是指股权激励实行的最长有效时间。在这段时间内，激励对象必须行使完所有的股权，逾期未行使的则作废。等待期是指公司授予激励对象股权后需等待一段时间才能行使股票购买权。

6. 制定变更和中止机制

激励变更是指当激励对象因触犯法律、违反职业道德、泄露公司机密、失职或渎职等行为严重损害公司利益或声誉而被公司解聘，违约辞职，非因公死亡，非因公丧失劳动能力等事由，授予的股份将自动失效，已经取得的股份继续有效。

激励变更主要针对个别具体的激励对象，而激励中止则涉及公司整个股权激励计划的终止。按照相关法律法规的规定，如果出现下列情况，应当终止股权激励计划：①公司上一个会计年度的财务报表经注册会计师审计后，注册会计师出具否定意见或无法表示意见的审计报告；②公司最近一年内存在因重大违法违规行为而受到证监会相应处罚的情况；③中国证监会认定的其他情形。

（五）员工持股计划

员工持股计划（employee stock ownership plans，ESOP）是通过一定的方式让员工持有一定比例的企业股份，从而成为企业的所有者并分享企业的剩余索取权的制度。

1. 员工持股计划的类型

员工持股计划分为福利型和风险型两大类。

福利型员工持股计划的目的在于为企业员工谋取福利，从而吸引和保留人才，增加企业的凝聚力。比如，向优秀员工增股、用年终增股代替年终奖、利润分享用股票支付、企业贷款为员工购股、给予员工购买股票的权利等。这类员工持股计划的特点是福利，往往不需要太多的个人决策。

风险型员工持股计划主要通过员工出资购买或以降薪换取企业股份，并规定较长期限内不能转让兑现来建立风险共担、利益共享的机制，目的在于提高企业的经营效率，特别是资本效率。风险型员工持股计划一般设有员工持股会，以集中员工的意愿，代表其行使权利。

2. 员工持股计划的实施流程

员工持股计划与其他股权激励方案的实施相似，一般要经过表 7-26 所示流程。[①]

---

① 苏中兴：《薪酬管理》，中国人民大学出版社 2019 年版，第 196~202 页。

表 7-26　员工持股计划实施流程

进行员工持股计划的可行性研究	主要包括政策环境的允许程度、市场可能出现的波动、整体成本和公司的财务状况、公司大股东的意见、对企业激励效果的预期等
对企业进行全面价值评估	对于上市公司，可以计算其市值；而对于非上市公司，则需要聘请专门的会计师事务所等机构进行独立的评估。员工持股计划涉及所有权的变化，因此，公正的价值评估对计划双方来说是十分必要的。企业价值被高估，显然员工不会愿意购买股票；企业价值被低估，则会损害企业所有者的利益，在我国的主要表现就是国有资产的流失
确定员工持股计划的股票来源	员工持股计划可以通过以下方式解决股票来源问题：公司回购本公司股票；二级市场购买；认购非公开发行的股票；股东自愿赠予；法律、行政法规允许的其他方式。员工持股的比例既要起到激励员工的作用，又不能损害企业原有者的利益。上市公司全部有效的员工持股计划所持有的股票总数累计不得超过公司股本总额的10%，单个员工所获股份权益对应的股票综述累计不得超过公司股本总额的1%。员工持股计划持有的股票总数不包括员工在公司首次公开发行股票前获得的股份、通过二级市场自行购买的股份以及通过股权激励获得的股份
确定员工持股计划的资金来源	一般而言，资金可通过公司赠予、贷款、利润分享等渠道筹集。我国目前主要以员工自有资金为主，企业提供部分低息借款
明确员工持股计划的管理机构	管理机构的建立可有效监督员工持股计划的日常管理，并且代表员工持股计划持有人行使股东权利。管理机构的成员一般为参加员工持股计划的员工代表。从公司的角度考虑，可以自行管理本公司的员工持股计划，也可以将其委托给具有资产管理资质的信托公司、保险资产管理公司、证券公司、基金管理公司或其他符合条件的资产管理机构
制定详细的实施方案	员工持股计划的详细实施方案至少应该包括以下几方面的内容：可以参加员工持股计划的对象及确定标准；员工持股计划的资金和股票来源；员工持股计划的存续期限、管理模式、持股人会议的召集及表决程序；公司进行融资时员工持股计划的参与方式；员工持股计划的变更、终止，员工发生不适合参加持股计划情况时所持股份权益的处置方法；员工持股计划持有人代表或机构的选任程序；员工持股计划管理机构的任选、管理协议的主要条款、管理费用的计提及支付方式；员工持股计划期满后员工所持有的股份的处置办法；其他重要事项
表决与审批	提交股东大会表决，通过后履行相关的审批程序

第八节 员工福利管理

员工福利是总体薪酬的重要组成部分，是依据国家相关法律法规以及企业自身实际情况为员工提供的各种补充性的报酬和服务，具体包括各种社会保险项目、企业补充保险项目、员工带薪休假、各种津贴实物的发放以及各种服务等。

一、法定福利

（一）社会保险

1. 养老保险

基本养老保险是国家依据相关法律法规建立并强制实施的一种社会保险制度，目的是保障劳动者在达到法定退休年龄后退出劳动市场，或者因为年老丧失劳动能力而退出劳动岗位后的基本生活。用人单位和劳动者必须依法缴纳养老保险，达到法定退休年龄并且累计缴费满十五年的，按月领取基本养老金。

我国采用社会统筹与个人账户相结合的方式。企业缴纳基本养老保险费的比例一般不得超过企业工资总额的 20%（包括划入个人账户的部分），具体比例由省、自治区、直辖市人民政府确定。个人缴纳比例为本人缴费工资的 8%。

2. 医疗保险

基本医疗保险是为了弥补劳动者因疾病等原因造成的经济损失而建立的一项社会保险制度。医疗保险费由单位和职工个人共同缴纳。个人缴纳的部分将全部记入个人账户。单位缴纳的部分把其中的一部分拿出来按职工不同年龄段区分划入个人账户，其余的部分作为医疗保险统筹基金。

个人账户中的钱用于支付门诊医疗费和自付部分（按规定需要由个人承担的其他医疗费）。个人账户不足时，职工个人用现金支付。基本医疗保险统筹基金用于支付住院医疗费和指定病种门诊医疗费的补助。

3. 失业保险

失业保险是国家依据法律法规，为暂时失去工作的劳动者提供一定经济保障的一种社会保险制度。

我国于 1999 年 1 月 22 日颁布的《失业保险条例》规定，企事业单位按本单位工资总额的 2%缴纳失业保险费，职工按本人工资的 1%缴纳失业保险费，政府提供财政补贴、失业保险基金的利息和依法纳入失业保险基金的其他资金。

4. 工伤保险

工伤保险是指劳动者在工作中或在其他特殊的生产经营活动中因遭遇意外情况，或是患上职业病导致劳动者暂时或者永久失去劳动能力甚至死亡时，劳动者本人或其遗属可以得到一定现金或物质补偿的制度。

5. 生育保险

生育保险是指妇女劳动者因怀孕和分娩而暂时中断劳动时，国家和社会向其提供医疗服务、生育津贴和产假的一种社会保险制度。用人单位按照国家规定缴纳生育保险费，职工不缴纳生育保险费。医疗保险与生育保险合并实施，将确保职工生育期间的生育保险待遇不变。

生育保险基金支付项目有生育津贴、与生育有关的医护费用（如检查费、接生费、手术费、住院费和药费等）和管理费。

（二）住房公积金

住房公积金是单位及其在职员工缴存的长期住房储金，包括员工个人缴存的住房公积金和员工所在单位为员工缴存的住房公积金，属于员工个人所有。

住房公积金由两部分组成，一部分由职工所在单位缴存，另一部分由职工个人缴存。职工个人缴存部分由单位代扣后，连同单位缴存部分一并缴存到住房公积金个人账户内。

（三）法定假期

1. 法定休假日

法定休假日即法定节日休假。企业应根据 2013 年 12 月 11 日颁布的《国务院关于修改〈全国年节及纪念日放假办法〉的决定》（2014 年 1 月 1 日起施行）调整职工的法定节日休假时间。同时，《中华人民共和国劳动法》（简称《劳动法》）规定，在法定休假日企业安排劳动者工作的，所支付的劳动报酬应不低于工资的 300%。除按《劳动法》规定的节假日以外，企业也可以根据实际情况与员工进行协商，在此基础上决定放假与否、加班时长以及工资多少。

2. 公休假日

公休假日是指劳动者在工作满一个工作周之后的休息时间。我国的工时制度规定，劳动者每天的工作时间不应超过 8 小时，劳动者平均每周的工作时间不应超过 44 小时。《劳动法》第三十八条指出，用人单位应该确保劳动者每周至少可以休息一天。

3. 带薪休假

除了每周末以及法定节假日和病假、产假外，每月或每年向员工提供若干带薪休假日，其时间长短按照年资、工龄等的不同区别对待。对于员工应该休却没有休的休假天数，单位应该按照员工日工资收入的300%支付工作报酬。

4. 其他假期

其他假期包括探亲假、婚丧假、产假及配偶生育假、其他法定休假等。

休息、休假具体时间可以根据劳动者的工龄长短、工作地点、工作性质、工作种类等有所不同，但用人单位在与劳动者约定休息休假相关事项时，应该遵守劳动法以及相关法律法规的规定。

二、企业补充福利

（一）企业年金/企业补充养老金计划

企业年金是企业及其职工在依法参加基本养老保险的基础上，企业依据自身发展情况和经济实力自主建立的补充养老保险制度，目的是为员工提供一定水平的退休收入保障。企业年金已成为中国多层次养老保险体系的重要组成部分。

企业年金一般具有以下特征：大多数企业年金是自愿性的；缴费由单位和个人共同承担；其缴费和运营可以享受国家提供的免税优惠政策；企业年金存入个人账户，属个人财产。

（二）企业补充医疗保险/健康医疗保险计划

企业补充医疗保险是指除法定医疗保险外，各类企事业单位在国家有关法规的指导下，根据自身经营状况建立的为其职工提供一定程度和范围的医疗保障计划，该计划可以使企事业单位福利进行合理配置并且满足个人的不同需求。

（三）企业补充住房计划

补充住房计划是指除法定单位必须缴纳的住房公积金之外，企业根据自身经营发展情况自愿建立的住房计划，目的是解决员工住房问题。

（四）团体人寿保险计划

为员工提供团体人寿保险，一般由企业支付基本保险费，由员工承担附加人寿保险的费用。

三、员工福利分类

（一）经济性福利

经济性福利是指金钱或实物形式的福利，也就是以货币表示的各项福利，如各项薪酬之外的补助、补贴、保险等。其主要形式如表 7-27 所示。

表 7-27　经济性福利的主要形式

住房性福利	单位以成本价向员工出售住房或是发放房租补贴等
交通性福利	购买公共汽车月票或地铁月票供员工使用，提供班车接送员工上下班等
饮食性福利	免费供应午餐、小零食、慰问性的水果等
教育培训性福利	对员工进行脱产进修、定期培训、短期培训等
医疗保健性福利	定期为员工进行例行体检，或者免费打预防针、疫苗等
有薪节假	节假日以及事假、探亲假以及一定天数的带薪休假等
文化旅游性福利	例如，为员工过生日而举办活动、聚会，集体的旅游、团建活动，体育设施的购置等
金融性福利	为员工购买住房提供的低息贷款
其他生活性福利	企业单位为员工直接提供的工作服
企业补充保险与商业保险	补充保险包括补充养老保险、补充医疗保险、补充住房保险等。商业保险包括：a. 安全与健康保险，包括人寿保险、意外死亡与肢体残伤保险、医疗保险、病假职业病疗养、特殊工作津贴等；b. 养老保险金计划；c. 家庭财产保险等

（二）非经济性福利

非经济性福利包括员工帮助计划、保护性服务、工作环境保护等。具体项目见表 7-28。

表 7-28 非经济性福利项目

员工帮助计划	企业通过第三方向员工提供的专业的带有福利性质并且能够绝对保障隐私的咨询项目，包括工作层面（工作技巧提升、职业生涯规划等）、生活层面（婚恋咨询、子女保育等）、健康层面（心理健康、身体健康等）以及危机干预层面（企业内部冲突、自杀危机干预等）等
保护性服务	平等就业权利保护（如反种族歧视、反性别歧视、反年龄歧视等），性骚扰保护，隐私权保护等
工作环境保护	比如，实行弹性的工作时间，适当缩短工作时间，员工参与民主化管理等

第九节 特殊员工群体薪酬

一、销售人员

（一）销售工作的特征

第一，工作时间、地点和工作方式的灵活度高，难监督；

第二，工作业绩可用明确指标衡量；

第三，工作业绩不稳定、波动大。

（二）薪酬方案类型

1. 纯薪金制

纯薪金制是指在特定时期内，按固定金额付给销售人员工作报酬。纯薪金制能够确保销售人员有固定的收入，满足销售人员对生活需要，并且能培养员工对公司的忠诚，这样的薪酬制度的缺点是不能提供激励。

纯薪金制适用范围：高科技含量的产品或服务的销售；大额交易达成前的长期协商阶段；处于新兴的市场中；处于多变的、难以预测的市场中；非销售活动较多；销售人员的努力和销售成绩难以确定；服务于固定客户及将所有销售转交给批发商的销售人员；销售新人。

2. 纯佣金制

纯佣金制又叫代理制，是指销售人员没有基本工资，完全根据销售业绩，按照一定比例取得报酬的方式。实践中，佣金的基础可以是总销售量、总销售额或企业销售利润，即按照销售额或销售利润进行提成。

佣金比例有三种形式：

（1）固定比例法。即根据销售人员目标达成情况，按固定比例提取佣金，比如，按照总销售额的3%提取佣金，某员工1月份完成销售额10 000元，他在该月能够拿到的佣金为10 000×3%＝3 000（元）。该方法操作方便简单，激励性强，但难以确定合理的提成比例。

（2）递增式比例法（如表7-29所示）。即为销售人员的销售业绩设置不同的佣金比率，根据销售人员目标达成情况确定相应的佣金提取比例。该制度下，完成目标值越大，提取比例越高，因此可有效激励员工为超额完成目标而努力，但企业将为此负担较高的人工成本。

表7-29 纯佣金制——递增式比例法

销售类别	销售任务	个人提成比例
住房	≤50万元	1.0
	50万~80万元	1.1
	>80万元	1.2
店铺	≤70万元	1.0
	70万~90万元	1.1
	>90万元	1.2

（3）递减式比例法。它也是为销售人员的销售业绩设置不同的佣金比率，但是和递增式比例法相反，完成目标值越大，提取比例越小。该方法的前提是：员工通过个人努力可以达到某一目标值，超出该目标值可能不是得益于员工的个人努力，而是得益于市场因素。该方法可能打击员工的积极性，但有利于降低企业的用人成本。

3. 基本薪酬加佣金制

基本薪酬加佣金制相当于最低工资加上销售提成。示例见表7-30。

表7-30 基本薪酬加佣金制

薪酬构成	佣金计算方法	
	业绩标准	佣金占销售额的比例（%）
基本工资：2 000元/月 佣金：按业绩提成	订单前毛利率>40%	2.50
	20%<订单前毛利率≤40%	2.00
	10%<订单前毛利率≤20%	1.50
	订单前毛利率≤10%	0.50

4. 基本薪酬加奖金制

基本薪酬加奖金制是指销售人员除了能拿到基本工资，若销售业绩好，还可获得额外的奖金。奖金常以半年或一年为周期支付，或更短的周期内支付。最佳的激励方式是员工一旦完成任务就尽快奖励，以迅速强化公司奖励的行为，在销售人员中树立榜样。

奖金和佣金的区别在于佣金只与销售额或利润等量化结果指标直接相关，奖金则与考核指标相关。考核指标可以是结果指标，也可以是过程指标，或者是几类指标的综合，这样可以鼓励员工开展一些非销售活动以及其他销售管理工作。

当企业要实现长期目标，如建立和增进与客户的长期关系或销售大型设备，或需要团队努力实现销售目标时，基本薪酬加奖金制最为有效。

基本薪酬加奖金制的主要方法有二：一种是基于个人基本工资和业绩考评结果发放奖金；另一种是每月给一个固定的奖金额度，根据员工业绩目标的完成情况实行浮动奖金，即多劳多得。

销售人员工资计算举例：

在表 7-31 所示方案下，若销售人员 A 和 B 在年终绩效考核中分别评定为优秀和良好，则销售人员 A 在本年度内的薪酬总额为（70 000+70 000×20%=）84 000 元，销售人员 B 在本年度内的薪酬总额为（70 000+70 000×15%=）80 500 元。

表 7-31 基本薪酬加奖金方案 1

薪酬构成	奖金计算方法	
	业绩评定结果	奖金占个人基本工资比例（%）
基本工资：7 000 元/年 年终奖：按业绩支付	优秀	20
	良好	15
	合格	10
	不合格	0

销售人员工资计算举例：

在表 7-32 所示方案下，若销售人员 1 月份仅完成了目标销售额的 80%，则该销售工程师 1 月份的工资总额为（3 000+2 000×50%=）

4 000 元；2 月份该员工完成目标销售额的 110%，则该销售工程师 2 月份的工资总额为（3 000+2 000×120%=）5 400 元。

表 7-32　基本薪酬加奖金方案 2

薪酬构成	奖金计算方法	
	销售目标完成情况	目标奖金的提取比例（%）
基本工资：3 000 元/月 每月奖金：目标奖金 2 000 元	50%以上	0
	50%～100%	50
	100%	100
	100%～120%	120
	120%以上	130

5. 基本薪酬加佣金加奖金制

基本薪酬加佣金加奖金制是一种混合方式，结合了佣金制和奖金制的特点。其优点是组合的报酬具有弹性，为销售人员提供了保障和激励。但是该方法管理较复杂，且需要管理者注重与员工沟通薪酬，否则目标设置过多，最重要的目标容易被忽略或遗忘。

销售人员工资计算举例：

在表 7-33 所示方案下，若某销售人员 1 月份的销售额为 50 000 元，仅完成目标销售额的 60%，则其 1 月份的工资总额为（2 000+50 000×6%=）5 000 元。除每月的工资和佣金，年终时，该员工在绩效考核中被评为良好，则他可领取的年终奖为（2 000×100%=）2 000 元。

表 7-33　基本薪酬加佣金加奖金方案

薪酬构成	佣金计算方法		年终奖计算方法	
	目标销售额的完成情况	佣金占销售额的比例（%）	绩效考核结果	奖金占基本工资比例（%）
基本工资：2 000 元/月 年终奖：基于绩效考核和个人基本工资	50%以下	4	优秀	120
	50%～80%	6	良好	100
	80%～100%	10	合格	80
	100%以上	16	不合格	0

二、专业技术人员

（一）定义

专业技术人员是指具有专门的技术知识和经验或者专业技术资格证书的人员，一般包括工程师、会计师、律师、科学家、经济学家等。

（二）专业技术人员的特征

第一，专业和技术认同程度较高，属于稀缺性人才。

第二，对其进行工作监督成本高、无意义。

第三，不同领域的专业技术水平难以区分。

（三）薪酬决定方式

1. 职位评价法

将不同的专业技术等级分别作为单独的职位来看待，不同职位对任职者的能力要求存在明显差异，有时在工作内容和工作职责方面也存在差别。

2. 市场定价法

首先根据同行业的市场状况来确定一个本公司能够承受的最优薪酬水平，同时确定某一标杆职位的价值，然后再把这些标杆职位以及其他专业类职位插入某个薪酬结构中。

（四）薪酬结构

专业技术人员的薪酬结构如表 7-34 所示。

表 7-34 专业技术人员的薪酬结构

基本薪酬	专业技术人员的基本薪酬水平通常较高，所占比重大。为专业技术人员提供具有基本薪酬是保留员工的重要手段。首先，基本薪酬是维持专业技术人员生活的基本保障。其次，薪酬水平的高低成为衡量专业技术人员价值大小的尺度，能反映一个人在企业或社会中的地位。在确定专业技术人员基本形成之前，应该通过中立的市场调查，使基本薪酬水平与竞争性劳动力市场保持一致
短期激励	在专业技术人员的薪酬组合中，奖金所占的比例较小，但是不可忽视短期激励的设计
长期激励	专业技术人员长期激励的主要形式是股权激励

（五）专业技术人员的非货币激励

1. “双通道”职业发展设计

通过双通道职业发展设计（见图 7–14），专业技术人员可以选择发展成为技术专家，也可以选择转成管理岗位，二者都可以得到职业等级和薪资水平的提升。

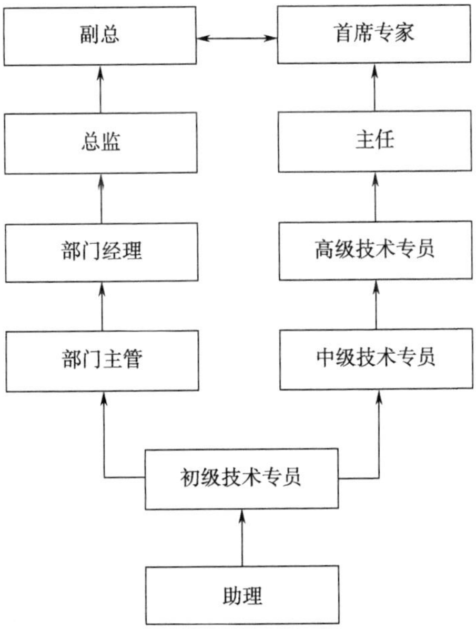

图 7–14　“双通道”职业发展设计

2. 有助于个人技能提升的工作机会和平台

除了职位晋升，个人技术的提升也是专业技术人员非常看重的，工作本身对员工而言也是一种激励方式。为此，企业需要给专业技术人员设计有挑战性的工作。

3. 强调尊重、信任和工作自主性的企业文化

主要包括以下两方面的内容：自由开放的工作环境和文化、能力的认可和尊重。

三、外派员工

（一）定义

那些因为短期任命而被派至国外工作的员工，他们的任期可能会持

续1~5年，典型情况是2~3年。

（二）薪酬模式设计

1. 谈判法

谈判法是采取分别谈判的方式来与每一位员工单独交涉。该方法的时间成本和管理成本很高，适合重要的少数外派人员，不适合大规模推广。

2. 当地定价法

当地定价法是指按照东道国的工资标准，向处于类似岗位的外派人员支付与东道国员工相同数额的薪酬。

3. 平衡定价法

平衡定价法的目的在于确保员工在东道国工作时仍可享受到与母国相同或相近的生活水平，并使其薪酬水平、薪酬结构与母国同事始终具有一定的可比性。

4. 一次性支付法

一次性支付法是指在员工的基本薪酬和各种奖金之外额外支付一笔一次性付清的补贴，员工可以随心所欲地支配该补贴。

5. 自助餐法

自助餐法是指企业向员工提供一系列不同的薪酬组合以供挑选。该方法具有一定的设计难度，主要用于高级别职务的外籍人士。

（三）薪酬构成

外派人员的薪酬结构见表7-35。

表7-35 外派人员的薪酬结构

基本薪酬	通过职位评价和薪酬等级评定来确定基本薪酬的数额，应保证外派员工的基本薪酬和在国内与其处于相似位置的同事处于同一个薪酬等级
补偿性薪酬	企业向外派员工支付补贴的目的在于对他们的生活成本进行补偿，使他们可以维持在国内时的生活水平。企业对外派员工所提供的基本补贴通常会与税收、住房、教育成本、生活费用、利率差异等有一定的关系。主要由生活成本补贴、住房津贴、医疗津贴、交通津贴、子女教育津贴、搬迁津贴组成
激励性外派奖金	主要为现金奖励，通常以基本薪酬的一定比例来确定，如10%~15%，也可以确定绝对的奖金额。可以在每个付薪日支付，也可在外派任务开始前或完成后一次性支付

续　表

福利	外派员工由于身处海外而无法享受某些本国的法定福利项目，如医疗保险，因此需要公司给予一定补贴，或根据东道国的要求执行当地的医疗保险计划。更重要的是，应为外派人员提供更多的带薪休假甚至探亲补贴，以便其回国探亲、与国内朋友保持联系

四、高管人员/管理人员

（一）高管人员的特征/管理人员的特殊性

管理层级不同，管理人员扮演的角色和扮演不同的角色所占的时间比重也存在很大差异。

管理层人员表现出若干相同或相近的心理特征，即对组织的承诺、行为取向和对权利的需求，这些心理特征将会对组织的薪酬体系设计产生较大的影响。

（二）高管薪酬的相关理论

高管薪酬的相关理论有委托代理理论、人力资本理论、锦标赛理论、社会比较理论等。

（三）薪酬结构

1. 基本薪酬

基本薪酬（工资）是高管人员薪酬中的固定部分。虽然其比例越来越小，但仍然是保持薪酬竞争力的一个重要因素。公司在确定高管人员基本薪酬时会考虑众多因素，包括企业规模、经营状况、同行业高管薪酬水平、与公司内其他群体的薪酬差距等。

2. 短期奖励

短期奖励是组织为奖励管理人员在一段特定的时期内（通常为一年）为组织绩效做出的贡献所支付的报酬。短期奖励主要包括年终奖、业绩奖金、利润分享计划、收益分享计划等。

3. 长期奖励

长期奖励与组织的长期经营绩效具有紧密的联系，通常是延期支付，其主要目的在于通过经济上的利益关系促使管理层与企业的经营目标保持一致，从而激励管理者更加关注企业的长期发展并持续性地达到更高的绩效水平。长期奖励包括与证券有关的长期激励方式，如股票期权、限制性股票、虚拟股票等，还有与证券无关的长期激励方式，如现金激励、递延支付等。

4. 福利与津贴

包括普通员工的常规福利计划，还有一些特殊福利，如岗位特权。

（四）高管人员年薪制的结构设计方法

年薪制是指以企业的一个经济核算年度为一个周期确定基本工资，并根据其年终经营成果确定其效益收入的一种工资体系。

1. 年薪制工资结构

年薪制工资结构一般由固定工资和可变工资或浮动工资两部分组成。年薪不计入企业人工成本总额，固定工资部分按管理费用核算；浮动工资部分则从企业的税后利润中提取。

2. 企业年薪制工资的组成结构

企业年薪制工资的组成结构要视企业所处的发展阶段而定，基本结构遵循表7-36中的三种形式。

表7-36　年薪收入计算方式

1	年薪收入=基本年薪+效益年薪
2	年薪收入=基本年薪+效益年薪+奖励年薪
3	年薪收入=基本年薪+效益年薪+长期激励+福利津贴

（1）基本年薪。基本年薪是按年度确定、按月度支付给管理人员的固定额度现金收入，是根据管理人员的经营知识、管理能力、经验和承担的岗位职责来确定的。在确定基本年薪时，不仅需要考虑劳动力市场的工资水平，还要考虑企业的经济承受能力。基本年薪的具体数额通常采用协商的方式来确定。

按照本企业员工的基本薪酬比例来设计的计算方法见表7-37。

表7-37　基本年薪计算方法

计算项	公式
基本年薪	本企业员工基本工资×调整系数
基本系数	责任系数+企业规模系数+企业类型系数

（2）效益年薪。效益年薪的数额由绩效考核指标的完成情况决定，

并按预先确定好的计算办法进行核算。常见的两种计算方法见表7-38。

表7-38 效益年薪计算方法

计算项	公 式
效益年薪	基本薪酬×倍数×考核指标完成系数
	超额利润×比例系数×考核指标完成系数

由于两种方法的核算均需要结合年度经营业绩，这给管理者的日常经营管理提出了更高的要求。①

第十节 薪酬预算与沟通

一、薪酬预算

（一）概述

1. 内涵

薪酬预算是管理者在薪酬管理过程中进行的一系列与成本开支相关的权衡、取舍。

2. 目标

薪酬预算的目标是合理控制员工流动率与绩效表现，同时降低企业的劳动力成本，保证企业所有者收益最大化的目标能够实现。

（二）薪酬预算的方法

1. 宏观接近法

宏观接近法是指通过对公司的总体业绩指标的预测，确定企业所能承受的薪酬总额，并按照一定比例将其分配给各部门的管理者，再由管理者进一步分配给具体员工的方法。

薪酬费用比率＝薪酬费用总额÷销售额

＝（薪酬费用总额÷员工人数）÷（销售总额÷员工人数）

2. 微观接近法

微观接近法是指首先由管理者预测出每位员工下一年度的薪酬水平，再将数据加总，得到整个企业的薪酬预算的方法。

① 赵曙明、赵宜萱：《薪酬管理：理论、方法、工具》，人民邮电出版社2019年版，第108页。

微观接近法的具体步骤包括：

第一，对管理者进行薪酬政策和薪酬技术的相关培训。

第二，为管理者提供薪酬预算工具和咨询服务。

第三，审核并批准薪酬预算。

第四，监督预算方案的运行情况，并向管理者进行反馈。①

二、薪酬沟通

（一）概述

1. 内涵

薪酬沟通的目的是组织为促进员工对企业的薪酬战略、薪酬制度、政策以及设计思路的认识，深化员工对薪酬体系中所传达的信息所鼓励的行为、态度和绩效结果的理解，与员工进行的沟通和交流，旨在提升员工的薪酬满意度。

2. 薪酬沟通的重要性

通过与员工进行有效的薪酬沟通，不仅可以使员工更好地理解薪酬制度，以此激励员工更好地实现组织绩效，同时还可以充分吸收员工对制度设计的意见和建议，使得薪酬系统更加完善。此外，合理运用沟通技巧，让管理层与员工建立信任，可以避免不必要的冲突，提升组织的整体效率。

3. 薪酬沟通应注意的问题

为尽快适应外界环境的变化，薪酬方案的调整频率逐渐升高，企业应该格外重视薪酬沟通，将其贯穿于薪酬体系的开发和执行过程中。

薪酬沟通应当是直接、坦诚的，以便让员工及时、准确、高效地获得关于薪酬的各方面信息。绩效沟通的成功依赖于薪酬管理人员和直线管理人员的共同努力。一方面，专业的薪酬管理人员掌握专业知识和相关信息。另一方面，直线管理人员每天都与员工进行交流，在与员工进行薪酬沟通方面扮演着重要的角色。

---

① 刘昕：《薪酬管理》，中国人民大学出版社 2014 年版，第 342 页。

（二）薪酬沟通的步骤

1. 确定沟通目标

第一，确保员工已全方位了解新的薪酬体系。

第二，改善员工对于自身薪酬决定方式的偏见。

第三，鼓励员工在新的薪酬体系之下更加努力地完成绩效目标。

2. 收集薪酬相关数据

在确定好沟通目标后，需要从决策层、管理者以及普通员工间搜集对薪酬体系的相关看法，既包括对现有体系的建议和评价，也包括对未来变革的期望和设想。

首先，从所要搜集的信息的内容来看，对于重复出现的信息应予以重视。其次，从信息搜集的方式来看，企业可以采取问卷调查法、目标群体调查法、个体访谈法等多种方式。

3. 制定沟通策略

企业可以选择与向客户推销商品相似的“市场策略”，或侧重于向客户提供尽可能多的技术细节的“技术策略”。其中，“市场策略”的具体措施包括：调查客户对薪酬体系的反映，准确告知客户现有薪酬制度的优势和不足，并对组织最新的薪酬方案进行宣传和讲解。而“技术策略”则包括：组织中具体薪资等级的划分、特定薪资等级的上限和下限、加薪的相关政策等。

4. 选择沟通媒介

（1）人际媒介。人际媒介作为最有效的薪酬沟通媒介之一，被广泛使用。

（2）视听媒介。视听媒介也是常见的薪酬沟通媒介，包括幻灯片、图片、音视频和电子远程会议等。

（3）印刷媒介。薪酬手册、薪酬方案摘要、薪酬指南、书信、备忘录、企业内部刊物等都属于薪酬沟通时会使用到的印刷媒介。

（4）电子媒介。运用电子技术和设备进行信息传播的媒介，包括互联网、广播、电视、电影、录音、录像和光碟等。

5. 举行薪酬沟通会议

在任何薪酬沟通方案中，最重要的步骤可能是正式沟通会议的筹办和举行。这种会议一般位于薪酬沟通流程的末期，目的在于就整个薪酬方案进行解释和推销。在一次典型的薪酬沟通会议上，企业一般会就薪酬方案的各个方面进行解释。

根据会议中所沟通信息的性质，我们可以把它们分成流程型信息和政策型信息。

6. 评价薪酬沟通结果

薪酬沟通的最后一个步骤是要就整个沟通流程的效果进行评价。一般说来，评价过程中可能涉及的问题大多涵盖以下几个方面：企业内部成员对于薪酬和福利方案的理解达到了怎样的程度；管理者和员工之间的沟通状况是否让人满意；决策层传达的信息和他们采取的做法之间是否是一致的；员工是否认为绩效和报酬体系之间存在联系等。

思考题

1. 不同的工资理论对薪酬设计有何指导意义？试分析其中一种理论。
2. 薪酬战略决策需要关注哪些问题？
3. 职位评价在薪酬管理应用时需要关注什么？
4. 市场薪酬调查的作用是如何在薪酬管理中体现的？
5. 薪酬水平的影响因素有哪些？
6. 如何设计组织的薪酬结构？
7. 长期绩效激励有哪些具体方案？
8. 法定假期包括哪些？补充保险计划包含什么？
9. 销售人员、专业技术人员、外派人员、高层管理人员的特点有哪些？简述针对销售人员的薪酬方案。
10. 薪酬沟通时应当注意哪些问题？

参考文献

[1]赵小婷. 企业做好人力资源规划的相关思考[J]. 经济师,2020(9):265-266.

[2]仇丹丹. 浅析人力资源规划外部环境分析的要素[J]. 农家参谋,2018(13):267.

[3]刘蓓蓓,欧颖君,徐慧萍. 人力资源数量合理性审计标准之探讨[J]. 中国内部审计,2019(6):20-27.

[4]唐洋. 企业战略人力资源规划创新[J]. 人才资源开发,2020(4):78-79.

[5]田五星,王海凤. 大数据时代的公共部门绩效管理模式创新:基于KPI与OKR比较的启示与借鉴[J]. 经济体制改革,2017(3):17-23.

[6]任之光,张彦通. 企业大学的发展与思考[J]. 高等工程教育研究,2009(1).

[7]李名梁,吴书瑶. 企业大学问题研究:现状探析及未来展望[J]. 职教论坛,2013(33).

[8]DESSLER, GARY. Human resource management[M]. 15th ed. New York: Pearson, 2013.

[9] LANCE A. BERGER, DOROTHY R. BERGER. The compensation handbook: a state-of-the-art guide to compensation strategy and design[M]. 4th ed. New York: The McGraw-Hill Companies, Inc, 2000.

[10]GARY DESSLER. Human resource management[M]. Upper Saddle River, NJ: World Prentice Hall International, Inc., 1997.

[11] RICHARD I. HENERSON. Compensation management in a knowledge-based [M]. Upper Saddle River, NJ: World Prentice Hall, 2000.

[12]董克用,叶向峰. 人力资源管理概论[M]. 北京:中国人民大学出版社,2003.

[13]彭剑锋. 人力资源管理概论[M]. 2版. 上海:复旦大学出版

社,2011.

[14]严新明. 人力资源管理[M]. 武汉:武汉大学出版社,2011.

[15]于秀芝. 人力资源管理[M]. 北京:经济管理出版社,2002.

[16]杨顺勇. 现代人力资源管理[M]. 上海:复旦大学出版社,2006.

[17]袁蔚. 人力资源管理教程[M]. 上海:复旦大学出版社,2018.

[18]冯明. 人力资源管理[M]. 重庆:重庆大学出版社,2006.

[19]赵晓东. 人力资源开发与管理[M]. 杭州:浙江大学出版社,2009.

[20]刘云. 人力资源管理[M]. 北京:科学出版社,2015.

[21]康世勇,林玳玳. 工资理论与管理实务[M]. 北京:中国经济出版社,1998.

[22]李新建,孟繁强,苏磊. 企业薪酬管理概论[M]. 2 版. 北京:中国人民大学出版社,2016.

[23]萧鸣政. 工作分析的方法与技术[M]. 4 版. 北京:中国人民大学出版社,2014.

[24]孙宗虎,郭蓉. 岗位分析评价与职位说明书编写实务手册[M]. 北京:人民邮电出版社,2017.

[25]朱颖俊. 组织设计与工作分析[M]. 北京:北京大学出版社,2019.

[26]张春瀛. 工作分析[M]. 天津:天津大学出版社,2009.

[27]朱勇国. 工作分析[M]. 北京:高等教育出版社,2014.

[28]姚裕群,姚清. 招聘与配置[M]. 大连:东北财经大学出版社,2016.

[29]孙健敏. 人力资源管理[M]. 北京:中国人民大学出版社,2015.

[30]刘昕. 人力资源管理[M]. 北京:中国人民大学出版社,2012.

[31]彭剑锋. 战略人力资源管理理论、实践与前沿[M]. 北京:中国人民大学出版社,2014.

[32]赫尼曼,贾奇,米勒. 组织人员配置招募、选拔和雇佣[M]. 徐世勇,苏中兴,李育辉,等,译,孙健敏,校译. 北京:中国人民大学出版社,2017.

[33]余兴安. 人力资源管理风险防控[M]. 北京:中国人事出版

社,2017.

[34]王丽娟. 招聘与配置[M]. 北京:中国人民大学出版社,2020.

[35]杨河清,张琪. 人力资源管理[M]. 大连:东北财经大学出版社,2010.

[36]杨清华. 人力资源管理实务[M]. 北京:中国人民大学出版社,2019.

[37]林新奇,蒋瑞. 绩效管理[M]. 北京:中国人民大学出版社,2020.

[38]任康磊. 绩效管理量化考核:从入门到精通[M]. 北京:人民邮电出版社,2019.

[39]周施恩. 人力资源管理高级教程[M]. 北京:清华大学出版社,2017.

[40]彼得·德鲁克. 管理的实践[M]. 齐若兰,译. 北京:机械工业出版社,2009.

[41]苏中兴. 薪酬管理[M]. 北京:中国人民大学出版社,2019.

[42]刘昕. 薪酬管理[M]. 北京:中国人民大学出版社,2014.

[43]刘银花. 薪酬管理[M]. 大连:东北财经大学出版社,2012.

[44]赵曙明,赵宜萱. 薪酬管理:理论、方法、工具[M]. 北京:人民邮电出版社,2019.

[45]赵曙明,赵宜萱. 人员培训与开发[M]. 北京:人民邮电出版社,2017.

[46]刘建华. 人力资源培训与开发[M]. 北京:中国电力出版社,2014.

[47]张立富. 人力资源管理[M]. 北京:首都经济贸易大学出版社,2018.

[48]董克用,李超平. 人力资源管理概论[M]. 北京:中国人民大学出版社,2019.

[49]李前兵,周昌伟. 员工培训与开发[M]. 南京:东南大学出版社,2013.

[50]闫飞龙. 人力资源管理[M]. 北京:中国人民大学出版社,2018.

[51]徐芳. 培训与开发理论及技术[M]. 上海:复旦大学出版

社,2013.

[52]诺伊. 雇员培训与开发[M]. 徐芳,译. 北京:中国人民大学出版社,2007.

[53]喻玉峰. 员工培训实务[M]. 北京:机械工业出版社,2016.

[54]金延平. 人员培训与开发[M]. 大连:东北财经大学出版社,2013.

[55]董克用,李超平. 人力资源管理概论[M]. 北京:中国人民大学出版社,2019.

[56]石金涛,颜世富. 培训与开发[M]. 北京:中国人民大学出版社,2019.

[57]格林豪斯,卡拉南,戈德谢克,等. 职业生涯管理[M]. 北京:清华大学出版社,2003.